동인랑

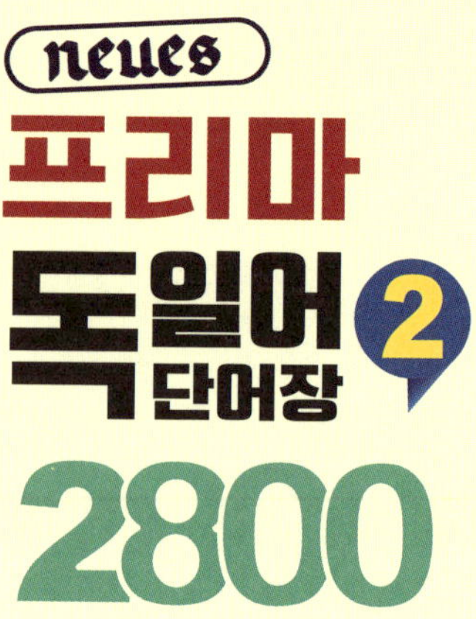

Hochschule Mainz 임범준 저

1판 4쇄 2026년 2월 5일
발행인 김인숙
Designer Illustration 김소아
Printing 삼덕정판사

발행처 ㈜동인랑

139-240
서울시 노원구 공릉동 653-5

대표전화 02-967-0700
팩시밀리 02-967-1555
출판등록 6-0406호
ISBN 978-89-7582-698-6

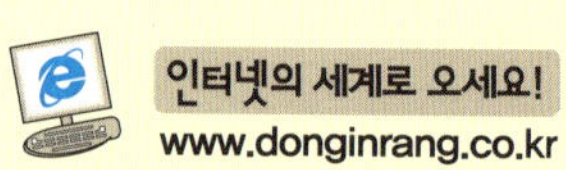

㈜동인랑 에서는 참신한 외국어 원고를 모집합니다. e-mail : webmaster@donginrang.co.kr

대한민국 최초 독일 대학입학시험을 위한
B2-C1 독일어 단어장

독일로 유학을 가는 학생들이 점점 많아지고 있고 그에 따라 독일어 회화책이나 기초 문법책이 계속 출판되고 있다. 하지만 정작 독일 대학에 필요한 고급 과정의 교재는 찾기가 힘들고 한국에서 독일어 시험 준비에 도움이 될 만한 교재가 없어서 정작 학생들은 독일어로 된 원서로 공부하는 경우가 많다.

본 교재는 대한민국 최초로 독일 대학입학을 위한 DSH, TestDaf, Telc, Goethe 시험의 B2-C1 등급 독일어 시험을 위한 단어장이다.

책을 만들기 위하여 독일 마인츠 대학의 독일어 코스(ISSK) 교수님들과 독일 독문과 학생들과 함께 수십권의 독일어 시험 원서를 참고하였으며, 그 중 오직 대학 입학 기준에 충족이 되는 독일어 시험 B2-C1에 합격하기 위한 중요한 단어 2800개를 선출하였다. 한국에서 독일 유학 및 대학 입학을 준비하는 학생들에게 도움이 되길 바라고, 이 책으로 인하여 독일 유학의 큰 꿈을 성공적으로 펼칠 수 있기를 바란다.

어느 언어 시험이든 단어의 양은 절대적으로 필요하다. 특히 시험 유형 중 읽기(Lesen) 부문은 단어 암기가 필수적이다. 이 책의 특징은 독일어 B2-C1 레벨의 시험을 위한 2800개의 단어장을 하루에 100개씩 외워서 독학도 가능할 수 있게 만들어져 있다. 프로그램에 따라 스스로 암기한 단어를 각 챕터마다 체크하게 되어있어서 단어를 암기할 때 유용하다.

시험용 독일어 단어장이기 때문에 독일어 기초 문법을 알고 독일어 B1 레벨 이상을 공부하는 학생들에게 이 책을 권한다.

저자 강추 단어 암기학습 방법

4주 완성 계획표

	1주차	2주차	3주차	4주차
1일	Kapitel 1 (1~100)	Kapitel 8 (701~800)	Kapitel 15 (1401~1500)	Kapitel 22 (2101~2200)
2일	Kapitel 2 (101~200)	Kapitel 9 (801~900)	Kapitel 16 (1501~1600)	Kapitel 23 (2201~2300)
3일	Kapitel 3 (201~300)	Kapitel 10 (901~1000)	Kapitel 17 (1601~1700)	Kapitel 24 (2301~2400)
4일	Kapitel 4 (301~400)	Kapitel 11 (1001~1100)	Kapitel 18 (1701~1800)	Kapitel 25 (2401~2500)
5일	Kapitel 5 (401~500)	Kapitel 12 (1101~1200)	Kapitel 19 (1801~1900)	Kapitel 26 (2501~2600)
6일	Kapitel 6 (501~600)	Kapitel 13 (1201~1300)	Kapitel 20 (1901~2000)	Kapitel 27 (2601~2700)
7일	Kapitel 7 (601~700)	Kapitel 14 (1301~1400)	Kapitel 21 (2001~2100)	Kapitel 28 (2701~2800)

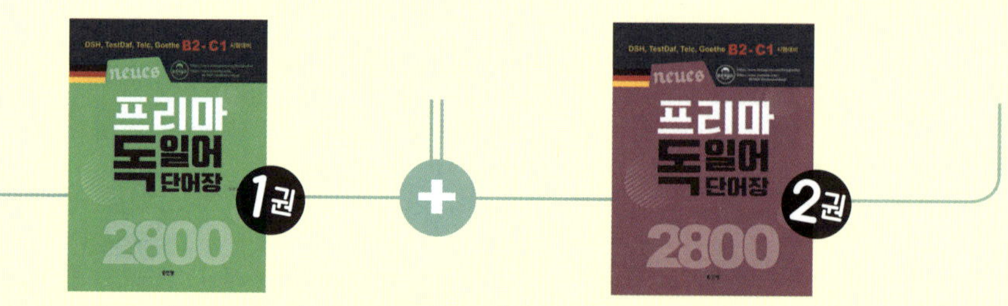

1권과 2권 **통합 대표 단어 2800**

처음 단어를 외울 때는 단어와 뜻만 외우고 매일 단어를 100개씩을 외운다.

그러면 이 책 한권을 보는데 약 2주의 시간이 걸리며, 1 · 2권을 다 보는데 약 한 달의 시간이 걸린다. 시간이 지나면서 외운 단어를 조금 까먹어도 괜찮다. 일단 처음에는 단어를 매일 외우는 버릇을 들이고 이 책을 한 바퀴 도는 것을 목표로 한다. 두번째 외울 때는 까먹은 단어가 있겠지만 아무래도 한 번 본 단어이기 때문에 어느정도 수월할 것이다.

두번째 외울 때는 단어와 뜻 그리고 동의어 (Synonym)을 같이 외우기를 추천한다.

예문까지 외울 필요는 없다. 예문은 단어의 활용이나 격변화를 참고할 때 보면 도움이 될 것이다. 이렇게 두바퀴를 돌면 단어에 대한 여유가 생길 것이고 시험 보는데 자신이 생길 것이다.

이런 방식으로 이 단어장을 2-3 바퀴 돌면서 암기를 하면 어떤 독일어 시험이든 (특히 읽기 Lesen 부문) 합격할 수 있을 것이다.

앞서 언급했지만 매 챕터마다 그날 외운 독일어를 체크할 수 있게 맨 뒤에 체크리스트를 만들어 놓았다. 독학으로 독일어 시험을 준비하는 사람은 꼭 스스로 시험을 보듯이 혼자 체크하면서 단어를 외우길 바란다.

물론 독일어로 독일 생활을 위해서는 단어장으로 단어를 외우는 것보다 회화책으로 회화공부를 하는 것이 나을 수도 있다. 하지만 **독일어 시험에 합격하여 유학을 목적으로 하는 사람에게는 독일어 단어의 양이 절대적**이다. 이 단어장으로 인하여 학생들이 한국에서도 독일 유학에 필요한 독일어 시험을 수월하게 준비할 수 있기를 바란다.

- 독일에서 저자 임범준 -

단어장은 다음과 같이 구성되어 있다.

단, 명사에는 동의어(Synonym) 대신 명사의 성(Genus), 2격(Genitiv), 복수(Pl.)가 차례로 표기 되어있으니 이 점 참고하며 함께 암기하길 바래.

설 명

단어 / 발음기호 / 품사 / 뜻

erteilen [ɛɐ̯ˈtaɪ̯lən] (v.) 나누어 주다, 승낙하다

⊜ erlauben, gewähren

Ich kann Ihnen in der Angelegenheit leider keine Auskunft **erteilen**.
나는 당신에게 그 일에 관한 어떤 정보도 줄 수 없습니다.

동의어 / 예문 / 예문 해석

(v.) → Verb 동사

(a.) → Adjektiv 형용사

(adv.) → Adverb 부사

(n.) → Nomen 명사

(konj.) → Konjunktion 접속사

(präp.) → Präposition 전치사

(phr.) → Phrase/Redewendung 관용구

⊜ → Synonym 동의어

Ⓖ → Genus 성, Genitiv 2격, Plural 복수

| 차 례 |

▶▶01~14 Tag 0001~1400 는
1권에 이어집니다.

15 Tag
1401~1500

begleichen [bəˈglaɪ̯çn̩]
⊖ abdecken, ausgleichen

ⓥ 지불하다, 갚다, 조정하다

Ich möchte meine Schulden möglichst bald **begleichen**.
가능한 빨리 부채를 청산하고 싶습니다.

---

ermäßigen [ɛɐ̯ˈmɛːsɪgn̩]
⊖ herabsetzen, reduzieren

ⓥ 절약하다, 경감하다, 값을 깎다

Die Bank **ermäßigte** den Diskontsatz von 5 auf 4 %.
은행은 할인율을 5 % 에서 4 % 로 낮췄습니다.

---

ausgeglichen [ˈaʊ̯sgəˌglɪçn̩]
⊖ abgeklärt, ausgewogen

ⓐ 균형잡힌, 원만한, 한결같은

Der Staatshaushalt ist jetzt **ausgeglichener** als im letzten Jahr.
국가 재정은 지금 작년보다 더 균형 잡혔습니다.

---

ausspionieren [ˈaʊ̯sʃpi̯oˌniːʀən]
⊖ ausforschen, ausspähen

ⓥ 찾아내다, 탐지하다, 염탐하다

Die inoffiziellen Mitarbeiter der Stasi haben ihre Nachbarn und Kollegen **ausspioniert**.
국가 안보부의 비공식 요원들은 이웃과 동료들을 염탐하였습니다.

---

ertrinken [ɛɐ̯ˈtʀɪŋkn̩]
⊖ ersaufen, untergehen

ⓥ 물에 빠지다, 익사하다

Wer nicht schwimmen kann, könnte im Wasser **ertrinken**.
수영할 수 없는 사람은 익사할 수도 있습니다.

---

bewahren [bəˈvaːʀən]
⊖ behüten, beschützen

ⓥ 지키다, 보존하다, 보호하다

Im Falle von Feuer, bitte Ruhe **bewahren**. 화재가 난 경우에는 침착하세요.

---

bewähren [bəˈvɛːʀən]
⊖ bestehen, sich behaupten

ⓥ 입증하다, 증명하다, 확증하다

Diese Praxis hat sich bereits seit vielen Jahren **bewährt**.
이 처리 방식은 이미 수년 동안 입증되었습니다.

---

protzen [ˈpʀɔtsn̩]
⊖ angeben, prahlen

ⓥ 뽐내다, 자랑하다

Er **protzt** mal wieder mit seinem neuen Auto. 그는 또 새 차를 자랑합니다.

---

verunsichern [fɛɐ̯ˈʔʊnˌzɪçɐn]
⊖ beirren, durcheinanderbringen

ⓥ 불안하게 하다, 동요시키다

Zudem **verunsichern** die je nach Anbieter abweichenden Nutzungsrechte die Kunden.
게다가 공급자에 따른 불규칙한 사용권은 고객들을 불안하게 만든다.

vernachlässigen [fɛɐ̯'naːχlɛsɪgn̩]
⊖ ignorieren, übersehen

v. **등한시 하다, 소홀히 하다, 무시하다, 경시하다**

Im Zusammenhang mit dem Umweltschutz können wir diese Frage heute **vernachlässigen** und uns auf anderes fokussieren.
환경 보호의 맥락에서 우리는 오늘날 이 문제를 경시하고 다른 것에 집중할 수 있다.

---

schwitzen ['ʃvɪtsn̩]
⊖ ausdünsten, ausschwitzen

v. **땀이 나다, 땀을 흘리다**

Bei der Hitze **schwitzt** man so unerträglich viel.
열이 뜨거울 때 참기 힘들 정도로 많은 땀을 흘립니다.

---

optimal [ɔpti'maːl]
⊖ absolut, bestmöglich

a. **최상의, 최적의, 가장 좋은**

Jeder versucht, in Prüfungen **optimale** Ergebnisse zu erzielen.
모두가 시험에서 최상의 결과를 달성하려고 합니다.

---

entgegen [ɛnt'geːgn̩]
⊖ gegensätzlich, gegenteilig

präp. **반대하여, 거역하여, ~와 다르게, 향하여**

Wir marschierten unserem Tagesziel **entgegen**.
우리는 우리의 하루 목표를 향해 행진했습니다.

---

verbleiben [fɛɐ̯'blai̯bn̩]
⊖ abmachen, vereinbaren

v. **계속있다, 남아 있다, 합의를 보다**

Das **verbleibt** auf ewig mein Geheimnis.
그것은 영원히 나의 비밀로 남아 있습니다.

---

durchlesen ['dʊʁçˌleːzn̩]
⊖ durcharbeiten, durchgehen

v. **통독하다, 속독하다, 죽죽 내리읽다**

Die Vokabeln also nicht nur immer wieder **durchlesen**, sondern laut vor sich hersagen und sich abfragen lassen, vielleicht sogar in einem Rollenspiel anwenden. 어휘를 반복해서 읽을 뿐만 아니라 큰소리로 암송하고 스스로 질문하고, 심지어 역할 연기도 합니다.

---

ablenken ['apˌlɛŋkn̩]
⊖ ableiten, beugen

v. **기분전환 시키다, 화제를 돌리다, 딴 쪽으로 돌리다**

Die Rakete wurde erfolgreich **abgelenkt**. 로켓이 성공적으로 방향을 바꾸었습니다.

Abwechslung ['apˌvɛksl̩ʊŋ]
G *f - en*

n. **교대, 변화, 기분전환**

Die Bewohner des Seniorenheims bekommen einmal im Monat Besuch von einer Kindergartengruppe und freuen sich sehr über die **Abwechslung**. 은퇴 가정의 주민들은 한달에 한번 유치원 그룹을 방문하고 기분전환에 즐거워합니다.

---

verpassen [fɛɐ̯'pasn̩]
⊖ entgehen, versäumen

v. **놓치다, 만나지 못하다**

Beeil dich! Sonst **verpassen** wir den Zug. 서둘러! 그렇지 않으면 우리는 기차를 놓친다.

---

folgendermaßen ['fɔlgəndɐˌmaːsn̩]
⊖ derart, folgendergestalt

adv. **다음과 같은 방식으로, 다음과 같이**

Sie sollten die Aufgaben **folgendermaßen** lösen: Zuerst lesen Sie die Aufgabenstellung, dann beginnen Sie mit der Lösung.
다음과 같이 과제를 풀어야합니다 : 먼저 문제를 읽고, 그 다음 풀이를 시작하십시오.

---

evakuieren [evaku'iːʀən]
⊖ verlegen, aussiedeln

v. **대피 시키다, 철거하다**

Als das Wasser stieg, mussten die Häuser so schnell wie möglich **evakuiert** werden. 물이 상승했을 때, 집에서 최대한 빨리 대피 되어야 했습니다.

verstreichen [fɛɐ̯'ʃtʀaɪ̯çn̩]
⊜ auftragen, ausschmieren

v. 넓게 바르다, 발라서 막다, 시간이 경과하다

Alles über die Torte gießen und mit einem Teigschaber glatt **verstreichen.** 케이크 위에 다 붓고 주걱으로 넓게 바르시오.

Überschwemmung [y:bɐ'ʃvɛmʊŋ]
G *f - en*

n. 범람, 홍수

Die **Überschwemmung** richtete in der Umgebung viele Schäden an. 홍수로 인해 많은 피해가 발생했습니다.

Aufschwung ['aʊ̯fʃvʊŋ]
G *m (e)s ü-e*

n. 비상, 도약, 발전, 호황, 활력

Mit diesem persönlichen Einsatz erreichte er einen gewaltigen **Aufschwung.** 전력으로 그는 엄청난 도약을 달성했습니다.

---

einfliegen ['aɪ̯nˌfli:gən]
⊜ befördern, hineinfliegen

v. 날아 들다, 착륙하다, 진입하다

Es ist schön zu sehen, wie die Insekten zum Trinken hier **einfliegen.** 곤충들이 물을 마시려고 여기에서 날아오는 것이 보기 좋다.

Gespött [gə'ʃpœt]
G *n (e)s x*

n. 조롱, 조소, 웃음거리

Der eine peinliche Moment, der all ihr Unwissen entlarven würde und sie dem **Gespött** der politischen Eliten aussetzen würde, blieb aus. 그녀의 모든 무지함을 폭로하고 그녀를 정치적 특권층으로부터 비난을 받게 될 민망한 순간은 실현되지 않았다.

---

spekulieren [ʃpeku'li:ʀən]
⊜ erhoffen, annehmen

v. 투기하다, 사색하다, 추측하다

Sie hatte diesen alten Kerl geheiratet, weil sie **spekulierte**, dass er bald sterben und sie dann alles erben würde. 그녀는 그가 곧 죽고 모든 것을 상속받을 것이라고 추측했기 때문에 이 늙은 남자와 결혼했다.

---

liquidieren [likvi'di:ʀən]
⊜ abschaffen, tilgen

v. 해산되다, 청산되다, 폐업하다

Für den in der Praxis wichtigsten Fall, den Kfz-Schaden, bedeutet dies, dass der Gläubiger als Wertersatz grundsätzlich die gesamten Kosten inklusive Mehrwertsteuer **liquidieren** darf. 자동차 사고에서 실제로 가장 중요한 것은 채권자가 보상으로 부가가치세를 포함한 모든 비용을 청산해야 됨을 의미합니다.

Niederlassung ['ni:dɐˌlasʊŋ]
G *f - en*

n. 정주, 정착, 지점

Zur **Niederlassung** in Baden brauchten wir einen Monat Zeit. 우리는 바덴에 정착하는데 한 달이 걸렸습니다.

Verlag [fɛɐ̯'la:k]
G *m (e)s e*

n. 출판, 발행, 간행, 출판물

Die **Verlage** haben sich sehr stark für die Reform des Urheberrechts gemacht. 출판사는 저작권 개혁을 위해 많은 노력을 기울였습니다.

Einfuhr ['aɪ̯nfu:ɐ̯]
G *f - en*

n. 수입, 반입, 수입품

Die **Einfuhr** von Bananen wurde gestoppt. 바나나 수입이 중단되었습니다.

---

ausgleichen ['aʊ̯sˌglaɪ̯çn̩]
⊜ aufheben, ausbalancieren

v. 보충하다, 평준화하다, 조정하다

30.000 Euro Defizit müsse die Gemeinde jährlich für das Freibad **ausgleichen.** 그 지역은 야외 수영장을 위한 30,000 유로 결손을 매년 메워야 합니다.

Getreide [gəˈtʀaɪ̯də]

G *n s -*

n. 곡물, 곡식, 곡류

Auf diesem Boden kann man gut **Getreide** anbauen.
이 토양에서 좋은 곡물이 자랄 수 있습니다.

---

anfallen [ˈanˌfalən]

⊖ angreifen, attackieren

v. 공격하다, 엄습하다, 쌓이다, 생기다

Bei der Energiegewinnung aus fossilen Brennstoffen **fällt** Kohlenstoffdioxid **an.** 화석 연료가 에너지로 생산되면 이산화탄소가 생긴다.

---

schlichten [ˈʃlɪçtn̩]

⊖ ausbalancieren, ausgleichen

v. 평평하게 하다, 조정하다, 다듬다, 빗질하다

Man will Streit **schlichten** und landet im Krankenhaus.
싸움을 해결하고 병원에 도착하기를 원합니다.

---

fakultativ [ˌfakʊltaˑˈtiːf]

⊖ freiwillig, unaufgefordert

a. 자유 재량의, 임의의

Der Ausflug auf dem Kreuzfahrtschiff ist **fakultativ**. Er gehört nicht zum Pflichtprogramm und ist in der Regel mit Zusatzkosten verbunden. 유람선 여행은 선택 사항입니다. 그것은 필수 프로그램에 속하지 않으며 보통 추가 비용이 있습니다.

Annehmlichkeit [ˈanneːmlɪçkaɪ̯t]

G *f - en*

n. 쾌적, 안락, 편의

Auf die **Annehmlichkeiten** des Internets wollen sehr viele Menschen nicht mehr verzichten. 많은 사람들이 인터넷의 편리함을 포기하고 싶지 않습니다.

---

zurückliegen [tsuˈʀʏkˌliːgn̩]

⊖ vergangen sein, hinten liegen

v. 지난 일이다, 뒤떨어지다, 뒤에 있다

Er **liegt** nur um fünf Hundertstel **zurück**, das kann er noch aufholen!
그는 단지 5 백분의 1 뒤에 있습니다, 그는 여전히 따라잡을 수 있습니다!

überordnen [ˈyːbɐˌɔʁdnən]

⊖ priorisieren, vorziehen

v. 우선시하다, 우위에 놓다

Hier hätte man die Gesundheit dem Heimatschutz **überordnen** können. 여기는 향토 방위보다 건강을 우선시할 수 있었습니다.

---

schmitzen [ˈʃmɪtsn̩]

⊖ mit der Peitsche schlagen, auspeitschen

v. 더럽히다, 얼룩지게 하다, 채찍으로 때리다

In früheren Zeiten wurden Sklaven von ihrem Herrn zur Strafe **geschmitzt.** 옛날에는 노예들이 그들의 주인에 의해 채찍으로 처벌을 당했습니다.

Euphorie [ɔɪ̯foˈʀiː]

G *f - x*

n. 안정감, 만족감, 도취 상태

Ich hätte nicht geglaubt, dass seine **Euphorie** so lange anhalten würde. 나는 그의 쾌감이 그렇게 오래 지속될 것이라고 생각하지 않았습니다.

---

fürwahr [fyːɐ̯ˈvaːɐ̯]

⊖ bestimmt, durchaus

adv. 확실히, 참으로, 정말

Fürwahr, Bohyeon beherrscht die Klarinette sehr.
보현은 진짜 클라리넷을 잘 연주한다.

Tugend [ˈtuːgn̩t]

G *f - en*

n. 덕, 미덕, 순결, 정절

Klugheit gehört zu den erstrebenswerten **Tugenden**.
지혜는 추구할 가치가 있는 덕에 속한다.

beseitigen [bə'zaɪ̯tɪgn̩]

⊜ abschaffen, vernichten

v. 없애다, 제거하다, 살해하다

Wer kleckert, sollte sich bemühen, den Fleck **beseitigen** zu helfen.
먹으면서 흘리는 사람은 얼룩을 제거하는데 도움을 주어야 합니다.

verbieten [fɛɐ̯'bi:tn̩]

⊜ abstellen, prohibieren

v. 금지하다, 억제하다

Auch nach Aufhebung des Ausnahmezustands im Jahr 2011 **verboten** die Behörden weiterhin Demonstrationen in Algier und beriefen sich dabei auf ein Dekret aus dem Jahr 2001. 2011 년 비상 사태가 해제된 후에도 당국은 2001 년 법령에 의거해 Algier 에서의 시위를 계속 금지했다.

begehren [bə'ge:ʀən]

⊜ anstreben, wünschen

v. 열망하다, 갈망하다, 요구하다

Ich fürchte, dein Mann **begehrt** dich nicht mehr.
너의 남편이 더 이상 너를 원하지 않는 것 같아서 걱정된다.

Beschwerde [bə'ʃve:ɐ̯də]

G *f* - *n*

n. 무거운 짐, 노고, 고난, 불만

Wir haben bei der Hausverwaltung **Beschwerde** eingereicht.
우리는 주택 관리 사무소에게 불만을 제기했습니다.

etlich ['ɛtlɪç]

⊜ einige, ein paar

a. 적은, 두서넛의, 약간의

Etliche Male hielt der Bus bis wir ausstiegen.
우리가 내릴 때까지 버스가 몇 번 멈췄다.

entgegennehmen [ɛnt'ge:gn̩ˌne:mən]

⊜ annehmen, bekommen

v. 받다, 받아들이다

Von Montag bis Freitag wird zwischen 9 und 12 Uhr ein Mitglied der Telefongruppe den Anruf **entgegennehmen**.
월요일부터 금요일까지 9 시에서 12 시 사이에 전화 팀 구성원이 전화를 받을 것이다.

konsumieren [kɔnzu'mi:ʀən]

⊜ aufbrauchen, verbrauchen

v. 소비하다, 소모하다

Viele Nahrungsmittel müssen bald **konsumiert** werden.
곧 많은 식량들이 소모될 수밖에 없다.

abriegeln ['apˌʀi:gl̩n]

⊜ abschließen, abschnüren

v. 빗장으로 잠그다, 차단하다, 폐쇄하다

Nachts **riegele** ich meine Haustür immer **ab**. 나는 밤에 항상 현관 문을 잠급니다.

Sequenz [ze'kvɛnʦ]

G *f* - *en*

n. 연속, 순서, 차례

Wer eine **Sequenz** von einer DVD in einen eigenen Streifen einbauen will, muss zuvor immer bei den Rechtinhabern um Erlaubnis bitten und in der Regel auch zahlen. DVD 시퀀스를 옮겨 설치하려는 사람은 항상 먼저 권리 보유자의 허가를 받아야 하고 보통 돈을 지불해야 합니다.

durchsetzen ['dʊʁçˌzɛʦn̩]

⊜ durchbringen, bestehen

v. 당선시키다, 채용하다, 실현하다, 성취하다, 완성하다

Es blieb uns keine andere Möglichkeit, als die ungeliebte Reform trotz aller Widerstände **durchzusetzen**. 모든 반대에도 불구하고 마음에 들지 않는 개혁을 시행하는 것 외에 우리에게 다른 선택은 없었습니다.

hin sein

phr. 없어지다, 사라지다, 파멸이다, 매혹되다

Das Vertrauen **ist hin**. 믿음은 사라졌습니다.

erjagen [ɛɐ̯'ja:gn̩]
⊜ erwerben, fangen

ⓥ 사냥하여 잡다, 노력하여 얻다

Nach der Schlacht ließ er die Schiffe Anker werfen und ging mit seinem Heer an Land; sie **erjagten** Wild und aßen in voller Rüstung das rohe Fleisch. 전투가 끝난 후 그는 배를 정박하여 군대와 함께 해변으로 갔다. 그들은 짐승을 사냥하고 무장한 채로 날고기를 먹었습니다.

---

bangen ['baŋən]
⊜ fürchten, zittern

ⓥ 두려워하다, 근심하다, 걱정하다

Alle Dorfbewohner **bangten** um das Leben des vermissten Kindes. 모든 마을 사람들은 실종된 아이의 생존을 걱정했습니다.

Knospe ['knɔspə]
Ⓖ *f - n*

ⓝ 싹, 봉오리

Aus einem der alten Stämmchen kam im letzten Jahr bereits eine kleine **Knospe**. 이미 작년에 오래된 줄기 중 하나에서 작은 새싹이 나왔습니다.

Heiterkeit ['haɪ̯tɐˌkaɪ̯t]
Ⓖ *f - x*

ⓝ 청명, 기분좋음, 쾌활, 명랑

Mit einem lustigen Witz trug er zur allgemeinen **Heiterkeit** bei. 그는 재미있는 농담으로 공공의 즐거움에 일조하였습니다.

---

umschalten ['ʊmˌʃaltn̩]
⊜ umstellen, zappen

ⓥ 전환하다, 변속하다, 태도를 전환하다

Demzufolge kann der Chip je nach Anwendungslast direkt **umschalten**. 결과적으로 그 칩은 사용 과부하에 따라 직접 변속할 수 있습니다.

---

mobilisieren [mobili'zi:ʀən]
⊜ aufrüsten, aktivieren

ⓥ 동원하다, 움직이게 하다

Eine neue Lotterie will Geld für Bildungsprojekte **mobilisieren**. 새로운 복권은 교육 프로젝트를 위한 자금을 동원할 것이다.

---

folgerichtig ['fɔlgəˌʀɪçtɪç]
⊜ logisch, konsequent

ⓐ 시종 일관한, 논리에 맞는, 적확한, 앞뒤가 맞는

Sie denken da wieder einmal **folgerichtig**, Herr Yu. 논리적으로 다시 생각해 봅니다, 유 선생.

Imitator [imita'tɔʁ]
Ⓖ *m s en*

ⓝ 모방자, 모조자

Wir sprachen mit einem Künstler, der auch ein hervorragender Stimmen-**Imitator** ist. 우리는 성대모사에 뛰어난 한 예술가와 이야기했습니다.

---

konventionell [kɔnvɛnʦi̯o'nɛl]
⊜ formell, traditionell

ⓐ 전통의, 인습적인, 관습적인, 상투적인, 판에 박은 듯한

Schiffe mit **konventioneller** Motorentechnik werden von atomgetriebenen unterschieden. 기존의 엔진 기술을 사용하는 선박은 원자력을 이용하는 선박과 구별됩니다.

---

anmaßend ['anˌma:sn̩t]
⊜ herablassend, überheblich

ⓐ 교만한, 불손한, 주제넘은, 설치는

Sein **anmaßendes** Verhalten bringt ihm keine Freunde. 그의 교만한 행동으로 인해 그는 친구가 생기지 않습니다.

---

besonnen [bə'zɔnən]
⊜ bedacht, vernünftig

ⓐ 사려깊은, 신중한, 분별있는, 생각이 깊은

Anna ist so eine **besonnene** Person. Konversationen mit ihr sind stets angenehm. Anna 는 사려 깊은 사람입니다. 그녀와의 대화는 항상 즐겁습니다.

---

bescheiden [bə'ʃaɪ̯dn̩]
⊜ genügsam, anspruchslos

ⓐ 겸손한, 겸소한, 소박한

Bescheiden ist er also allemal! 그는 또한 항상 겸손하다.

behutsam [bəˈhuːtzaːm]
⊜ fürsorglich, sorgfältig

ⓐ 조심스럽게, 주의깊은, 신중한, 공들인

Behutsam nahm sie das Buch zur Hand, um den wertvollen Umschlag zu schonen. 그녀는 소중한 겉표지를 소중히 하기 위해 조심스럽게 책을 집어 들었다.

---

berechtigen [bəˈʀɛçtɪgn̩]
⊜ befugen, bevollmächtigen

ⓥ 권리를 주다, 자격을 주다

Eine eigenmächtige Untervermietung **berechtigt** den Vermieter zur fristlosen Kündigung des gesamten Mietvertrages.
독단적인 전대제는 임대인에게 아무 때나 전체 임대차 계약을 해지할 수 있는 권한을 부여한다.

Ambition [ambiˈtsi̯oːn]
Ⓖ *f - en*

ⓝ 공명심, 야망, 야심

Ein Psychiater mit höheren **Ambitionen** schafft sich Anhänger, indem er die Wahrnehmung von Mitbürgern manipuliert.
높은 야망을 가진 정신과 의사는 시민 인식을 조작함으로써 추종자를 만듭니다.

---

bezaubernd [bəˈtsau̯bɐnt]
⊜ bestrickend, reizend

ⓐ 요염한, 매력있는

Du hast ein **bezauberndes** Kleid an. 너는 매력적인 옷을 입었다.

---

beschwingt [bəˈʃvɪŋt]
⊜ dynamisch, lebhaft

ⓐ 취한, 활기에 찬

Auf diese Weise kann jeder **beschwingt** den Heimweg antreten.
이런 식으로 모두가 활기차게 집으로 돌아갈 수 있습니다.

---

ermüdend [ɛɐ̯ˈmyːdn̩t]
⊜ anstrengend, beschwerlich

ⓐ 어려운, 귀찮은

Die gestrige Wanderung war sehr **ermüdend**. 어제 하이킹은 매우 피곤했다.

---

stimulieren [ʃtimuˈliːʀən]
⊜ anregen, aufmuntern

ⓥ 자극하다, 고무하다, 격려하다

Die Abwrackprämie sollte das Wirtschaftswachstum **stimulieren**.
폐차 프리미엄은 경제 성장을 자극해야 한다.

---

aufbrechen [ˈau̯fˌbʀɛçn̩]
⊜ aufhauen, aufblühen

ⓥ 억지로 열다, 갈라지다, 터지다, (꽃이) 피다, 출발하다

Als wir nach Hause kamen, stellten wir fest, dass die Wohnungstür **aufgebrochen** worden war.
우리가 집에 도착했을 때, 우리는 현관 문이 부서진 것을 발견했습니다.

---

einholen [ˈai̯nˌhoːlən]
⊜ aufarbeiten, einfangen

ⓥ 마중하다, 영접하다, 따라잡다

Deine Freunde sind schon losgegangen, aber wenn wir uns beeilen, können wir sie noch **einholen**.
당신의 친구는 이미 떠났지만 서두르면 우리는 따라잡을 수 있습니다.

überbringen [yːbɐˈbʀɪŋən]
⊜ abliefern, aushändigen

ⓥ 가지고 가다, 전달하다, 전해주다

Er **überbringt** ihr den Brief. 그는 그녀에게 편지를 전달한다.

---

hinterlegen [ˌhɪntɐˈleːgn̩]
⊜ abgeben, ablegen

ⓥ 뒤에 두다, 맡기다, 기탁하다

Hinterlegst du noch dein Testament beim Notar?
공증인에게 당신의 유언장을 맡겼습니까?

---

zuversichtlich [ˈtsuːfɛɐ̯zɪçtlɪç]
⊜ hoffnungsvoll, vertrauensvoll

ⓐ 기대하고 있는, 신뢰할 만한, 확실한, 유망한

Ich bin **zuversichtlich**, dass du die Stelle bekommen wirst.
나는 당신이 그 일자리를 얻을 것이라고 확신합니다.

abmildern ['ap,mɪldɐn]

⊜ abdämpfen, verkleinern

v. 약화시키다, 완화하다

Wenn es zu kritisch wird, würde der Präsident die Reformen **abmildern.** 너무 비판적이면 대통령은 그 개혁을 약화시킬 것이다.

Auswirkung ['au̯svɪʁkʊŋ]

Ⓖ *f - en*

n. 영향, 성과, 효과

Die **Auswirkungen** der Finanzkrise sind noch nicht überschaubar. 금융 위기의 영향은 아직 명확하지 않습니다.

---

umbauen ['ʊm,bau̯ən]

⊜ ausbauen, ausbessern

v. 개축하다, 개조하다, 고쳐 짓다

Die Stadt Mainz lässt in diesem Jahr neun weitere Bushaltestellen barrierefrei und behindertengerecht **umbauen.** 마인츠 시는 올해 9 개의 버스 정류장의 장애물을 없애고 장애인이 이용할 수 있도록 개조합니다.

---

kulinarisch [kuli'na:ʀɪʃ]

⊜ genießerisch, schwelgerisch

a. 요리의, 미식가적인, 식도락의, 유유히 즐기는

Bei ihm gibt es immer **kulinarische** Genüsse der Extraklasse. 그에게 요리를 즐기는 추가 수업이 항상 있습니다.

Die Pupillen weiten sich

phr. 동공이 확대되다

Durch die Verdunkelung **weiten sich die Pupillen.** 어둠으로 동공이 확대된다.

---

würgen ['vʏʁgn̩]

⊜ ersticken, strangulieren

v. 질식시키다, 목졸라 죽이다, 억지로 삼키다, 숨이 막히다

Der Täter **würgte** sein Opfer so lange, bis es sich nicht mehr wehrte. 가해자는 저항하지 않을 때까지 희생자의 목을 졸랐다.

---

kriechen ['kʀi:çn̩]

⊜ krabbeln, robben

v. 기다, 포복하다, 추종하다

Warum **kriechst** du so? Wir kommen ja kaum voran. 왜 기어 가는 거야? 우리는 거의 진전이 없어.

---

flitzen ['flɪtsn̩]

⊜ rasen, sprinten

v. 쏜살같이 달리다, 질주하다

Der Pfeil **flitzte** durch die Luft. 화살은 공중으로 쏜살같이 날라갔다.

---

vernehmlich [fɛɐ̯'ne:mlɪç]

⊜ hörbar, laut

a. 들리는, 알아들을 수 있는

Der Dozent sprach mit äußerst **vernehmlicher** Stimme, sodass selbst die Studenten in der Letzten Reihe ihn deutlich hören konnten. 강사는 아주 큰 목소리로 말했습니다. 그래서 마지막 줄의 학생들 조차도 똑똑히 들을 수 있었습니다.

Pfote ['pfo:tə]

Ⓖ *f - n*

n. (동물의) 앞발

Die Geißlein riefen: "Zeig uns zuerst deine **Pfote**, damit wir wissen, dass du unser liebes Mütterchen bist." Da legte der Wolf die Pfote auf das Fensterbrett. 염소들은 소리쳤다 : 당신이 우리가 사랑하는 엄마라는 것을 알 수 있도록 먼저 당신의 발을 우리에게 보여주세요. 그러자 늑대는 그의 발을 창문 위에 두었다.

---

verarschen [fɛɐ̯'ʔaʁʃn̩]

⊜ necken, spotten

v. 비웃다, 놀리다, 조롱하다, 바보 취급하다

Verarsch mich nicht! 나를 비웃지마!

Anschaffung ['anʃafʊŋ]

Ⓖ *f - en*

n. 구입, 매입, 구입품

Diese **Anschaffungen** für die neue Wohnung waren dringend notwendig. 이 새로운 집의 구입은 시급했습니다.

seufzen ['zɔɪ̯ft͡sn̩]
⊜ ächzen, aufseufzen

v. 한숨을 쉬다, 탄식하다, 신음하다

Als sie gefragt wurde, ob alles in Ordnung sei, **seufzte** sie nur.
모든 것이 괜찮은지 묻는 질문을 받았을 때 그녀는 오직 한숨만 쉬었다.

Aufstand ['aʊ̯fʃtant]
G *m (e)s ä-e*

n. 봉기, 반란, 반도, 폭도

Ihr **Aufstand** hat weite Teile der Provinz Aleppo erfasst und der Widerstand der Regierungstruppen scheint unkoordinierter und unmotivierter zu werden. 이들의 폭동은 알레포 지방의 많은 지역에 영향을 미쳤고, 정부군의 저항은 통제 못하고 무용지물처럼 보였습니다.

---

verstecken [fɛɐ̯'ʃtɛkn̩]
⊜ verbergen, verdecken

v. 감추다, 숨기다, 은닉하다

Zu Ostern werden bemalte Eier und kleine Geschenke **versteckt**.
부활절에는 색칠한 달걀과 작은 선물이 숨겨져 있습니다.

---

spähen ['ʃpɛːən]
⊜ ausschauen, blicken

v. 엿보다, 주시하다, 망보다, 감시하다

Wenn Greifvögel am Himmel kreisen, dann meist, um nach Beute zu **spähen**. 수리목들은 대게 먹이를 주시하기 위해 하늘을 선회하는 경향이 있습니다.

---

unterwürfig ['ʊntɐˌvʏʁfɪç]
⊜ kniefällig, schmeichlerisch

a. 비굴한, 굽실거리는

Dort hat sich Trump vor der Weltöffentlichkeit schwach und **unterwürfig** gezeigt. 트럼프는 세상 사람들 앞에서 약하고 비굴함을 보여주었습니다.

---

schielen ['ʃiːlən]
⊜ beobachten, abzielen

v. 사팔눈이다, 흘기다, 곁눈으로 보다, 몰래 엿보다

Er **schielt** schon lange auf ihr Fahrrad.
그는 오랫동안 그녀의 자전거를 곁눈질했습니다.

---

schöpfen ['ʃœpfn̩]
⊜ hervorbringen, erschaffen

v. 푸다, 긷다, 떠내다, 뜨다, 얻다

Sie **schöpfte** einen Eimer Wasser aus dem Brunnen.
그녀는 우물에서 물 한 통을 떠냈다.

Fazit ['faːtsɪt]
G *n s e*

n. 결론, 결과

Im Abschluss eines jeden Kapitels wird ein **Fazit** gezogen.
각 장의 결말에서 결론이 도출된다.

---

berichtigen [bəˈʀɪçtɪgn̩]
⊜ korrigieren, verbessern

v. 고치다, 정정하다, 정리하다, 결제하다, 빚을 갚다

Haben Sie schon unsere Klausuren **berichtigt**?
당신은 이미 우리의 시험을 고쳤습니까?

---

verstummen [fɛɐ̯'ʃtʊmən]
⊜ schweigen, verhallen

v. 벙어리가 되다, 말문이 막히다, 침묵하다, 입을 다물다

Immer mehr Kirchenglocken **verstummen** des Nachts. Grund: Für viele Anwohner ist der Stundenschlag offenbar eine Lärmbelästigung. 점점 더 많은 교회 종들이 밤에 침묵하고 있습니다. 이유 : 많은 주민들에게 시간을 알리는 타종은 분명히 소음 공해입니다.

Vorenthaltung
['foːɐ̯ˌɛnt'haltʊŋ]
G *f - en*

n. 불법 억류, 유치

Wegen **Vorenthaltung** und Veruntreuung von Arbeitsentgelt sieht ein Autohändler jetzt einer Freiheitsstrafe entgegen.
급여의 원천 징수 및 횡령으로 인해 자동차 판매업자는 현재 금고형에 직면해 있습니다.

16 Tag

1501~1600

ausschenken ['aʊ̯sˌʃɛŋkn̩]

⊜ einfüllen, eingießen

ⓥ 붓다, 따르다, 술을 팔다

Bars sollen kostenlos Trinkwasser **ausschenken**.
바에서는 식수를 무료로 제공해야 합니다.

---

bummeln ['bʊml̩n]

⊜ flanieren, trödeln

ⓥ 유유자적하게 걷다, 어정거리다, 만보하다, 빈둥거리다

Die beiden Freundinnen **bummelten** den ganzen Nachmittag in der Hamburger Innenstadt. 두 친구는 오후 내내 함부르크 시내를 산책했습니다.

---

verdrießen [fɛɐ̯'dʀiːsn̩]

⊜ verärgern, erzürnen

ⓥ 불쾌하게 하다, 언짢게 하다

Das Wetter **verdrießt** mich ungemein. 날씨가 나를 매우 불쾌하게 한다.

---

schleichen ['ʃlaɪ̯çn̩]

⊜ huschen, zotteln

ⓥ 살금살금 걷다, 몰래 나가다, 살그머니 가다

Der Fahrer vor uns kennt sich hier wohl nicht aus. Er **schleicht** mit 20 km/h um jede Kurve. 우리 앞의 운전자는 아마 여기를 잘 모르고 있는 것 같다. 그는 모든 커브를 20 km/h 속도로 기어가고 있다.

---

notgedrungen ['noːtgəˌdʀʊŋən]

⊜ unfreiwillig, gezwungenermaßen

ⓐ 부득이한, 어찌할 수 없는, 다급해져서

Heute gehe ich **notgedrungen** zu Fuß zur Arbeit, da sowohl mein Auto als auch mein Fahrrad kaputt sind.
오늘 차와 자전거가 모두 고장이나서 어쩔 수 없이 일하러 걸어서 가야했습니다.

Pensum ['pɛnzʊm]

Ⓖ *n s -sen/-sa*

ⓝ 과업, 일, 일과, 숙제

Wenn er morgens an das **Pensum** an Arbeit denkt, das ihn wieder erwartet, möchte er am liebsten gar nicht aufstehen.
그는 아침에 기다리고 있는 일을 생각할 때 전혀 일어나고 싶지 않았다.

---

aufbrühen ['aʊ̯fˌbʀyːən]

⊜ aufgießen, kochen

ⓥ 끓는 물을 부어 음료를 타다/만들다

Die Pflanzen zerkleinern und als Tee **aufbrühen**.
그 식물을 잘게 부수고 차로 만드십시오.

---

anhängen ['anˌhɛŋən]

⊜ anhaften, huldigen

ⓥ 신봉하다, 추종하다, 따르다, 걸다, 매달다, 첨가하다

Egal wie viel Zeit vergehen wird, das Schuldgefühl wird ihr nach dieser Tat immer **anhängen**.
아무리 많은 시간이 지나더라도 이 범행에 대한 죄책감은 항상 따라다닐 것입니다.

---

abschreiben ['apʃʀaɪ̯bn̩]

⊜ absehen, abkupfern

ⓥ 표절하다, 커닝하다, 베끼다

In der Abschlussklausur haben viele **abgeschrieben**.
졸업 시험에서 많은 사람들이 베꼈다.

befahren [bə'faːʀən]
⊜ besegeln, beschiffen

Ⓥ 가다, 항해하다, 채광하다

Die Nordmänner erkunden mit ihnen die Ströme des heutigen Russlands und der Ukraine, **befahren** das Schwarze Meer und laden in Konstantinopel Schätze an Bord. 북부 사람들은 오늘날의 러시아와 우크라이나의 강을 탐험하고 흑해를 항해하여 콘스탄티노플의 보물을 실었다.

---

verfahren [fɛɐ̯'faːʀən]
⊜ anfassen, behandeln

Ⓥ 소비하다, 운송하다, 다루다, 행동하다

In dieser Sache sollen wir anders **verfahren**.
이 경우 우리는 다르게 행동해야 합니다.

---

betragen [bə'tʀaːgn̩]
⊜ ergeben, ausmachen

Ⓥ ~에 달하다, ~에 이르다

Der Preis **beträgt** nicht einmal 100 Euro, sondern nur 99 Euro und 95 Cent. 가격은 100 유로가 아니라 99 유로 95 센트입니다.

---

vertragen [fɛɐ̯'tʀaːgn̩]
⊜ aushalten, ausstehen

Ⓥ 견디다, 참다, 소화하다, 잊어버리다

Die Kinder **vertragen** die Hitze und die hohe Luftfeuchtigkeit erstaunlich gut. 아이들은 열과 높은 습도를 놀라울 정도로 잘 견딘다.

---

besetzen [bə'zɛtsn̩]
⊜ einnehmen, belegen

Ⓥ 차지하다, 점령하다, 장식하다

Ich **besetze** im Kino immer nur den besten Platz.
나는 영화관에서 제일 좋은 자리를 차지하고 있습니다.

---

ersetzen [ɛɐ̯'zɛtsn̩]
⊜ erstatten, substituieren

Ⓥ 바꾸다, 대체하다, 보충하다, 대신하다

Sie versuchte so gut wie möglich die Mutter zu **ersetzen**.
그녀는 어머니를 대신하려고 최선으로 노력했습니다.

---

versetzen [fɛɐ̯'zɛtsn̩]
⊜ nachvollziehen, verlegen

Ⓥ 옮기다, 어떤 상태에 두다

Ich muss den Sessel **versetzen**, damit ich an die Steckdose komme.
나는 콘센트로 가기 위해서 의자를 옮겨야 한다.

---

erstellen [ɛɐ̯'ʃtɛlən]
⊜ aufbauen, anfertigen

Ⓥ 만들어 내다, 완성시키다, 조제하다, 준비하다

Jetzt wurde ein neues Konzept **erstellt**, und die Schüler der vierten Klassen planten im Sachunterricht Regeln für die Nutzung und Pflege des Gartens. 이제 새로운 구상이 완성되었고, 4 학년 학생들은 수업에서 정원 사용 및 관리 규칙을 계획했습니다.

---

verstellen [fɛɐ̯'ʃtɛlən]
⊜ heucheln, umstellen

Ⓥ 막다, 방해하다, 움직이다, 바꾸다, 속이다

Mario **verstellte** die Lautstärke am Radio seiner Mutter.
Mario 는 어머니의 라디오 음량을 조절했습니다.

---

belegen [bə'leːgn̩]
⊜ aufbringen, besetzen

Ⓥ 덮다, 얹다, 차지하다, 점령하다, 증명하다, 부과하다

Ein Vergehen wird mit hoher Strafe **belegt**.
법률 위반은 심하게 처벌됩니다.

---

erlegen [ɛɐ̯'leːgn̩]
⊜ abschießen, töten

Ⓥ 지불하다, 예금하다, 죽이다

Er **erlegte** das kranke Tier. 그는 병든 동물을 죽였다.

hinauslaufen auf
[hɪˈnau̯sˌlau̯fn̩]
⊜ hinauskommen, zur Folge haben

Ⓥ 결과로서 무엇이 되다

In der Praxis könnte es jedoch **auf** eine aufwendige Einzelfallprüfung **hinauslaufen**.
그러나 실제로는 복잡한 개별 검사가 발생할 수 있습니다.

Vorwurf [ˈfoːɐ̯ˌvʊʁf]
Ⓖ *m (e)s ü-e*

Ⓝ 비난, 질책, 주제

Der Politiker wehrte sich gegen den **Vorwurf**, er sei bestechlich.
그 정치인은 매수되었다는 비난에 맞섰다.

---

anvertrauen
[ˈanfɛɐ̯ˌtʁau̯ən]
⊜ überlassen, gestehen

Ⓥ 맡기다, 위탁하다, (비밀을) 털어놓다

Wir **vertrauen** dir für die kommende Woche unseren Sohn **an**.
우리는 우리 아들을 다음 주 동안 당신에게 맡깁니다.

---

beitreten [ˈbaɪ̯ˌtʁeːtn̩]
⊜ eintreten, Mitglied werden

Ⓥ 편들다, 가입하다, 찬성하다

Ich kann der Gewerkschaft nicht **beitreten**.
나는 노조에 가입할 수 없다.

---

hinzufügen [hɪnˈt͡suːˌfyːɡn̩]
⊜ anfügen, auffüllen

Ⓥ 부가하다, 추가하다, 덧붙이다

Ich habe dem Artikel noch einige Beispiele **hinzugefügt**.
기사에 몇 가지 예를 추가했습니다.

---

unterliegen [ˌʊntɐˈliːɡn̩]
⊜ verlieren, erledigt werden

Ⓥ 져서 쓰러지다, 지다, 굴복하다

In der Schlacht bei Hohenlinden in der Nähe Münchens **unterliegt** Österreich erneut französischen Truppen. 뮌헨 근처 Hohenlinden 근처의 전투에서 오스트리아는 다시 프랑스 군대에 굴복했습니다.

---

zuordnen [ˈt͡suːˌʔɔʁdnən]
⊜ einfügen, eingliedern

Ⓥ 부속시키다, 편입시키다, 분류하다

Wale werden aufgrund ihrer biologischen Merkmale nicht den Fischen zugeordnet; der Ausdruck Walfisch **ordnet** sie also falsch **zu**. 고래는 생물학적 특성 때문에 물고기에게 할당되지 않습니다. 그래서 용어 Walfisch는 틀렸습니다.

---

bezichtigen [bəˈt͡sɪçtɪɡn̩]
⊜ anklagen, beschuldigen

Ⓥ 무슨 죄를 돌리다, 무슨 일로 책망하다, 전가하다

Ich lasse mich hier doch nicht des Diebstahles **bezichtigen**!
나는 여기에서 도난 혐의로 기소되지 않을 것이다!

---

entbehren [ɛntˈbeːʁən]
⊜ vermissen, verzichten

Ⓥ 결여되다, 그리워하다, 포기하다

Ich **entbehre** es sehr, mich über diese und tausend andere Fragen nicht mehr mit Ihnen, lieber Freund, aussprechen zu können.
나는 당신과 이 질문과 수 천가지 다른 질문에 대해 더 이상 이야기를 나눌 수 없는 게 너무나 유감스럽습니다, 친애하는 친구여.

---

verdächtigen [fɛɐ̯ˈdɛçtɪɡn̩]
⊜ beargwöhnen, mutmaßen

Ⓥ 혐의를 두다, 의심하다

Er wurde einer Fälschung unschuldig **verdächtigt**.
그는 위조사건에서 억울한 혐의를 받았다.

beruhen auf [bəˈʀuːən]

⊜ gründen auf, basieren auf

v. ~에 근거(기인) 하다

Das Prinzip der Evolution **beruht auf** dem Zusammenspiel von Mutation und Selektion. 진화의 원리는 변이와 도태의 상호 작용에 기초한다.

hinausgehen über [ˈhɪˈnaʊ̯sˌgeːən]

⊜ übersteigen, überschreiten

v. 무엇을 앞지르다, 능가하다, 넘어서다

Die Anforderungen der Kunden würden dabei **über** das eigentliche Fahrzeug **hinausgehen.** 고객의 요구 사항은 그 실제 차량을 능가할 것이다.

verhandeln über [fɛɐ̯ˈhandl̩n]

⊜ konferieren, abhandeln

v. 협의하다, 담판하다, 교섭하다, 협상하다

Über die genauen Bedingungen des Vertrags müssen wir noch **verhandeln.** 우리는 여전히 계약의 정확한 조건을 협상해야 합니다.

zusehends [ˈʦuːˌzeːənʦ]

⊜ bemerkbar, deutlich

adv. 순식간에, 눈에 띄게, 뚜렷하게

Die Schulden wuchsen **zusehends.** 부채는 빠르게 증가했다.

abschminken [ˈapˌʃmɪŋkn̩]

⊜ aufgeben, verwerfen

v. 화장을 지우다, 포기하다

Jetzt noch rechtzeitig zum Vorstellungsbeginn ins Theater zu kommen, kannst du dir **abschminken.**
너는 극장 공연 시작에 맞춰서 메이크업을 할 수 있습니다.

schwenken [ˈʃvɛŋkn̩]

⊜ pendeln, schaukeln

v. 흔들다, 휘두르다, 돌리다, 선회하다

Der Fan **schwenkt** die Fahne. 그 팬은 깃발을 흔든다.

regulieren [ʀeguˈliːʀən]

⊜ einrichten, gestalten

v. 규정하다, 규제하다, 조정하다

Wir sollten den Ablauf der Tagung noch ein bisschen strenger **regulieren.** 우리는 회의의 진행을 좀 더 엄격하게 규제해야 합니다.

Anlaufstelle [ˈanlaʊ̯fʃtɛlə]

G *f - n*

n. 상담소, 상담 기관, 접선지

Für manche Menschen ist ihr Pfarrer eine **Anlaufstelle.**
어떤 사람들에게는 목사는 상담 기관이다.

unübersichtlich [ˈʊnʔyːbɐˌzɪçtlɪç]

⊜ unüberschaubar, durcheinander

a. 전망하기 어려운, 간추릴 수 없는

Das macht den Prozess extrem **unübersichtlich.**
그것은 프로세스를 복잡하게 만든다.

abschrecken [ˈapˌʃʀɛkn̩]

⊜ auskühlen, abbringen

v. 겁주다, 위협하다, 급냉하다

Die Negativschlagzeilen haben viele Leute **abgeschreckt**, das Produkt zu kaufen.
부정적인 헤드라인은 많은 사람들이 그 제품을 사는데 겁을 주었습니다.

durchqueren [dʊʁçˈkveːʀən]

⊜ durchgehen, durchlaufen

v. 횡단하다, 여행하다, 건너다

Noch niemand hatte dieses riesige Land von Osten bis zur Pazifikküste **durchquert.**
아무도 이 광대한 나라를 동쪽에서 태평양 연안까지 횡단하지 않았다.

preisgeben ['pʀai̯sˌgeːbn̩]
⊜ abtreten, aufgeben

ⓥ 포기하다, 체념하다, 희생하다

Der Gefangene wollte das Versteck seines Komplizen nicht **preisgeben**. 그 죄수는 공범자의 은신처를 넘겨주고 싶어하지 않았다.

---

durchschreiten [dʊʁçˈʃʀai̯tn̩]
⊜ durchgehen, durchqueren

ⓥ 건너다, 횡단하다

Hundert Meter nach dem Dorfende rechts in den Wanderweg einbiegen und den Wald **durchschreiten**.
마을 끝에서 100 미터 떨어진 산책길로 우회전하여 숲을 지나가시오.

---

herumlaufen [hɛˈʀʊmˌlau̯fn̩]
⊜ herumrennen, umhergehen

ⓥ 회전하다, 에워싸다, 둘러싸다

Er musste ewig in der Siedlung **herumlaufen**, bevor er die richtige Hausnummer fand. 정확한 집 번지를 찾기 전에 그는 한참 주거지를 돌아다녀야 했다.

---

beklemmend [bəˈklɛmənt]
⊜ angsterregend, bedrückend

ⓐ 근심스러운, 가슴이 아픈, 꺼림칙한

Der Arbeitsplatz von Gefängnisärzten wirkt **beklemmend**.
감옥에서의 의사 일은 꺼림칙합니다.

---

aushändigen ['au̯sˌhɛndɪgn̩]
⊜ abgeben, abliefern,

ⓥ 넘겨주다, 인도하다

Zum Schuljahresende bekommen die Schüler ihre Zeugnisse **ausgehändigt**. 학년 말에 학생들은 성적표를 받습니다.

Abholzung ['apˌhɔltsʊŋ]
Ⓖ *f - en*

ⓝ 벌목, 벌채

Durch die **Abholzung** war auch der Lawinenschutz nicht mehr gegeben. 삼림 벌채로 인해 눈사태 예방이 더 이상 가능하지 않았습니다.

Spedition [ʃpediˈtsi̯oːn]
Ⓖ *f - en*

ⓝ 운송, 발송, 운송업, 물류 사업

Die Brüder und Geschäftspartner Martin und Stefan Keller feiern in diesem Jahr das 20-jährige Bestehen ihrer **Spedition**.
비즈니스 파트너의 마틴과 스테판 켈러는 올해 운송 회사 창립 20 주년을 축하했다.

Erosion [eʀoˈzi̯oːn]
Ⓖ *f - en*

ⓝ 침식, 침식작용, 수식

Ein Grund dafür ist die Zerstörung von Boden. **Erosion**, Schadstoffe, Überweidung – viele Faktoren tragen dazu bei. 이유는 토양의 파괴입니다. 침식, 오염 물질, 과도한 방목 – 많은 요소들이 여기에 기여합니다.

Nachfolger ['naːχˌfɔlgɐ]
Ⓖ *m s -*

ⓝ 후계자, 제자, 왕위 계승자

Er begrüßte seinen **Nachfolger** mit herzlichen Worten.
그는 그의 후계자를 진심 어린 말로 인사했습니다.

überqueren [yːbɐˈkveːʀən]
⊜ durchgehen, durchkommen

ⓥ 가로지르다, 횡단하다, 건너다

Songyi half der alten Dame, die Straße zu **überqueren**.
송이는 할머니가 길을 건너도록 도와주었습니다.

überquellen ['yːbɐˌkvɛlən]
⊜ überschäumen, übersprudeln

ⓥ 넘치다, 가득차서 넘치다

Es sei laut, der Müll würde **überquellen** und die Sicherheitskräfte beziehungsweise die Polizei könnten wenig ausrichten.
쓰레기가 넘쳤고 보안군이나 경찰이 제대로 정돈할 수 없었을 정도로 시끄러웠다.

Verzögerung
[fɛɐ̯'tsø:gəʀʊŋ]
G *f - en*

n. 지체, 연기, 유예

Entschuldigen Sie bitte die **Verzögerung**. 지연을 용서하십시오.

---

rüstig ['ʀʏstɪç]
⊜ aktiv, lebhaft

a. 정정한, 건강한, 힘찬, 활발한

Kimmy ist für sein Alter noch sehr **rüstig** und gesund.
Kimmy 는 그의 나이에 비해서 아주 힘차고 건강합니다.

---

im Nu

phr. 재빠르게, 아주 빨리

Sie waren **im Nu** wieder zurück. 그들은 곧 돌아왔습니다.

---

einig ['ai̯nɪç]
⊜ einheitlich, einverstanden

a. 의견이 같은, 사이 좋은, 조금의

Es verging **einige** Zeit, bevor die Uhr zwölf schlug.
12 시가 되기 전의 시간이 약간 경과했다

Einmarsch ['ai̯nˌmaʁʃ]
G *m (e)s ä-e*

n. 진입, 입성

Der **Einmarsch** der Deutschen war ein Schreckenserlebnis für die Franzosen. 독일인의 침공은 프랑스인에게 공포스러운 경험이었습니다.

Flair [flɛ:ɐ̯]
G *n s x*

n. 분위기, 직감, 예감

Der Charme der 1960er Jahre, der das Seebad umgibt, soll einem modernen **Flair** weichen.
해변 휴양지를 둘러싸고 있는 1960 년대의 매력은 현대적인 분위기를 약하게 한다.

Schmelz ['ʃmɛlts]
G *m es e*

n. 에나멜, 광택, 윤

Denn mittels des Wachses haben die Werke alle einen zarten **Schmelz**, schimmern tiefgründig, sind zart transparent, wirken leicht und elegant. 왁스로 인하여 모든 작품은 섬세한 광택을 가지고 있으며, 섬세하고, 명료하며, 가볍고 우아합니다.

---

erwähnen [ɛɐ̯'vɛ:nən]
⊜ anbringen, andeuten

v. 언급하다, 말하다, 상술하다

Er **erwähnte** auch, dass er schon immer hier wohnte.
그는 또한 그가 항상 여기에 살았다고 언급했다.

---

vermeintlich [fɛɐ̯'mai̯ntlɪç]
⊜ angeblich, scheinbar

a. 상상의, 추정의, 거짓의, 자칭의

Ein User warnt andere direkt auf Facebook vor der **vermeintlich** Kriminellen. 사용자는 다른 사람들에게 즉시 Facebook 으로 추정 범죄에 대해 경고한다.

Reptil [ʀɛp'ti:l]
G *n s ien*

n. 파충류

Die meisten **Reptilien** sind heute ausgestorben.
오늘날 대부분의 파충류가 멸종되었습니다.

---

einschlägig ['ai̯nʃlɛ:gɪç]
⊜ betreffend, dazugehörig

a. 속하는, 해당되는, 관계있는

Zum besseren Verständnis wird die Lektüre der **einschlägigen** Literatur empfohlen. 더 나은 이해를 위해 관련 문헌을 읽는 것이 좋습니다.

Attest [a'tɛst]
Ⓖ *n (e)s e*

(n.) 진단서, 감증서, 증명서

Wenn man krank ist, muss man dem Arbeitgeber ein **Attest** vorlegen. 아프면 고용주에게 진단 증명서를 제출해야 합니다.

---

lediglich ['leːdɪklɪç]
⊜ alleinig, ausschließlich

(adv.) 오직, 다만, 전혀

Man muss nicht alle Aufgaben lösen, sondern **lediglich** die zum Bestehen notwendigen. 모든 문제를 풀 필요는 없지만 다만 통과할 정도는 필요하다.

---

stoppeln ['ʃtɔpl̩n]
⊜ einsammeln, aufnehmen

(v.) 모으다, 편집하다, 이삭을 줍다

Nachdem der Bauer geerntet hatte, durften die Heimatvertriebenen **stoppeln** gehen, also die Nachlese machen.
농부가 수확 한 후에, 난민들은 이삭을 모으러 갈 수 있다.

---

soeben [zo'ʔeːbn̩]
⊜ augenblicklich, gegenwärtig

(adv.) 방금, 금방, 곧, 갓

Die Veranstaltung ging **soeben** zu Ende, die Leute sind jetzt dabei, den Saal zu verlassen. 이 행사는 막 끝났고, 사람들은 지금 강당을 떠난다.

---

kennzeichnen
['kɛntsaɪ̯çnən]
⊜ beschreiben, markieren

(v.) 표시를 하다, 특징짓다

Neue Einträge sind besonders **gekennzeichnet**.
새로운 기재 항목은 특별히 표시됩니다.

Agrarland [a'gʀaːɐ̯ˌlant]
Ⓖ *n (e)s ä-er*

(n.) 농지, 농업 국가

Im **Agrarland** Niedersachsen listet die Tierseuchenkasse rund 22.000 Ziegen auf.
니더작센주 농경지의 동물 질병 관리소에는 약 22,000 마리의 염소가 기록 되어있습니다.

---

abtransportieren
['aptʀanspɔʁˌtiːʀən]
⊜ abfahren, ausfliegen

(v.) (배, 차에) 실어 가다

Jeder enthält 30 Kilo Sondermüll, die **abtransportiert** und deponiert werden müssen.
각각에는 차에 실어서 매립되어야 하는 30 킬로그램의 유해 폐기물이 들어있다.

überreichen [ˌyːbɐ'ʀaɪ̯çn̩]
⊜ aushändigen, austeilen

(v.) 건네다, 제공하다, 헌정하다

Ich **überreiche** Ihnen hiermit diese Ehrenmedaille.
나는 당신에게 이 명예 훈장을 헌정합니다.

Dosierung [do'ziːʀʊŋ]
Ⓖ *f - en*

(n.) 처방, 조제, 계량

Jahrelang war es mit den Medikamenten gutgegangen, wahrscheinlich stimmte einfach die **Dosierung** nicht mehr.
수년간 그것은 그 약은 잘 통했지만 그 조제는 더 이상 맞지 않았다.

Proband [pʀo'bant]
Ⓖ *m en en*

(n.) 실험 대상자

Die Hälfte der **Probanden** erkrankte bereits nach drei Tagen.
실험 대상자의 절반이 거의 3 일 후에 아팠다.

---

aufschlussreich
['aʊ̯fʃlʊsˌʀaɪ̯ç]
⊜ anschaulich, bedeutsam

(a.) 시사하는 바가 많은, 교훈적인, 유익한

Der Vortrag des Dozenten war sehr **aufschlussreich**.
강사의 강의는 매우 유익했습니다.

bevorstehend [bəˈfoːɐ̯ʃteːənt]
⊜ folgend, baldig

ⓐ 가까이 다가온, 눈앞의, 임박한

Es bleibt gar nicht viel Zeit, eine Vorschau auf die **bevorstehende** Bedrohung zu geben. 임박한 위협을 예견할 시간이 별로 없습니다.

Vernehmung [fɛɐ̯ˈneːmʊŋ]
Ⓖ *f - en*

ⓝ 심문, 문초

Nach der **Vernehmung** all ihrer schweren Schicksalsschläge beschloss ich, ihr zu helfen.
그녀의 모든 심각한 비운을 듣고 나는 그녀를 돕기로 결심했다.

---

dezent [deˈt͡sɛnt]
⊜ diskret, zart

ⓐ 단정한, 고상한, 은은한, 예의바른, 적당한

Er war in **dezentes** Grau gekleidet. 그는 은은한 회색 옷을 입고 있었습니다.

Präferenz [pʀɛfeˈʀɛnt͡s]
Ⓖ *f - en*

ⓝ 우월, 상위, 선위, 선호, 특혜

Die soziale Spaltung der Gesellschaft führt dazu, dass viele Wähler eine **Präferenz** für “Die Linke” entwickeln, wie die letzten Wahlergebnisse zeigen. 사회적 분열은 지난 선거 결과가 보여주듯이 많은 유권자들이 좌파에 대한 선호를 지향하도록 합니다.

---

herbeisehnen [hɛɐ̯ˈbaɪ̯ˌzeːnən]
⊜ ersehnen, erwarten

ⓥ 간절히 소망하다, 원하다

Sie ist eine von denen, die sich den Abbau der Bänke **herbeisehnen**.
그녀는 벤치가 해체되기를 원하는 사람들 중 한 명입니다.

---

enorm [eˈnɔʁm]
⊜ riesig, beachtenswert

ⓐ 거대한, 대단한, 큰

Ihr Vorsprung war **enorm**. 그녀의 우위는 엄청났습니다.

Panne [ˈpanə]
Ⓖ *f - n*

ⓝ (바퀴의) 펑크, 고장, 시동이 꺼짐, 장애, 실수

Endlich gibt es eine Radtour ohne **Pannen**.
마침내 고장 없는 자전거 여행이다.

Rummel [ˈʀʊml̩]
Ⓖ *m s x*

ⓝ 법석, 소란, 사정, 경위, 광장, 장

An meinem Urlaubsort herrschte jeden Abend ein wilder **Rummel**.
나의 여행지에서는 매일 밤 거친 소동이 있었다.

Bilanz [biˈlant͡s]
Ⓖ *f - en*

ⓝ 결산, 대차 대조표, 잔고, 성과, 결과, 총계

Die Entwicklung der **Bilanz** verläuft positiv, denn die Firma macht weniger Ausgaben als Einnahmen, sodass die Firma wieder Gewinne macht. 회사가 수익보다 적은 지출을 하기 때문에 성과의 발전은 긍정적입니다. 따라서 회사는 다시 수익을 창출합니다.

---

haltbar [ˈhaltbaːɐ̯]
⊜ beständig, stabil

ⓐ 견고한, 튼튼한, 질긴, 보관이 가능한

Misten Sie jedes Jahr mindestens einmal Ihre Hausapotheke aus, denn Arzneimittel sind nicht unbegrenzt **haltbar**!
의약품을 무기한 보관할 수 없기 때문에 매년 적어도 한 번은 상비약을 정돈하십시오!

---

nachschlagen [ˈnaːχʃlaːɡn̩]
⊜ nachsehen, überprüfen

ⓥ 참조하다, 참고하다, 찾아보다

Er wusste nichts darüber, aber er wollte es **nachschlagen**.
그는 그것에 대해 아무것도 몰랐지만 그것을 참고하고 싶었습니다.

schmelzen [ˈʃmɛltsn̩]

⊜ auftauen, zerfließen

(v.) 녹다, 녹이다, 용해하다, 누그러지다, 부드러워 지다

Durch Hitzezufuhr lassen sich Metalle **schmelzen**.
열 전도가 금속을 녹일 수 있습니다.

---

umkippen [ˈʊmˌkɪpn̩]

⊜ kentern, umschlagen

(v.) 넘어지다, 넘어뜨리다, 뒤집히다, 전복하다

Wenn du die Bücher so aufeinander türmst, wird der Stapel **umkippen**. 그렇게 책을 쌓아 두면 그 책 더미가 무너질 것입니다.

Delikt [deˈlɪkt]

(G) *n (e)s e*

(n.) 불법 행위, 위반, 범죄, 범행

Wegen der vielen **Delikte** wurde eine lange Haftstrafe verhängt.
많은 범죄 때문에 긴 구류형이 판결되었습니다.

Vorrat [ˈfoːɐ̯ˌʀaːt]

(G) *m (e)s ä-e*

(n.) 준비, 마련, 예비, 저장품

Es ist gut, immer einen **Vorrat** an Lebensmitteln zu lagern.
항상 예비 식료품을 저장해 놓는 것이 좋습니다.

---

entrichten [ɛntˈʀɪçtn̩]

⊜ abführen, bezahlen

(v.) 지불하다, 변제하다, 납부하다

Das Unternehmen habe seine Zollgebühren nicht **entrichtet**.
그 회사는 관세 수수료를 지불하지 않았다.

Quartal [kvaʁˈtaːl]

(G) *n s e*

(n.) 4분의 1년, 3개월, 분기

Manche Betriebe erstellen pro **Quartal** einen Bericht.
일부 기업은 분기마다 보고서를 작성합니다.

überfallen [ˌyːbɐˈfalən]

⊜ anfallen, angreifen

(v.) 엄습하다, 덮치다, 기습하다

Deutschland **überfiel** Polen im zweiten Weltkrieg.
독일은 제 2 차 세계 대전에서 폴란드를 침략했다.

Verallgemeinerung

[fɛɐ̯ʔalgəˈmaɪ̯nəʀʊŋ]

(G) *f - en*

(n.) 일반화, 보편화, 보급

Sie neigen zu unangebrachten **Verallgemeinerungen**.
그들은 부적절한 일반화 경향이 있다.

---

rutschen [ˈʀʊʧn̩]

⊜ gleiten, schlittern

(v.) 미끄러지다, 미끄럼을 타다

Der Skihang war für die Anfänger so schwer, sie konnten nur hinunter **rutschen**.
초심자에게는 스키 슬로프가 너무 어려웠다, 그들은 아래로 미끄러질 수밖에 없었다.

---

riechen [ˈʀiːçn̩]

⊜ duften, schnuppern

(v.) 냄새가 나다, 냄새를 맡다, 낌새를 채다

Mit meinem Schnupfen **rieche** ich überhaupt nichts.
나는 코 감기 때문에 전혀 냄새를 맡지 못합니다.

---

verfärben [fɛɐ̯ˈfɛʁbn̩]

⊜ anlaufen, erblassen

(v.) 변색하다, 퇴색하다, 바래다, 창백해지다

Vom Rauchen **verfärben** sich die Finger und Zähne.
흡연으로 손가락과 이빨은 변색됩니다.

versiegen [fɛɐ̯ˈziːgn̩]

⊜ austrocknen, nachlassen

ⓥ 고갈하다, (샘이나 우물이) 마르다

Doch mit sinkendem Grundwasserstand **versiegen** auch diese Reserven immer wieder.

그러나 지하수 수위가 낮아짐에 따라 이 저수지는 계속해서 다시 마른다.

vorlegen [ˈfoːɐ̯ˌleːgn̩]

⊜ präsentieren, hinlegen

ⓥ 제출하다, 제시하다, 발표하다

Bevor du deine Arbeit endgültig abgibst, solltest du sie mir zur Durchsicht **vorlegen**.

너는 작업을 마무리하기 전에 검토를 위해 나에게 제출해야 합니다.

gigantisch [giˈgantɪʃ]

⊜ enorm, riesig

ⓐ 거인같은, 거대한, 어마어마한

Im Tal wächst ein **gigantischer** Staudamm.

계곡에 거대한 댐이 생긴다.

monumental [monumɛnˈtaːl]

⊜ imposant, enorm

ⓐ 기념의, 기념비와 같은, 웅대한

Meine Mutter war seit jeher eine Frau von **monumentalem** Ausmaß. 우리 엄마는 옛날부터 굉장히 뚱뚱했습니다.

17 Tag

1601~1700

bevorzugen
[ˌbəˈfoːɐ̯tsuːgn̩]
⊖ vorziehen, begünstigen

v. 우대하다, 두둔하다, 선호하다, 좋아하다

Er **bevorzugt** Wein statt Bier. 그는 맥주 대신에 와인을 선호합니다.

---

auskühlen [ˈaʊ̯sˌkyːlən]
⊖ erkalten, auskälten

v. 냉각하다, 충분히 식히다

Bei den vorhergesagten Temperaturen müsse damit gerechnet werden, dass der Asphalt mehr Zeit zum **Auskühlen** benötigt.
온도를 예측해 보면 아스팔트가 식을 때까지 더 많은 시간이 필요한 것으로 계산됩니다.

---

verschlechtern [fɛɐ̯ˈʃlɛçtɐn]
⊖ verschlimmern, beeinträchtigen

v. 더 악화시키다, 부패하다, 나빠지다

Du hast unsere Situation noch **verschlechtert**!
너는 우리 상황을 더 악화시켰어!

---

schrauben [ˈʃʀaʊ̯bn̩]
⊖ drehen, festziehen

v. 나사를 돌리다, 증가시키다

Er **schraubte** an seinem Computer. 그는 그의 컴퓨터 나사를 돌렸습니다.

---

weiterführen [ˈvaɪ̯tɐˌfyːʀən]
⊖ fördern, weitertreiben

v. 속행하다, 계속하다

Den seit fast 50 Jahren bekannten Namen will der Inhaber nicht **weiterführen.** 그 소유자는 거의 50 년 동안 알려진 이름을 계속 사용하기를 원하지 않습니다.

---

endgültig [ˈɛntgʏltɪç]
⊖ definitiv, sicher

a. 최종적인, 최후의, 결정적인

Meine Einstellung zu ihm ist jetzt **endgültig**.
그에 대한 나의 태도는 이제 마지막이다.

---

deftig [ˈdɛftɪç]
⊖ gehaltvoll, nährend

a. 소박한, 견실한, 확고한, 영양이 풍부한

Die Preise in Schweizer Hotels sind dermaßen **deftig**, Winterurlaub kann sich hier doch keiner mehr leisten.
스위스 호텔의 가격은 너무 비싸서 겨울 휴가에는 금액을 감당할 여유가 없습니다.

---

flocken [ˈflɔkn̩]
⊖ Flocken bilden, zu Flocken zusammenballen

v. (눈)송이 모양을 이루다

Meine Kekse begannen allmählig zu **flocken**.
나의 비스킷은 점점 모양을 이루기 시작했다.

Komplikation
[kɔmplikaˈtsi̯oːn]
G *f - en*

n. 합병증, 얽힘, 어려움

Bei der Herzoperation kam es zu **Komplikationen**.
심장 수술 중 합병증이 있었습니다.

sich verspäten [fɛɐ̯ˈʃpɛːtən]

⊜ sich verzögern, zu spät kommen

Ⓥ 늦다, 지각하다, 연착하다

Ich habe **mich** zwar mit der Abgabe meines Manuskripts **verspätet**, aber ich hoffe einfach, dass die Qualität sich durchsetzen wird.
나는 원고의 제출에 늦었지만 퀄리티로 당선되길 바란다.

Zivilisation [tsiviliza'tsi̯oːn]

Ⓖ *f - en*

Ⓝ 문명, 교양

Die **Zivilisation** war von Anbeginn der Geschichte eng an das Wasser der Flüsse, Seen und Meere gebunden.
문명은 역사 초기부터 강, 호수 및 바다의 물과 밀접하게 연결되어 있습니다.

Überforderung [ˌyːbɐˈfɔʁdəʀʊŋ]

Ⓖ *f - en*

Ⓝ (부당한) 지나친 요구

Viele Studenten scheitern aufgrund enormer **Überforderung** an ihren Klausuren. 많은 학생들이 과도한 수행 능력 때문에 시험에 실패합니다.

---

psychisch ['psyːçɪʃ]

⊜ emotional, gefühlsmäßig

Ⓐ 영혼의, 정신의, 심적인

Auf der anderen Seite aber sind **psychische** Volksleiden auf dem Vormarsch. 반면에 정신 질환이 증가하고 있습니다.

---

physisch ['fyːzɪʃ]

⊜ dinglich, körperlich

Ⓐ 육체적인, 신체의, 물리적인

Er arbeitete bis zur **physischen** Erschöpfung.
그는 육체적으로 지칠 때까지 일했습니다.

---

herausstellen [hɛˈʀau̯sˌʃtɛlən]

⊜ betonen, herausheben

Ⓥ 명백히 제시하다, 강조하다, 전시하다

Fünf Stockwerke lang hörte sie die schweren Schritte, die die Treppe heraufkamen und die, wie sich **herausstellte**, die Schritte von Polizeibeamten waren. 다섯 층을 올라갈 동안 그녀는 계단을 오르는 무거운 걸음 소리를 들었으며 그것은 명백하게 경찰관의 걸음 소리였다.

Blüte ['blyːtə]

Ⓖ *f - n*

Ⓝ 꽃, 개화, 만발, 만개

Die Kirschbäume stehen um diese Zeit schon in voller **Blüte**.
요즘 이미 벚꽃이 만발합니다.

Ausschlag ['au̯sʃlaːk]

Ⓖ *m (e)s ä-e*

Ⓝ 발진, 뾰루지

Die Windpocken verursachen einen juckenden **Ausschlag** auf der Haut.
수두는 피부에 가려운 발진을 일으킵니다.

---

abstimmen ['apʃtɪmən]

⊜ voten, anpassen

Ⓥ 투표하다, 맞추다, 조화시키다, 일치시키다

Da wir uns so nicht einigen können, werden wir **abstimmen**.
우리는 이렇게 합의를 할 수 없으니까 투표를 할 것입니다.

überholen [ˌyːbɐˈhoːlən]

⊜ vorfahren, übertreffen

Ⓥ 추월하다, 앞지르다, 능가하다

Wir möchten uns in der Weltraumerforschung gar nicht von den anderen Ländern **überholen** lassen.
우리는 우주 탐사에서 다른 나라들에게 추월 되길 원하지 않는다.

ansetzen ['anˌzɛtsn̩]

⊜ anbringen, anfangen

Ⓥ 대다, 덧붙이다, 시작하다, 위임하다

Wir wissen, wo wir **ansetzen** müssen. Jetzt sind die Spieler gefordert. 우리는 어디서부터 시작해야 할지 압니다. 지금 플레이어가 필요합니다.

---

eintreffen ['aɪ̯nˌtʀɛfn̩]

⊜ ankommen, passieren

Ⓥ 도달하다, 실현되다, 들어맞다, 적중하다

Ihr Vater ist soeben im Hotel **eingetroffen**.
그녀의 아버지는 방금 호텔에 도착했습니다.

---

bergen ['bɛʁgn̩]

⊜ enthalten, verwahren

Ⓥ 구조하다, 구호하다, 보호하다, 숨기다, 포함하다

Das Wrack konnte noch immer nicht **geborgen** werden.
그 난파는 여전히 구조될 수 없었습니다.

---

prognostizieren [pʀognɔsti'tsiːʀən]

⊜ voraussagen, vorhersagen

Ⓥ 진단하다, 예보하다

Die von mir **prognostizierte** Sterblichkeitsrate hat sich als falsch herausgestellt. 내가 예측한 사망률이 잘못된 것으로 판명되었습니다.

Verordnung [ˌfɛɐ̯'ʔɔʁdnʊŋ]

Ⓖ *f - en*

Ⓝ 명령, 규정, 법령, 지시, 처방, 명령서, 처방전

Die Rechtsgrundlage ist in der **Verordnung** anzugeben.
법적 근거는 명령서에 명시되어야 합니다.

Schere ['ʃeːʀə]

Ⓖ *f - n*

Ⓝ 가위, 집게발

Krebse haben oft eine große und eine kleine **Schere**.
게는 종종 크고 작은 집게발이 있습니다.

Reservat [ʀezɛʁ'vaːt]

Ⓖ *n (e)s e*

Ⓝ 유보, 특별권, 예외법, 원주민 거주지

In Amerika wurden die Ureinwohner nach der Besiedlung durch Europäer in eigens eingerichtete **Reservate** verdrängt.
미국에서 원주민들은 유럽인들이 정착한 후에 특별 거주지로 내쫓겼습니다.

---

jobben ['dʒɔbn̩]

⊜ arbeiten, tätig sein

Ⓥ 부업을 하다, 아르바이트를 하다

Seit zweieinhalb Jahren **jobbt** sie 20 Stunden pro Woche im Zoo.
그녀는 2 년 반 동안 일주일에 20 시간을 동물원에서 일했습니다.

Diktator [dɪk'taːtoːɐ̯]

Ⓖ *m s en*

Ⓝ 명령자, 독재자

Nordkorea wird nach wie vor von einem **Diktator** beherrscht.
북한은 여전히 독재자가 지배하고 있다.

Diktatur [dɪkta'tuːɐ̯]

Ⓖ *f - en*

Ⓝ 독재, 독재 국가

Der Irak lebte bis vor Kurzem in einer **Diktatur**.
이라크는 최근까지 독재 국가로 살았다.

---

entziehen [ɛnt'tsiːən]

⊜ wegnehmen, herausziehen

Ⓥ 가져가다, 빼앗다, 뽑아내다

Man wird der Mutter das Sorgerecht **entziehen** und dem Vater zusprechen. 어머니는 양육권을 박탈당하고 아버지가 맡을 것이다.

abgeben ['ap,ge:bn̩]
⊜ einreichen, passen

v. 교부하다, 넘겨주다, 제출하다, 판매하다

Am Schluss **geben** Sie bitte ihre Klausur bei mir **ab**.
마지막에 나에게 시험을 제출하시오.

Bruchteil ['bʀʊχ,taɪ̯l]
G *m (e)s e*

n. 단편, 토막, 몫, 할당, 배당

Nur ein **Bruchteil** der Angestellten ist mit dem Gehalt zufrieden.
직원 중 소수만이 급여에 만족합니다.

---

bewältigen [bə'vɛl,tɪgn̩]
⊜ erledigen, überwinden

v. 극복하다, 압도하다, 성취하다

Es gibt eine große Aufgabe zu **bewältigen**.
끝내야 하는 큰 과제가 있습니다.

überwinden [y:bɐ'vɪndn̩]
⊜ bewältigen, meistern

v. 이기다, 제압하다, 극복하다, 정복하다

Er musste seinen Schmerz erst **überwinden**.
그는 먼저 고통을 극복해야 했습니다.

---

aufschlagen ['aʊ̯f,ʃla:gn̩]
⊜ auftreffen, aufprallen

v. 쳐서 깨뜨리다, 열다, 떨어져 부딪치다

Mit einem lauten Knall **schlug** die Tür nach einem Windstoß **auf**.
바람이 분 후에 큰 소리와 함께 문이 열렸습니다.

---

erobern [ɛɐ̯'ʔo:bɐn]
⊜ besetzen, bekommen

v. 정복하다, 점령하다, 얻다

Lächeln von süßsauer bis jovial **eroberte** die Gesichter.
달콤하고 친절한 미소가 얼굴에 있다.

Inhaltsverzeichnis
['ɪnhalʦfɛɐ̯,ʦaɪ̯çnɪs]
G *n ses se*

n. 목차, 목록, 개요, 색인

In jede Hausarbeit gehört auch ein ordentliches **Inhaltsverzeichnis**.
모든 숙제에는 또한 정돈된 목차가 필요하다.

---

brauen ['bʀaʊ̯ən]
⊜ brodeln, wallen

v. 빚다, (맥주를) 양조하다

Ich **braute** ein Fass Bier. 나는 맥주 한 통을 양조했다.

---

beweglich [bə've:klɪç]
⊜ agil, mobil

v. 가동의, 유동의, 움직일 수 있는, 활발한

Die **beweglichen** Teile der Nähmaschine müssen regelmäßig geölt werden. 재봉틀의 움직이는 부분은 정기적으로 기름칠을 해야 합니다.

---

erleichtern [ɛɐ̯'laɪ̯çtɐn]
⊜ entlasten, abnehmen

v. 쉽게 하다, 덜어주다, 안심시키다, 완화하다

Wir müssen unser Gepäck **erleichtern**. 우리는 짐을 덜어야 합니다.

Massenproduktion
['masn̩pʀodʊk,ʦi̯o:n]
G *f - en*

n. 대량 생산

Die **Massenproduktion** macht unsere heutige Konsumgesellschaft erst möglich. 대량 생산은 오늘날 우리의 소비 사회를 가능하게 합니다.

---

füttern ['fʏtɐn]
⊜ verpflegen, päppeln

v. 사료를 주다, 먹이로 주다, 투입하다

Er **füttert** sein Meerschweinchen. 그는 기니피그에게 먹이를 준다.

Globus ['glo:bʊs]

Ⓖ *m ses se*

n. 구, 지구

Für Geografen ist ein **Globus** ein hilfreiches Arbeitsmittel.
지리학자에게 지구본은 유용한 도구입니다.

äquatorial [ˌɛ:kvatoʀi'a:l]

⊜ zum Äquator gehörend, nahe dem Äquator

a. 적도의

Das Klima ist typisch **äquatorial** und kennzeichnet sich neben ganzjährig hohen Temperaturen durch eine hohe Luftfeuchtigkeit.
전형적인 적도 기후는 높은 습도로 연중 고온의 특징이 지어집니다.

Gewöhnung [gə'vø:nʊŋ]

Ⓖ *f - x*

n. 익숙함, 익힘, 습관, 적응

Die Bedenken legen sich mit der Zeit und der **Gewöhnung** an die neue Situation. 의구심은 시간의 경과와 새로운 상황의 익숙함을 통해 진정된다.

---

permanent [pɛʁma'nɛnt]

⊜ andauernd, anhaltend

a. 영원한, 영속적인, 지속적인, 항구적인, 불변의

Ich stehe unter **permanentem** Zeitdruck. 나는 지속적으로 시간 압박을 받고 있다.

Vorkehrung ['fo:ɐ̯ke:rʊŋ]

Ⓖ *f - en*

n. 대비, 예방 수단, 방지책

Die nötigen **Vorkehrungen** wurden zeitnah getroffen.
필요한 예방 조치는 즉시 취해졌다.

---

anschlagen ['anʃlɛ:gŋ̍]

⊜ anbringen, anstoßen

v. 게시하다, 조준하다, 겨냥하다, 소리를 울리다

So heben sich die Gruppen ab, die leisere Töne **anschlagen**.
이 그룹은 부드러운 음을 내는 것이 두드러져 보인다.

---

aussetzen ['aʊ̯sˌzɛtsn̩]

⊜ entlassen, versprechen

v. 방치하다, 약속하다, 풀어주다, 노출시키다, 비난하다, 멈추다

Tierstationen nehmen verletzte Tiere auf, pflegen sie und **setzen** sie später wieder **aus**. 동물 센터에서 부상당한 동물을 데리고 와서 돌보고 나중에 다시 풀어준다.

---

verbergen [fɛɐ̯'bɛʁgŋ̍]

⊜ verdecken, verheimlichen

v. 숨기다, 은닉하다, 비밀로 하다

Sie konnte ihre Schadenfreude nicht **verbergen**.
그녀는 자신의 고소해하는 기쁨을 감추지 못했습니다.

Tabu [ta'bu:]

Ⓖ *n s s*

n. 금기, 금물, 금단

Über Sexualität zu sprechen war lange ein **Tabu**.
성에 관해 이야기하는 것은 오랫동안 금기였습니다.

---

auflegen ['aʊ̯fˌle:gn̩]

⊜ aufdecken, sich aufstützen

v. 올려놓다, 위에 놓다, 싣다, 붙이다, 덮다

Vor der Telefonzelle warten viele Leute. Ich muss jetzt **auflegen**.
전화 부스 앞에서 많은 사람들이 기다리고 있습니다. 나는 지금 끊어야 합니다.

---

visionär [vizi̯o'nɛ:ɐ̯]

⊜ prophetisch, seherisch

a. 환영을 보는, 환상을 품는, 환상적인

Der **visionäre** Entwurf des Stararchitekten begeistert die Besucher.
스타 건축가의 몽상적인 디자인은 방문자들을 감격시킵니다.

Befürworter [bə'fy:ɐ̯ˌvɔʁtɐ]

Ⓖ *m s -*

n. 추천자, 지원자, 변호사

Ihr Vorschlag hatte überraschend viele **Befürworter**, sodass das Projekt rasch begonnen werden konnte. 그들의 제안에는 놀라운 수의 지지자가 있었기 때문에 프로젝트를 빨리 시작할 수 있었습니다.

Einschränkung
['ai̯nʃʀɛŋkʊŋ]
Ⓖ *f - en*

ⓝ 제한, 구속, 억제, 절약, 축소

In der Mathematik wird der Begriff **Einschränkung** meist für die Verkleinerung des Definitionsbereichs einer Funktion verwendet.
수학에서 축소의 개념은 주로 기능적 영역을 줄이기 위해 사용됩니다.

---

ausweichen ['au̯sˌvai̯çən]
⊜ herumgehen, entgehen

ⓥ 피하다, 회피하다, 찾다, 부드럽게 하다

Wenn ein Fußgänger auf dem Fahrradweg steht, versucht der Radfahrer **auszuweichen**.
보행자가 자전거 경로에 있을 때 자전거 운전자는 피하려고 노력했다.

Schild [ʃɪlt]
Ⓖ *m (e)s e*

ⓝ 방패, 문장

Die **Schilde** schützten die Ritter vor den Pfeilen der Bogenschützen.
방패는 궁수의 화살로부터 기사들을 보호했습니다.

---

schildern ['ʃɪldɐn]
⊜ beschreiben, berichten

ⓥ 묘사하다, 서술하다, 채색하다

Alle relevanten Vorkommnisse sind nun **geschildert**, würde ich sagen. 내가 말한 모든 관련 사건에 대한 개요가 서술되어 있습니다.

---

prominent [pʀomiˈnɛnt]
⊜ bekannt, einflussreich

ⓐ 돌출한, 탁월한, 현저한, 저명한

An der Spitze des Verbandes steht ein sehr **prominenter** Anwalt.
연합장은 매우 저명한 변호사입니다.

---

syntaktisch [zʏnˈtaktɪʃ]

ⓐ 통사론의, 문장론의, 구문상의

Die **syntaktische** Analyse von Sätzen ist Voraussetzung für die Entwicklung von grammatischen Regeln. Sätze sind besser zu verstehen, wenn sie syntaktisch korrekt sind. 문장의 구문적 분석은 문법 규칙의 발전을 위한 전제 조건입니다. 문장이 구문적으로 정확하다면 문장을 더 잘 이해할 수 있습니다.

---

umschlagen ['ʊmʃlaːgn̩]
⊜ aufkrempeln, umdrehen

ⓥ 걸치다, 두르다, 뒤집히다, 전복하다, 쳐서 넘어뜨리다

Doch Stimmungen können schnell **umschlagen**.
그러나 기분이 빨리 바뀔 수 있습니다.

Verteidiger [fɛɐ̯ˈtai̯dɪɡɐ]
Ⓖ *m s -*

ⓝ 방어자, 옹호자, 변호자, 법률 고문

Der **Verteidiger** versuchte die Unschuld des Angeklagten nachzuweisen. 변호인은 피고인의 무죄를 입증하려 했습니다.

---

angesichts ['angəˌzɪçʦ]
⊜ im Angesicht, wegen

präp. ~에 직면하며, ~를 고려하여

Angesichts des nahenden Todes meiner Katze fürchte ich auch um meinen Hund. 내 고양이의 다가오는 죽음에 직면하여 나는 또한 내 강아지가 걱정된다.

Rubrik [ʀuˈbʀiːk]
Ⓖ *f - en*

ⓝ 표제, 제목, 장, 절

Wir sollten die Aufgaben in **Rubriken** einteilen.
우리는 과제를 단으로 나누어야 합니다.

---

zurückversetzen
[ʦuˈʀʏkˌfɛɐ̯ˈzɛʦn̩]
⊜ zurückdenken, aufrühren

ⓥ 원상태로 되돌리다, 복귀시키다

Der Ferrari-Pilot wurde jedoch wegen Behinderung eines Konkurrenten um 3 Ränge **zurückversetzt**.
페라리 운전자는 경쟁자에 막혀서 기어 3 단으로 돌아갔다.

Gestalt annehmen

phr. 형태를 드러내다, 구체화 되다

Denn bis die Lösung **Gestalt annehmen** konnte, waren zwei Umwege nötig. 해결책이 형성될 때까지 두 번의 우회로가 필요했습니다.

---

einprägen ['aɪ̯nˌpʀɛːgn̩]

⊜ eindrücken, eingraben

v. 새기다, 깊은 인상을 주다, 명심시키다

Die Geheimzahl der EC-Karte sollte man sich besser **einprägen** als aufschreiben. 직불 카드의 비밀 번호는 적어 두는 것 보다 외우는 게 낫습니다.

---

wegkehren ['vɛkˌkeːʀən]

⊜ abdrehen, abwenden

v. 쓸다, 털다, 청소하다

Jetzt müssen wir Scheiben **wegkehren**, die andere zerbrochen haben. 지금 우리는 다른 사람들이 깨뜨린 조각을 청소해야 합니다.

---

zugreifen ['tsuːˌgʀaɪ̯fn̩]

⊜ anpacken, bedienen

v. 움켜 쥐다, 잡아채다, 열심히 일하다

Ohne einen starken Daumen kann man mit seiner Hand nicht mehr sicher **zugreifen.** 강한 엄지가 없으면 더 이상 손을 쥘 수 없다.

---

beeinträchtigen [bəˈʔaɪ̯nˌtʀɛçtɪgn̩]

⊜ beschädigen, verschlechtern

v. 해치다, 방해하다, 침해하다, 저하시키다

Seine Verletzung **beeinträchtigte** ihn beim Gehen.
그의 부상은 걷는 동안 그에게 나쁜 영향을 주었습니다.

---

gönnen ['gœnən]

⊜ bewilligen, zugestehen

v. 기꺼이 주다, 허락하다, 베풀다, 빌다

Sie hatten so viel Pech im Leben; ich **gönne** ihnen den Lottogewinn.
그들은 인생에서 너무 운이 없었습니다 ; 나는 그들의 로또 우승을 빌었습니다.

---

debattieren [debaˈtiːʀən]

⊜ abhandeln, ausdiskutieren

v. 논쟁하다, 토의하다

Merkel wählte diesen Bypass, statt Parlament und Gesellschaft **debattieren** zu lassen.
메르켈 총리는 의회와 사회 문제를 논쟁하는 대신이 우회로를 선택했다.

---

kurzweilig ['kʊʁtsvaɪ̯lɪç]

⊜ interessant, lustig

a. 기분 전환이 되는, 재미 있는, 우스운

Der Spaziergang entpuppte sich als **kurzweilige** Wanderung durch das alte Stadtzentrum. 그 산책은 오래된 도심을 통과하는 즐거운 소풍이다.

Erdbeben ['eːɐ̯tˌbeːbn̩]

Ⓖ *n s -*

n. 지진

Reparatur- und Aufräumungsarbeiten nach dem **Erdbeben** zogen sich über eine ganze Woche hin.
수리와 정화 작업은 지진 후에 일주일 내내 지속되었습니다.

Überfahrt ['yːbɐˌfaːɐ̯t]

Ⓖ *f - en*

n. 건너감, 넘어감, 도항

Während der **Überfahrt** hatte er Zack davon zu überzeugen versucht, dass es keinen Gott gebe; alles sei Natur. 횡단하는 동안 그는 Zack 에게 신은 없고 모든 것이 자연이라는 것을 납득시키려고 노력했다.

Leib [laɪ̯p]

Ⓖ *m (e)s er*

n. 신체, 육체, .몸통, 배, 복부

Er zog die Arme dicht an den **Leib.** 그는 팔을 몸 가까이 당겼다.

Vogt [foːkt]

Ⓖ *m (e)s ö-e*

ⓝ 관리인, 지사, 후견인

Der **Vogt** fällte die Entscheidung im Namen seines Landherrn.
그 지사는 그의 주인의 이름으로 결정을 내렸다.

---

schnitzen [ˈʃnɪtsn̩]

⊜ ausschneiden, eingravieren

ⓥ 새기다, 조각하다, 목각하다

Ich **schnitzte** meinen Namen in die Baumrinde.
나는 나무 껍질에 내 이름을 새겼다.

Geiz [gai̯ts]

Ⓖ *m es e*

ⓝ 인색, 욕심 부림, 탐욕, 곁가지

Der **Geiz** der Schotten ist sprichwörtlich. 스코틀랜드 인색은 잘 알려져 있다.

Ausstrahlungskraft
[ˈau̯sʃtʀaːlʊŋsˌkʀaft]

Ⓖ *f - ä-e*

ⓝ 영향력

Ein erfolgreiches Shoppingcenter entsteht durch die **Ausstrahlungskraft** jedes einzelnen Mieters.
성공적인 쇼핑 센터는 각 세입자의 영향력에 의해 만들어집니다.

---

therapeutisch [teʀaˈpɔi̯tɪʃ]

⊜ heilend, kurativ

ⓐ 치료학의, 치료의, 임상적인

Wissenschaftler haben eine **therapeutisch** relevante Mutation bei Patienten entdeckt. 과학자들은 환자에게 임상적 돌연변이를 발견했습니다.

---

unbestritten [ˈʊnbəˈʃtʀɪtn̩]

⊜ unstreitig, zweifelsohne

ⓐ 확실한, 논쟁의 여지가 없는, 이의없는

Es ist **unbestritten**, dass es auch im Blick auf die Kosten Reformbedarf gibt. 비용 측면에서 개혁이 필요하다는 것은 논쟁의 여지가 없다.

---

strapazieren
[ʃtʀapaˈtsiːʀən]

⊜ anstrengen, aufreiben

ⓥ 과로하게 하다, 혹사하다, 지나치게 사용하다

Der Ausflug mit den Kindern hatte ihre Nerven ungemein **strapaziert**. 아이들과 여행은 그들의 신경을 엄청나게 긴장시켰습니다.

---

erblassen [ɛɐ̯ˈblasn̩]

⊜ ausbleichen, auslaufen

ⓥ 창백해지다, 새파래지다

Angesichts ihrer Schönheit **erblassten** alle anderen Damen im Saal vor Neid. 그녀의 아름다움에 비추어 볼 때 홀 안의 모든 여자들이 부러워했습니다.

---

wutentbrannt
[ˈvuːtʔɛntˌbʀant]

⊜ erbittert, geladen

ⓐ 분노한, 매우 화난

Dieser kam daraufhin **wutentbrannt** in mein Büro und meinte, dass er gegen die Abmahnung vorgehen werde.
그때 그는 내 사무실에 와서 분노하면서 독촉에 대해 조치를 취할 것이라고 말했다.

---

mitgerissen werden

phr. 휩쓸리다, 휘말리다, 홍나다

Plötzlich müssen sie ihren Weg alleine finden, ohne von den Stromschnellen des Lebens **mitgerissen zu werden**.
그들은 삶의 급류에 휩쓸리지 않고 혼자서 그들의 길을 발견해야 합니다.

---

binnen [ˈbɪnən]

⊜ innerhalb, während

präp. ~의 안에, ~이내에

Im zweiten Brief hieß es, er solle sich **binnen** drei Tagen zum Dienstantritt melden oder Hinderungsgründe mitteilen. 두 번째 편지는 그가 3 일 이내에 취임을 보고하거나 장애 사유를 알려야 한다는 것을 의미했다.

bereichern [bəˈʀaɪ̯çɐn]

⊜ vervollständigen, vollmachen

v. 부유하게 하다, 풍부하게 하다

Man warf ihm vor, sich auf Kosten der Eingeborenen **bereichert** zu haben. 그는 원주민들의 희생으로 부유하게 되었다는 비난을 받았다.

Ausbau [ˈaʊ̯sˌbaʊ̯]

G *m (e)s ten*

n. 분해, 분리, 증축, 개축, 해체

Beim **Ausbau** des kaputten Motors haben die Mechaniker noch weiteren unnötigen Schaden angerichtet.
부서진 엔진을 분해할 때 그 기계공은 불필요한 손상을 더 입혔습니다.

Verbraucher [fɛɐ̯ˈbʀaʊ̯χɐ]

G *m s -*

n. 소비자, 수요자, 구매자

Dem **Verbraucher** stehen bei bestimmten Vertragsarten spezielle Widerrufsrechte zu. 소비자는 특정 유형의 계약에 대해 특별 취소 권리를 가질 수 있습니다.

---

rentieren sich [ʀɛnˈtiːʀən]

⊜ einbringen, eintragen

v. 이익이 생기다, 벌이가 되다

Diese Geldanlage **rentiert sich** erst ab einer Einlage von 10.000 Euro. 먼저 출자금 1 만 유로부터 투자가 가능합니다.

---

abwickeln [ˈapˌvɪkl̩n]

⊜ auflösen, durchführen

v. 풀다, 풀리다, 처리하다, 해결하다

Ich möchte den Knopf wieder annähen. Kannst du mir etwas von der schwarzen Rolle **abwickeln**?
나는 이 단추를 다시 꿰매고 싶어. 나에게 검정색 실패를 풀어줄래?

Schlagzeile [ˈʃlaːkˌt͡saɪ̯lə]

G *f - n*

n. 큰 표제, 전단 표제, 머리 기사

Die Meldung bestimmte die **Schlagzeile** praktisch aller deutschen Zeitungen. 이 소식은 사실상 모든 독일 신문의 헤드라인을 결정했다.

Überschrift [ˈyːbɐʃʀɪft]

G *f - en*

n. 표제, 제목, 주소 성명

Zeitungsartikel werden durch eine **Überschrift** eingeleitet.
신문 기사는 표제로 서두를 장식합니다.

---

komprimieren [kɔmpʀiˈmiːʀən]

⊜ kondensieren, zusammendrücken

v. 압착하다, 압축하다, 응축시키다

Mal sehen, ob wir das Material noch etwas **komprimieren** können.
이 재료를 조금 더 압축할 수 있을지 한번 봅시다.

Rahm [ʀaːm]

G *m (e)s x*

n. 크림, 유지, 정수

Die Herstellung von Butter besteht hauptsächlich darin, die im **Rahm** vorhandenen Fettkügelchen zu agglomerieren.
버터의 생산은 주로 유지에 존재하는 지방 소구를 응집시키는 것입니다.

---

melken [ˈmɛlkn̩]

⊜ Milch entnehmen, abmelken

v. 젖을 짜다, 젖을 내다

Die Milch dafür hat Ria am Morgen **gemolken**. Ihre Arbeit auf der Alm beginnt früh. Ria 는 아침에 젖을 짭니다. 알프스 목초지에서의 일은 일찍 시작됩니다.

abschöpfen ['apʃœpfn̩]

⊜ absahnen, abrahmen

v. (거품·기름 따위를) 떠내다, 건져내다

Der Mann **schöpft** den Rahm von der Milch **ab**.

그 남자가 우유의 크림을 건져낸다.

---

stampfen ['ʃtampfn̩]

⊜ trampeln, aufstampfen

v. 두드리다, 때리다, 발을 구르다

Er **stampfte** mit den Füßen auf den Boden. 그는 바닥 위에서 발을 구른다.

Gewinnung [gə'vɪnʊŋ]

G *f - en*

n. 지하 자원의 채굴, 개척, 생산, 제조

Die **Gewinnung** von Meersalz aus Meerwasser setzt ein warmes Klima voraus und erfolgt in mehreren Stufen.

바닷물에서 바다 소금의 추출은 따뜻한 기후가 전제 조건이며 여러 단계로 진행됩니다.

18 Tag
1701~1800

Einnahme ['ai̯nˌnaːmə]
G f - n

n. 수입, 소득, 섭취, 복용, 점령

Mancher tut sich schwer mit der **Einnahme** von Medikamenten.
어떤 사람들은 약물을 복용하는 것이 어렵다고 합니다.

---

einziehen ['ai̯nˌt͡siːən]
⊜ durchführen, einholen

v. 끌어들이다, 수집하다, 조회하다, 회수하다, 흡수하다, 줄이다

Wir **ziehen** morgen in unsere neue Wohnung **ein**.
우리는 내일 새 집으로 이사합니다.

Gegebenheit [gə'geːbn̩hai̯t]
G f - en

n. 사실, (현존하는) 상황, 현실

Die Cyberkriminellen sind höchst innovativ und passen sich veränderten **Gegebenheiten** sehr schnell an.
사이버 범죄자는 매우 혁신적이어서 변화하는 상황에 빠르게 동화합니다.

---

traumatisch [tʀau̯'maːtɪʃ]
⊜ schockierend, bestürzend

a. 외상의, 외상성의, 쇼크의, 충격에 의한

Autounfälle sind äußerst **traumatische** Erlebnisse.
교통 사고는 매우 충격적인 경험입니다.

Wohlbefinden ['voːlbəˌfɪndn̩]
G n s x

n. 건재, 무사함, 건강, 안녕, 웰빙

Die deutsche Kanzlerin dagegen kümmert sich um das **Wohlbefinden** ihrer Besucher an ihrem Tag der offenen Tür.
한편 개막일에 독일 총리는 방문객들의 안녕을 신경 쓸 것이다.

Nachwirkung ['naːχˌvɪʁkʊŋ]
G f - en

n. 뒷작용, 여파, 후유증, 영향

Durch die Verwendung von ökologischen Putzmitteln, treten keine schädlichen **Nachwirkungen** ein. Bio 세정제를 사용하면 유해한 영향이 발생하지 않습니다.

Souverän [ˌzuve'ʀɛːn]
G m s e

n. 군주, 전제군주, 주권자, 유권자

Der **Souverän** hat so entschieden, nun muss es auch die Konsequenzen tragen. 그 군주는 결정을 내렸고 이제는 그 결과를 받아들여야 합니다.

---

meckern ['mɛkɐn]
⊜ sich beschweren, keifen

v. (염소가) 울다, 떨리는 목소리로 말하다, 불평하다

Die Kinder **meckern** mal wieder über das Essen.
아이들은 다시 음식에 대해 불평합니다.

---

ungeheuer ['ʊngəˌhɔi̯ɐ]
⊜ auffallend, peinlich

a. 무서운, 섬뜩한, 터무니없는, 엄청난
adv. 대단히, 엄청나게

Wir sprechen hier über **ungeheure** Summen.
여기서 우리는 터무니없는 금액을 말하고 있습니다.

ansteuern ['anʃtɔɪ̯ɐn]

⊜ anfahren, anlaufen

v. (운전) 키를 돌리다, 향하다

In der nächsten Stunde wird er noch zwei Kleintransporter kontrollieren, die die Baustelle im Stadtteil **ansteuern**.
다음 시간에 그는 도시 건설 현장으로 향하는 2 대의 작은 트럭을 검사할 것입니다.

unterstreichen [ˌʊntɐ'ʃtʀaɪ̯çn̩]

⊜ behaupten, markieren

v. 밑에 줄을 긋다, 밑줄을 긋다, 강조하다

Da er mir wichtig erschien, **unterstrich** ich den Namen der Stadt, in der sie lebte. 그는 나에게 중요하게 보였기 때문에 나는 그녀가 살았던 도시의 이름을 강조했다.

zeitgenössisch ['ʦaɪ̯tgəˌnœsɪʃ]

⊜ derzeitig, heutig

a. 동시대의, 현대의

Wie auch schon im März wiederholte er die These von Picasso als dem **‚zeitgenössischsten** Maler seiner Zeit'.
3 월과 마찬가지로, 그는 피카소의 명제를 '그 시대의 가장 현대적인 화가' 로 되풀이했다.

Kollaps ['kɔlaps]

G *m es e*

n. 허탈, 탈진, 쇠약, 붕괴

Nur mit Mühe und staatlicher Hilfe waren ihre Institute dem **Kollaps** entkommen, der die ganze Weltwirtschaft mit in den Abgrund zu reißen drohte. 그 연구소는 오직 노력과 국가의 도움으로 세계 경제 전체를 지옥에 빠뜨리겠다고 위협한 붕괴를 막았습니다.

Schwefel ['ʃveːfl̩]

G *m s x*

n. 유황

Schwefel kommt in der Natur gediegen und in Verbindungen vor.
유황은 자연의 순수 화합물에서 발생합니다.

entweichen [ɛnt'vaɪ̯çn̩]

⊜ ausfließen, auslaufen

v. 달아나다, 회피하다, 사라져 없어지다, 빠져나가다, 새다

Seine Aktivitäten brachten ihm nach dem Ersten Weltkrieg eine Gefängnisstrafe und nach dem Zweiten Weltkrieg die Todesstrafe ein. Letzterer **entwich** er durch eine Flucht in die Niederlande.
그의 활동은 1 차 세계 대전 이후에 징역형을 받았고 2 차 세계 대전 이후에는 사형을 받았습니다. 그는 후자의 경우로 네덜란드로 도망쳐서 탈출했다.

Rückgrat ['ʀʏkˌgʀaːt]

G *n (e)s e*

n. 척추, 척주, 척골, 기골

Er hatte sich Verletzungen am **Rückgrat** zugezogen.
그는 척추를 다쳤습니다.

Kanal [ka'naːl]

G *m s ä-e*

n. 운하, 수로, 해협, 하수구, 하수도

Viele Orte sind für Schiffe über einen **Kanal** erreichbar.
많은 장소들은 운하를 통해서 배로 도달할 수 있다.

Verdauung [fɛɐ̯'daʊ̯ʊŋ]

G *f - en*

n. 소화

Verdauung ist ein lebenswichtiger körperlicher Vorgang.
소화는 필수적인 신체적 과정입니다.

überdauern [ˌyːbɐ'daʊ̯ɐn]

⊜ durchhalten, fortleben

v. 견디어내다, 이겨내다, 살아남다

Nach Ansicht von Sprachexperten wird das Obersorbische das 21. Jahrhundert **überdauern**.
언어 전문가에 따르면 고지 소르브어는 21 세기를 넘어 지속될 것입니다.

überfluten [ˌyːbɐˈfluːtn̩]

⊜ ausufern, überschwemmen

(v.) 범람하다, 침수하다, 넘쳐 흐르다

Die Kölner Altstadt wurde vom Hochwasser des Rheins **überflutet**. 쾰른의 구시가에서 라인강의 홍수가 넘쳤습니다.

nachgeben [ˈnaːχˌgeːbn̩]

⊜ erliegen, abebben

(v.) 느슨해지다, 약해지다, 양보하다, 굴복하다, 추가하다, 떨어지다

"Könnten sie mir bitte etwas vom Salat **nachgeben**", wandte er sich an den Kellner. "샐러드 좀 추가해 주세요." 라고 웨이터에게 청했다.

radioaktiv [ˌʀadi̯oʔakˈtiːf]

⊜ Radioaktivität betreffend

(a.) 방사성의, 방사능이 있는

Die sichtbare Verwüstung schließe die Opfer der **radioaktiven** Verstrahlung nicht ein. 방사능 오염의 희생자는 눈에 보이는 피해에 속하지 않는다.

koordinieren [koʔɔʁdiˈniːʀən]

⊜ abgleichen, abwickeln

(v.) 병렬시키다, 조정하다

Wir müssen in der Zukunft unsere Pläne besser **koordinieren**, um unnötige Doppelarbeit zu vermeiden.
우리는 불필요한 중복 작업을 피하기 위해 향후 계획을 더욱 잘 조정할 필요가 있습니다.

Antibiotikum [antiˈbi̯oːtikʊm]

Ⓖ *n s -ka*

(n.) 항생물질

Das bekannteste **Antibiotikum** ist Penicillin. 가장 잘 알려진 항생제는 페니실린입니다.

publizieren [publiˈtsiːʀən]

⊜ herausbringen, verlegen

(v.) 공표하다, 공포하다, 출판하다

Um sich in der Wissenschaft einen Namen zu machen, muss man in angesehenen Fachzeitschriften **publizieren**.
과학에서 유명해지기 위해서는 권위있는 저널에 발표해야 합니다.

nachweisbar [ˈnaːχvai̯sˌbaːɐ̯]

⊜ aktenkundig, nachweislich

(a.) 증명 할 수 있는, 명백한

In der Praxis lassen sich viele Erscheinungen beobachten, die Gesetzesverstöße nahelegen, als solche aber schwer **nachweisbar** sind. 실제로 위법에 관한 많은 현상이 관찰될 수 있지만 증명하기는 어렵습니다.

Abwesenheit [ˈapˌveːzn̩hai̯t]

Ⓖ *f - en*

(n.) 부재, 결석, 방심,

Ihm war ein Jahr **Abwesenheit** gewährt worden.
그는 1 년간의 결석을 허가 받았다.

aufbinden [ˈau̯fˌbɪndn̩]

⊜ aufknüpfen, anlügen

(v.) (매듭 따위를) 풀다, 부과하다, 꾸며대다, 매어 올리다

Wir möchten euch am heutigen Tag aber keine Meinung **aufbinden**, sondern vielmehr ein richtig cooles Geschenk machen.
우리는 오늘 여러분들에게 의도 없이 정말로 멋진 선물을 하고 싶습니다.

Deckmantel [dɛkˈmantl̩]

Ⓖ *m s ä-*

(n.) 핑계, 구실, 가장, 은폐 수단

Viele Frauen rutschen heutzutage unter dem **Deckmantel** des Sports in die Magersucht. 오늘날 많은 여성들이 운동 핑계로 식욕 부진으로 빠져 들었습니다.

Unverschämtheit [ˈʊnfɛɐ̯ʃɛːmthai̯t]

Ⓖ *f - en*

(n.) 파렴치, 철면피, 몰염치, 건방

Das ist wohl eine **Unverschämtheit**! Jetzt setzt der Typ schon wieder einen fehlerhaften Artikel ein und hofft auf Verbesserung seiner Fehler. 매우 뻔뻔스럽네! 이제 이 남자는 잘못된 기사를 다시 생각해보고 그의 실수를 개선하기를 희망한다.

spießig [ˈʃpiːsɪç]
⊜ spießbürgerlich, kleinlich

a. 딱딱한, 격식적인, 고루한

Eine Hochzeit im weißen Kleid mit Schleier und dreistöckiger Torte findet seine Verlobte **spießig**. 그의 약혼녀는 면사포가 달린 하얀 드레스와 3 단 케이크의 결혼식이 고루하다고 생각합니다.

---

inwiefern [ˌɪnviːˈfɛʁn]
⊜ auf welche Weise, wie

präp. 어떤 정도(범위) 까지, 어디까지
adv. 어느 정도까지, 어디까지

Ich weiß immer noch nicht, **inwiefern** ich hier gebraucht werde.
나는 내가 여기에 얼마나 필요한지 여전히 모르겠다.

---

allenfalls [ˈalənˈfals]
⊜ eventuell, bestenfalls

adv. 기껏해야, 필요한 경우, 경우에 따라, 아마도

Das Unternehmen könnte **allenfalls** einen externen Berater einsetzen, um die Vorwürfe zu klären.
그 회사는 경우에 따라 외부 컨설턴트를 고용하여 그 비난을 해명할 수도 있었습니다.

---

durchschauen [dʊʁçˈʃaʊ̯ən]
⊜ begreifen, erkennen

v. 들여다 보다, 대강 훑어보다, 검사하다, 간파하다, 꿰뚫어 보다, 파악하다

Er **durchschaute** die Absichten seines Kontrahenten sofort.
그는 즉시 상대의 의도를 간파하였다.

Abstraktion [apstʁakˈtsi̯oːn]
Ⓖ *f - en*

n. 추상, 개념

Es beginnt ein Kampf zwischen **Abstraktion** und Gegenständlichkeit.
추상과 객관의 싸움이 시작됩니다.

---

autistisch [aʊ̯ˈtɪstɪʃ]

a. 자폐의, 자폐증을 가진

Sein Verhalten trägt **autistische** Züge. 그의 행동은 자폐증을 가지고 있습니다.

Indiz [ɪnˈdiːts]
Ⓖ *n es ien*

n. 상황 증거, 간접 증거, 징후, 징조

Die **Indizien** in diesem Fall sprechen für einen Selbstmord.
이 사건의 증거는 자살을 말한다.

---

schummeln [ˈʃʊml̩n]
⊜ betrügen, täuschen

v. 속임수를 쓰다, 속이다, 몰래 넣다

Er hat beim Spielen ein bisschen **geschummelt**.
그는 게임을 할 때 속임수를 쓴다.

---

verpennen [fɛɐ̯ˈpɛnən]
⊜ verschlafen, versäumen

v. 잠으로 시간을 보내다, 너무 자다, 늦잠 자다

Ich habe den ganzen Vormittag **verpennt**. Ich war so fertig und brauchte das einfach mal.
나는 아침을 잠으로 보냈다. 나는 매우 피곤했고 잠이 필요했다.

Verschwendung [fɛɐ̯ˈʃvɛndʊŋ]
Ⓖ *f - en*

n. 낭비, 사치, 호사

Der heutige Lebensmittel-Konsum leidet unter enormer **Verschwendung**. 오늘날의 식량 소비는 엄청난 낭비로 고통받고 있습니다.

---

recherchieren [ʁeʃɛʁˈʃiːʁən]
⊜ erforschen, aufdecken

v. 탐구하다, 연구하다, 수사하다

Um den Artikel zu schreiben, muss ich erst **recherchieren**.
나는 기사를 쓰려면 먼저 탐구해야 합니다.

sündigen ['zʏndɪgn̩]
⊜ verstoßen, fehlen

v. 죄를 범하다, 위반하다, 과실을 범하다

Der Pastor mahnte, dass man nicht **sündigen** solle.
목사는 죄를 짓지 말아야 한다고 경고했다.

---

zwitschern ['tsvɪtʃɐn]
⊜ piepen, zirpen

v. 지저귀다, 새가 울다

Jeden Morgen **zwitscherte** der Vogel sein Lied.
매일 아침 새가 노래를 했습니다.

Gehege [gə'heːgə]
Ⓖ *n s -*

n. 에워싼 것, 울타리, 담, 사육장

Der Förster muss das Rotwild im **Gehege** pflegen.
그 산지기는 그 붉은 사슴을 울타리에 보호해야 합니다.

---

zeitlebens [tsai̯t'leːbn̩s]
⊜ jederzeit, lebenslang

adv. 평생 동안에, 한평생

Er hat **zeitlebens** schwer gearbeitet. 그는 평생동안 열심히 일했습니다.

---

widerstreben [viːdɐ'ʃtʀeːbn̩]
⊜ rebellieren, abstoßen

v. 마음에 거슬리다, 거항하다, 거역하다

Es **widerstrebte** mir, ihn auszufragen, aber ebenso widerstrebte es mir, überhaupt nichts zu sagen.
나는 그를 캐묻는 것이 싫지만, 마찬가지로 전혀 말 하지 않는 것도 싫다.

---

anstiften ['anʃtɪftn̩]
⊜ anrichten, aufstacheln

v. 꾸미다, 교사하다, 방조하다, 부추기다

Das Gericht sah es als erwiesen an, dass der Vater die jungen Männer **anstiften** wollte. 법원은 아버지가 그 젊은이들을 교사하기를 원했다는 것을 증명하였다.

---

anflehen ['an,fleːən]
⊜ beschwören, flehen

v. 간청하다, 애원하다, 사정하다, 탄원하다

Sie **flehte** ihre Peiniger **an**, wenigstens das Kind in Ruhe zu lassen.
그녀는 그들을 괴롭히는 사람들에게 적어도 아기만은 내버려 둘 것은 간절히 애원했다.

---

manipulieren [manipu'liːʀən]
⊜ bearbeiten, entstellen

v. 다루다, 사용하다, 취급하다, 조작하다

Mit der Gestaltung unserer Produkte **manipulieren** wir das Kaufverhalten der Kunden. 우리는 제품의 디자인으로 고객의 구매 행동을 다룹니다.

---

arrangieren [aʀɑ̃'ʒiːʀən]
⊜ abhalten, anordnen

v. 배열하다, 정리하다, 정돈하다, 편곡하다

Ich werde die Tische und Stühle so **arrangieren**, dass alle Gäste das Brautpaar sehen können.
나는 모든 손님들이 신랑신부를 볼 수 있도록 테이블과 의자를 배열할 것이다.

---

begraben [bə'gʀaːbn̩]
⊜ beerdigen, beisetzen

v. 매장하다, 숨기다, 묻어버리다

Wir müssen die Toten **begraben**. 우리는 죽은 자를 묻어야 합니다.

Rechenschaft ['ʀɛçn̩ʃaft]
Ⓖ *f - x*

n. 변명, 해명, 시말서

Die **Rechenschaft** fiel umfangreich aus. 그 시말서는 광범위하게 기입하였다.

Diskretion [ˌdɪskʀe'tsi̯oːn]
Ⓖ *f - x*

n. 사려 분별, 신중, 자유 재량, 임의, 비밀 엄수

In dieser Angelegenheit wurden wir um äußerste **Diskretion** gebeten. 우리는 이 일에 철저한 보안을 요구받았다.

bannen ['banən]
⊜ beschwören, bezaubern

Ⓥ 금지하다, 사로잡다, 매료시키다, 추방하다

Sie starrte wie **gebannt** auf die Kinoleinwand.
그녀는 영화 화면을 멍하니 응시했다.

---

stochern ['ʃtɔχɐn]
⊜ anstechen, bohren

Ⓥ 쿡쿡 찌르다, 쑤시다

Lin **stochert** mit dem Schürhaken in der Glut. Lin 은 부지깽이로 불씨를 쑤셨다.

---

justieren [jʊs'tiːʀən]
⊜ einrichten, regulieren

Ⓥ 조정하다, 균형잡히게 하다, 조절하다, 정판하다

Um unsere Partnerschaft mit den USA neu zu **justieren**, brauchen wir ein geeintes, selbstbewusstes und souveränes Europa! 미국과의 동반자 관계를 새롭게 조정하기 위해서는 우리는 단합되고 자신감이 넘치고 주권을 가진 유럽이 필요합니다!

---

zwangsläufig ['tsvaŋsˌlɔɪ̯fɪç]
⊜ notgedrungen, unvermeidlich

Ⓐ 강제적인, 필연적인, 불가피한

Wenn Du die Tasse vom Tisch stößt, muss sie **zwangsläufig** zu Boden fallen. 너가 테이블의 컵과 부딪히면 컵은 필연적으로 바닥에 떨어질 것이다.

---

schuppen ['ʃʊpn̩]
⊜ abschaben, entschuppen

Ⓥ 비늘을 벗기다, 비듬이 생기다

Vor der Zubereitung muss der Fisch **geschuppt** werden.
조리 전에 물고기의 비늘을 벗겨야 합니다.

---

wühlen ['vyːlən]
⊜ aufwerfen, schaufeln

Ⓥ 파 뒤집다, 파다, 후비다, 선동하다, 교란하다

Der Hund **wühlte** in der Erde. 그 개는 땅을 팠다.

---

fingieren [fɪŋ'giːʀən]
⊜ erheucheln, erlügen

Ⓥ 날조하다, 꾸며내다

Der Journalist **fingierte** einen Zeitungsartikel, ohne dass es jemand gemerkt hat. 그 기자는 아무도 모르게 신문 기사를 조작했다.

---

verheißungsvoll [fɛɐ̯'haɪ̯sʊŋsˌfɔl]
⊜ hoffnungsvoll, interessant

Ⓐ 가망이 있는, 유망한, 기대해 볼 만한

Die Auswanderer wissen nur ungefähr, wo sich das **verheißungsvolle** Eiland befindet, denn Kompass und Seekarten kennen sie nicht. 이주자들은 나침반과 해도를 모르기 때문에 오직 약속의 섬이 대략 어디에 위치해 있는지 알 뿐이다.

---

kalibrieren [ˌkali'bʀiːʀən]
⊜ abmessen, bestimmen

Ⓥ 재다, 눈금을 표시하다, 검정하다

Ist das Photometer überhaupt richtig **kalibriert**?
그 광도계가 정말 올바르게 눈금을 표시합니까?

---

schnappen ['ʃnapn̩]
⊜ abgreifen, erbeuten

Ⓥ 튀다, 닫히다, 잠기다, 낚아채다, 붙잡다

Die Polizei konnte den Dieb gerade noch **schnappen**.
그 경찰은 도둑을 간신히 잡을 수 있었습니다.

---

entlarven [ɛnt'laʁfn̩]
⊜ enttarnen, herausfinden

Ⓥ 가면을 벗기다, 정체를 폭로하다

Sein hochroter Kopf **entlarvte** ihn. 그의 밝은 빨간 머리가 그의 정체를 알렸다.

---

vorläufig ['foːɐ̯lɔɪ̯fɪç]
⊜ vorübergehend, provisorisch

Ⓐ 일시적인, 임시적인, 우선의, 잠정적인

Das hier soll nur eine **vorläufige** Lösung sein.
이것은 단지 임시 해결책일 뿐입니다.

krähen ['kʀɛːən]
⊜ schreien, singen

v. 수탉이 울다, 환성을 올리다, 날카로운 목소리로 말하다

Der Hahn **kräht** auf dem Mist. 수탉이 안개 속에 운다.

Faktotum [fak'toːtʊm]
G n s s/-ten

n. 막일꾼, 일꾼, 하인, 가정부

Deine Oma ist ein echtes **Faktotum**. 너의 할머니는 진짜 일꾼이다.

abfackeln ['apˌfakl̩n]
⊜ abbrennen, einäschern

v. 태워 없애다, 소각하다

Bis die Anlage wieder betriebsbereit war, musste das ausströmende Gas **abgefackelt** werden.
발전소가 작동 준비가 될 때까지 나가는 유출된 가스는 태워 없애야 한다.

Qualm [kvalm]
G m (e)s x

n. 자욱한 연기, 짙은 연기, 수증기, 안개

Vom **Qualm** des Feuers waren wir halb erstickt.
우리의 절반이 불의 연기에 의해 질식하였다.

Blinddarm ['blɪntˌdaʁm]
G m (e)s ä-e

n. 맹장

Viele Menschen müssen irgendwann am **Blinddarm** operiert werden. 많은 사람들이 언젠가 맹장 수술을 받아야 할 것입니다.

Reservoir [ʀezɛʁ'vo̯aːɐ̯]
G n s e/s

n. 저수 탱크, 저수지, 용수지, 비축

Auckland erhält einen großen Teil seines Wassers aus **Reservoirs** in den Hunua Ranges. 오클랜드는 Hunua 산맥의 저수지에서 물의 대부분을 받습니다.

auflauern ['au̯fˌlau̯ɐn]
⊜ abfangen, abpassen

v. 잠복하고 기다리다, 매복하다

Der Entführer **lauert** seinem Opfer **auf**. 납치범이 피해자를 숨어 기다리고 있습니다.

scheitern ['ʃaɪ̯tɐn]
⊜ straucheln, versagen

v. 좌절하다, 실패하다, 난파하다, 좌초하다

Mit diesem Projekt sind wir leider ganz und gar **gescheitert**.
불행히도 우리는 이 프로젝트에 완전히 실패했습니다.

grauen ['gʀau̯ən]
⊜ schaudern, sich fürchten

v. 회색이 되다, 날이 새다, 섬뜩하다

Der Morgen **graute** schon, als sie nach Hause gingen.
그들이 집에 갔을 때 이미 날이 샜다.

verschönern [fɛɐ̯'ʃøːnɐn]
⊜ verzieren, garnieren

v. 아름답게하다

Sie sind begehrt, das tägliche Zuhause zu **verschönern**.
그들은 날마다 집을 아름답게 꾸미기를 갈망한다.

spendieren [ʃpɛn'diːʀən]
⊜ spenden, stiften

v. 기증하다, 선심쓰다, 한턱내다

Spendiere doch mal was. 무엇이든 기부하십시오.

entschlüsseln [ɛnt'ʃlʏsl̩n]
⊜ aufdecken, herausfinden

v. 해독하다, 암호를 풀다

Zeugnisse sind oft so formuliert, dass man ihren Inhalt nur dann richtig versteht, wenn man sie **entschlüsselt**.
증언은 종종 해석될 때 내용을 정확하게 이해할 수 있도록 문서화됩니다.

zerkratzen [tsɛɐ̯'kʀatsn̩]
⊜ anschlagen, beschädigen

ⓥ 긁어 찢다, 할퀴다, 할퀴어 상처를 내다

Auf dem Parkplatz eines Marktes in Wiesbaden haben Randalierer am Mittwoch gegen 18 Uhr einen Pkw **zerkratzt.**
난동자들이 비스바덴 시장의 주차장에서 수요일 18 시경에 자동차를 긁었습니다.

absprechen ['apʃpʀɛçn̩]
⊜ abmachen, abreden

ⓥ 합의하다, 협정하다, 부인하다

Wir haben bis ins letzte Detail **abgesprochen**, wann du Sophia besuchen darfst. 우리는 언제 너가 Sophia 를 방문해도 되는지 마지막 세부사항까지 합의했다.

zerknittern [tsɛɐ̯'knɪtɐn]
⊜ verdrücken, verkrumpeln

ⓥ 구기다, 뭉치나, 쭈그리다

An einen Stuhl gefesselt, kann er sich in letzter Sekunde befreien, bevor zwei feindlich gesinnte Gangster ihm den Anzug **zerknittern.**
두 명의 위험한 갱들이 자신의 양복을 구겨 버리기 전에 그는 의자에 묶여 있었고, 간신히 자유로워질 수 있었습니다.

herausstreichen
[hɛ'ʀaʊ̯s'ʃtʀaɪ̯çn̩]
⊜ betonen, herausheben

ⓥ (말, 문장) 삭제하다, 돋보이게 하다, 칭찬하다

Man kann durchaus auch die positiven Aspekte derartiger Arbeitsverhältnisse **herausstreichen.**
전체적으로 이 같은 작업 여건의 긍정적인 측면을 강조할 수 있다.

sättigend ['zɛtɪgn̩t]
⊜ bekömmlich, nahrhaft

ⓐ 풍부한, 많은, 충분한, 넉넉한

Eiweißbrot ist nicht nur nahrhaft und **sättigend**, sondern bringt auch eine geschmackliche Abwechslung auf den Tisch!
단백질 빵은 영양가 있고 배부르게 할 뿐만 아니라 테이블에서 풍미를 변화시킵니다!

klappern ['klapɐn]
⊜ klirren, rasseln

ⓥ 덜커덩거리다, 달그락거리다, 삐걱거리다

Die Ventile am Auto **klappern.** 자동차의 밸브가 달그락거린다.

Exklusion [ɛksklu'zi̯oːn]
Ⓖ *f - en*

ⓝ 제외, 배척, 제명

Man kann diese Mechanismen der **Exklusion** in allen Gesellschaften der Antike finden. 모든 고대 사회의 이러한 배척의 메커니즘을 발견할 수 있습니다.

animieren [ani'miːʀən]
⊜ ermuntern, anreizen

ⓥ 활기를 불어넣다, 고무하다

In Berlin **animierten** die Krawalle möglicherweise Nachahmungstäter. 베를린에서 폭동은 모방범들의 동기를 부여했을지도 모른다.

spazieren [ʃpa'tsiːʀən]
⊜ flanieren, herumlaufen

ⓥ 산책하다, 소요하다, 거닐다

Gegen Abend ging ich gern in den stillen Gassen der Landstraße nachdenklich **spazieren.**
저녁 즈음에 나는 조용한 시골 길에서 사색하며 산책하는 것을 좋아했습니다.

beknien [bə'kniːn]
⊜ anflehen, beschwören

ⓥ 졸라대다, 조르다, 강하게 부탁하다

Selbst wenn du mich **bekniest**, ich sage kein Sterbenswörtchen!
너가 나에게 졸라대도 나는 한마디도 하지 않겠다.

auftischen ['aʊ̯f‚tɪʃn̩]
⊜ erzählen, auftragen

ⓥ 식탁에 내놓다, 이야기를 하다, 꾸며대다

Die Gäste setzten sich und man **tischte auf.**
손님들이 앉았고 이야기를 하였다.

ausspeien ['aus̯ʃpai̯ən]

⊜ spucken, qualstern

ⓥ 침을 뱉다

Das **Ausspeien** sollte die Verachtung für den Mann ausdrücken.
침을 뱉는 것은 그 사람에 대한 경멸을 표현하는 것이다.

Beifall ['bai̯fal]

Ⓖ *m (e)s x*

ⓝ 찬성, 동의, 갈채, 박수

Das Publikum spendete langanhaltenden, nicht enden wollenden und durch Hochrufe unterbrochenen **Beifall**.
청중은 환호성과 박수 갈채를 끊임없이 보냈다.

---

verfließen [fɛɐ̯'fliːsn̩]

⊜ vorbeigehen, entrinnen

ⓥ 섞이다, 융합되다, 시간이 경과하다, 지나가다

Die blauen und die gelben Aquarellfarben **verfließen** ineinander und ergeben verschiedene Grüntöne.
파란색과 노란색의 수채화 색상이 서로 섞여서 다양한 녹색 음영을 냅니다.

---

beschmieren [bə'ʃmiːʀən]

⊜ aufstreichen, bemalen

ⓥ 바르다, 칠하다, 더럽히다

In aller Ruhe **beschmierte** er morgens sein Brot mit Marmelade.
그는 평온한 아침에 빵에 잼을 발랐다.

---

ohnmächtig ['oːnˌmɛçtɪç]

⊜ besinnungslos, bewusstlos

ⓐ 기절한, 실신한, 졸도한, 무력한

Eine Frau auf der Straße war **ohnmächtig** geworden und zusammengebrochen. 길에서 한 여자가 기절하고 쓰러졌다.

---

balancieren [balã'siːʀən]

⊜ im Gleichgewicht halten, in der Balance halten

ⓥ 균형을 잡다, 균형을 이루게 하다, 청산하다

Sie sind über die Trümmer des eingestürzten Hauses **balanciert**.
그들은 붕괴된 집의 잔해 위에서 균형을 이루었다.

---

wirbeln ['vɪʁbl̩n]

⊜ sich drehen, quirlen

ⓥ 선회하다, 회전하다, 휘날리다, 소용돌이 치다

Als er das Fenster öffnete, **wirbelte** ein Windstoß sämtliche Blätter auf seinem Schreibtisch wild durcheinander.
그가 창문을 열었을 때, 돌풍이 그의 책상 위의 모든 종이들을 혼잡하게 휘날렸다.

---

kotzen ['kɔtsən]

⊜ ausbrechen, sich übergeben

ⓥ 구역질나다, 토하다, 구토하다

Mir ist schlecht, ich glaube, ich muss gleich **kotzen**.
나는 상태가 나쁘다, 내 생각에는 나는 곧 토해야 한다.

---

gravieren [gʀa'viːʀən]

⊜ kerben, prägen

ⓥ 새겨넣다, 판각하다, 조각하다

Es handelt sich um einen 3D-Drucker, der auch fräsen und **gravieren** kann. 절삭과 조각하는 것이 가능한 3D 프린터입니다.

---

schlitzen ['ʃlɪtsn̩]

⊜ aufschlitzen, aufschneiden

ⓥ 길게 째다, 절개하다, 길게 트다, 따다

Er **schlitzt** die Bäuche und zieht die Innereien heraus.
그는 배를 절개하고 내장을 꺼낸다.

---

schnüren ['ʃnyːʀən]

⊜ binden, knüpfen

ⓥ 묶다, 매다, 잡아매다, 파고들다, 죄다, 꿰다

Er **schnürt** ein Paket. 그는 꾸러미를 묶는다.

---

kommandieren [kɔman'diːʀən]

⊜ anführen, befehlen

ⓥ 지휘하다, 호령하다, 명령하다, 파견하다

Kommandiert deine Mutter auch so viel daheim?
너의 어머니는 집에서 그렇게 많이 명령하니?

19 Tag 1801~1900

kummervoll ['kʊmɐˌfɔl]
⊜ bekümmert, betrübt

ⓐ 슬픈, 우수에 잠긴, 괴로운, 비통한, 서러운

Der Staatsanwalt nickt **kummervoll**.
그 검사는 슬픈 듯이 고개를 끄덕인다.

---

deprimieren [depʀiˈmiːʀən]
⊜ entmutigen, frustrieren

ⓥ 우울하게 하다, 낙담시키다, 경제 불황으로 만들다

Dieses nass-kalte, graue Wetter **deprimiert** mich.
이 습한 차가운 흐린 날씨가 나를 우울하게 만듭니다.

---

zanken ['ʦaŋkn̩]
⊜ zusammenstoßen, streiten

ⓥ 싸우다, 다투다, 욕하다, 말다툼하다

Bald kamen beiden die Tränen und der Soldat **zankte** laut mit seinen Begleitern in der fremden Sprache.
두 사람이 바로 눈물을 흘렸고 그 군인은 수행원들과 외국어로 큰소리로 싸웠다.

---

tuscheln ['tʊʃl̩n]
⊜ flüstern, hauchen

ⓥ 속삭이다, 귓속말하다, 밀담하다, 수근거리다

Als die Frau vorüberging, drehten sich die anderen Zuschauer um und begannen zu **tuscheln**.
그 여성이 지나갔을 때 다른 관객들은 돌아서서 수근거리기 시작했다.

---

schluchzen ['ʃlʊχʦn̩]
⊜ jammern, wimmern

ⓥ 흐느껴 울다, 딸꾹질을 하다

Man hörte sie leise **schluchzen**. 그녀가 조용히 흐느껴 우는 것을 들었다.

---

wimmern ['vɪmɐn]
⊜ heulen, jammern

ⓥ 흐느끼다, 신음하다, 애달프게 울다

Anschließend **wimmerte** ich vor mich hin, in Anbetracht des Verlustes dieses Menschen. 뒤이어 나는 그분의 상실을 생각하면서 흐느껴 울었다.

---

grölen ['gʀøːlən]
⊜ brüllen, kreischen

ⓥ 거칠게 외치다, 떠들다

Wenn die ersten Liter Bier getrunken sind, fangen die jungen Männer an zu **grölen** und nach den Bedienungen zu grabschen.
몇 리터의 맥주를 마시면, 그 젊은이들은 종업원들을 붙잡고 고함을 지른다.

---

runzeln ['ʀʊnʦl̩n]
⊜ falten, krausen

ⓥ 주름살을 만들다, 주름지다, 찌푸리다

Ihre Haut **runzelte** sich um die Augen herum.
그녀의 피부는 눈 주위에 주름졌다.

---

verkrampfen [fɛɐ̯'kʀampfn̩]
⊜ verspannen, zusammenziehen

ⓥ 경련이 일어나다, 경련이 일다, 쥐가 나다

Sobald sie die Zuschauer sehen, werden sie nervös und **verkrampfen**. 그들은 관객을 보자 마자 긴장하고 경련을 일으킬 것입니다.

reiben ['ʀaɪ̯bn̩]
⊜ frottieren, scheuern

v. 문지르다, 마찰하다, 부수다, 으깨다, 갈다, 비비다, 마찰하다

Er **rieb** seine schmerzende Wange. 그는 아픈 뺨을 문질렀다.

---

verfolgen [fɛɐ̯'fɔlgn̩]
⊜ nachgehen, hinterherlaufen

v. 뒤쫓다, 추적하다, 뒤따라 다니다, 추격하다, 수행하다

Schon seit der Verlobung **verfolgte** er sie mit seiner Eifersucht.
약혼 이래로 그는 질투심으로 그녀를 따라다녔다.

---

aktenkundig ['aktn̩ˌkʊndɪk]
⊜ bekannt, belegbar

a. 서류에 기재되어 있는

Das sind persönliche Erfahrungen, die **aktenkundig** sind.
서류에 기재되어 있는 것은 개인 경험입니다.

---

schänden ['ʃɛndn̩]
⊜ beflecken, beschädigen

v. 더럽히다, 모독하다, 모욕하다, 욕보이다

Diese beiden Männer **schändeten** das Grabmal meiner Eltern.
이 두 남자는 나의 부모님의 묘석을 모욕했습니다.

Schlappschwanz
['ʃlapˌʃvants]
G *m es ä-e*

n. 패기가 없는 사람, 겁쟁이

Du traust dich nicht, allein in den Keller zu gehen? Was bist du denn für ein **Schlappschwanz**? 너는 혼자서 지하실에 못 가니? 무슨 이런 겁쟁이가 다 있어?

überhandnehmen
[y:bɐ'hantˌne:mən]
⊜ eskalieren, ausufern

v. (부정적인 것 따위가) 만연하다, 증대하다, 무성하다, 격증하다

Als Chandlers Alkohol- und Drogenprobleme **überhand nahmen**, wurde sie im Jahr 1940 in ein Sanatorium eingewiesen.
챈들러의 알코올과 마약 문제가 늘어났을 때 그녀는 1940 년 요양소에 입원했습니다.

---

aufkreuzen ['aʊ̯fˌkʀɔɪ̯tsn̩]
⊜ ankommen, erscheinen

v. (뜻밖에) 나타나다, 바람을 안고 나아가다

Die ersten Leute müssten jederzeit **aufkreuzen**.
언제든지 첫 번째 사람들은 나타났어야 했다.

---

kaspern ['kaspɐn]
⊜ flachsen, scherzen

v. 멍청한 짓을 하다, 실없는 농담을 하다

Wir **kaspern** nur rum und unterdrücken nicht.
지금 우리는 참지 않고 주위를 어지럽혔다.

---

rügen ['ʀy:gən]
⊜ schimpfen, zurechtweisen

v. 꾸짖다, 비난하다, 질책하다, 나무라다

Hier gab es nichts zu **rügen**, bei dieser Lieferung war alles in Ordnung. 운송 할 때 아무것도 비난할 것 없이 모든 것이 잘 되었다.

---

kooperieren [koʔopə'ʀi:ʀən]
⊜ zusammenarbeiten, zusammenwirken

v. 협동하다, 협력하다, 제휴하다

Die beiden Firmen **kooperieren** von nun an.
두 회사는 지금부터 제휴합니다.

---

schwärmen ['ʃvɛʁmən]
⊜ strömen, verehren

v. 우글거리다, 떼 지어 모이다, 열광하다

Die Menschen **schwärmen** allesamt in das neue Einkaufszentrum.
사람들은 새로운 쇼핑 센터에 모두 모여든다.

Suspendierung
[zʊspɛn'di:ʀʊŋ]
G *f - en*

n. 연기, 정지, 정직, 휴직

Das Ende der **Suspendierung** ist in Sicht.
연기의 끝은 보입니다.

ahnden ['a:ndn̩]
⊜ bestrafen, vergelten

v. 벌하다, 비난하다

Dieser Gesetzesverstoß wird mit zwei Jahren Haft **geahndet**.
이 위법은 2 년의 징역형에 처해진다.

---

eloquent [ˌelo'kvɛnt]
⊜ beredsam, gesprächig

a. 웅변적인, 능변의

Auch die wortgewandten Franzosen können höchst **eloquent**, wie deftig schimpfen - aber es klingt eben schön. 또한 말재간이 있는 프랑스 사람들은 유창하고 거칠게 욕할 수 있다. 하지만 그것 마저도 아름답게 들린다.

Schusterei ['ʃu:stəʀaɪ̯]
G *f* - *en*

n. 제화업, 구두장이의 작업장

Über 60 Jahre hat Richard Eckert in Mainz seine **Schusterei** betrieben.
Richard Eckert 는 60 년이 넘는 세월 동안 마인츠에서 제화업을 운영하고 있습니다.

Demütigung ['de:my:tɪgʊŋ]
G *f* - *en*

n. 경멸, 멸시, 굴욕, 굴복시킴

Der Zweite Weltkrieg und die deutsche Besatzung lagen erst fünfzehn Jahre zurück, und die Erinnerung an **Demütigung** und Kollaboration schmerzte.
2 차 세계 대전과 독일의 점령은 불과 15 년 전이었고, 굴욕과 부역의 기억은 상처를 줬습니다.

---

verzweifeln [fɛɐ̯'tsvaɪ̯fl̩n]
⊜ aufgeben, schwarzsehen

v. 절망하다, 낙담하다, 자포자기하다

Er **verzweifelt** an seinem Ehestreit. 그는 부부싸움에 절망하였다.

---

weigern ['vaɪ̯gɐn]
⊜ ablehnen, abschlagen

v. 거절하다, 거부하다

Kyungmi **weigerte** sich, das angebotene Geld anzunehmen.
경미는 제안된 돈을 받는 것을 거부했다.

---

widerlich ['vi:dɐlɪç]
⊜ abscheulich, eklig

a. 불쾌한, 역겨운, 메스꺼운

Die Banane hat **widerlich** geschmeckt, die war bestimmt nicht mehr gut. 이 상태가 좋지 않은 바나나 맛은 역겨운 맛이었다.

---

eintippen ['aɪ̯nˌtɪpn̩]
⊜ eingeben, einprogrammieren

v. (키보드, 자판 따위를) 치다

Die Schüler brauchten nur noch ihre Antwort **eintippen**.
학생들은 대답을 타이프해야 했습니다.

---

segnen ['ze:gnən]
⊜ benedeien, weihen

v. 축복하다, 성호를 긋다

Er **segnet** uns alle. 그는 우리 모두를 축복합니다.

---

eintüten ['aɪ̯nˌty:tn̩]
⊜ verpacken, abfüllen

v. 봉지에 싸다

Die Sekretärin **tütete** die Einladungen zur Jahreshauptversammlung **ein**. 그 비서는 연례 총회를 위한 초청장을 봉투에 넣었습니다.

---

taktisch [tak'tɪʃ]
⊜ geschickt, methodisch

a. 전술의, 전략상의, 융통성 있는, 책략적인, 수완이 능란한

Der Angriff zu diesem Zeitpunkt war ein **taktischer** Fehler.
이 공격은 전술적인 실수였습니다.

---

prügeln ['pʀy:gl̩n]
⊜ schlagen, hauen

v. 몽둥이로 때리다, 갈기다, 싸우다, 구타하다

Sie wollten sich in aller Öffentlichkeit **prügeln**.
그들은 모든 사람 앞에서 때리고 싶었습니다.

herumalbern [hɛˈʀʊmˌalbɐn]

⊜ albern, spaßen

ⓥ 시시덕 거리다

Ich liebe es, wenn wir als Familie auf dem Fahrrad sind und mit den Kindern **herumalbern**.
나는 우리가 가족으로써 자전거를 타면서 아이들과 노는 것을 좋아합니다.

---

ohrfeigen [ˈoːɐ̯faɪ̯gn̩]

⊜ backpfeifen, eine Backpfeife geben

ⓥ 손바닥으로 따귀를 때리다

Ein Priester **ohrfeigt** ein Baby während einer Taufe, weil es weint.
사제는 아기가 울어서 세례식 동안 그의 뺨을 때린다.

Oberhand [ˈoːbɐˌhant]

Ⓖ *f - ä-e*

ⓝ 손등, 우위, 우월

Wir gehen stark davon aus, dass der Dollar hierbei die **Oberhand** behalten wird. 우리는 달러가 여기에 있어 우세 할 것이라고 강력히 믿는다.

---

minderjährig [ˈmɪndɐˌjɛːʀɪç]

⊜ unmündig, halbwüchsig

ⓐ 어린 나이의, 미성년의

In den meisten Staaten Europas gelten Personen bis zur Vollendung ihres 18. Lebensjahres als **minderjährig**.
대부분의 유럽 국가에서 18 세 미만은 미성년자로 간주됩니다.

---

einwenden [ˈaɪ̯nˌvɛndn̩]

⊜ einwerfen, bezweifeln

ⓥ 이의를 제기하다, 항의하다, 반대하다

Er **wendete ein**, dass die Verträge ohne Unterschrift beider Ehepartner nichts wert seien.
그는 두 배우자의 서명이 없으면 계약이 쓸모 없다고 항의했다.

---

unberechenbar [ʊnbəˈʀɛçn̩baːɐ̯]

⊜ unkalkulierbar, unabsehbar

ⓐ 계산할 수 없는, 예측할 수 없는, 기분내키는 대로의

Wenn er viel Alkohol trinkt wird er zu einer **unberechenbaren** Gefahr für seine Mitmenschen.
그는 술을 많이 마시면 주변 사람에게 예측할 수 없는 위험이 됩니다.

---

zerren [ˈʦɛʀən]

⊜ schleppen, ziehen

ⓥ 세게 당기다, 잡아당기다, 질질 끌다, 견인하다

Er **zerrte** an ihren Haaren. 그는 그녀의 머리를 당겼다.

---

niederknien [ˈniːdɐˌkniːn]

⊜ knien, auf den Knien sein

ⓥ 무릎을 꿇다, 꿇어앉다, 굴복하다

Als er dem Papst gegenübertrat, **kniete** er **nieder** und küsste den Fischerring. 그가 교황을 만났을 때, 그는 무릎을 꿇고 교황의 반지에 입을 맞추었다.

---

einfädeln [ˈaɪ̯nˌfɛːdl̩n]

⊜ durchstecken, anknüpfen

ⓥ 꿰다, 꿰매다, 꾸미다, 꾀하다

Ohne meine Brille kann ich den Faden in diese winzige Nadel nicht **einfädeln**. 나는 안경이 없으면 이 작은 바늘에 실을 꿸 수 없습니다.

---

erregen [ɛɐ̯ˈʀeːgn̩]

⊜ aufreizen, auslösen

ⓥ 흥분하다, 격분하다, 유발하다, 움직이다

Ich **errege** mich jedes Mal, wenn ich diesen Film sehe.
나는 이 영화를 볼 때마다 흥분한다.

---

besudeln [bəˈzuːdl̩n]

⊜ beflecken, schänden

ⓥ 더럽히다, 모독하다

Bei meiner letzten Mountainbiketour war mein Trikot wegen der nassen Straße bereits nach wenigen Metern **besudelt**.
마지막 산악 자전거 투어에서 몇 미터 이동 후에 내 운동복은 젖은 도로 때문에 얼룩 졌습니다.

schleppen ['ʃlɛpn̩]

⊜ zerren, ziehen

v. 견인하다, 예인하다, 끌다, 끌어내다

Schleppst du mich bitte zur Tankstelle? 나를 주유소로 끌고 갈래?

---

hervorholen [hɛɐ̯'fo:ɐ̯ˌho:lən]

⊜ herausziehen, herauskramen

v. 끌어내다, 끄집어내다

Er meinte, ich solle in der richtigen Situation den richtigen Menschen **hervorholen**. 그는 내가 맞는 상황에서 맞는 사람을 얻어야 한다고 말했다.

Wahnsinn ['va:nzɪn]

Ⓖ *m (e)s x*

n. 정신 착란, 광기, 광란

Ein Satz mit mehr als fünfhundert Worten ist ein echter **Wahnsinnssatz.** 5 백 개가 넘는 단어가 있는 문장은 정말 미친 문장이다.

---

hetzen ['hɛtsn̩]

⊜ jagen, aufbringen

v. 사냥하다, 몰이하다, 쫓다, 재촉하다, 몹시 서두르다

Er **hetzte** nach Hause, um gerade noch rechtzeitig anzukommen.
그는 제시간에 집에 도착하기 위해서 몹시 서둘렀습니다.

---

abhetzen ['apˌhɛtsn̩]

⊜ pressieren, abäschern

v. 지나치게 몰아대다, 혹사하다, 너무 서두르다, 과로하다

Sie musste sich sehr **abhetzen**, um den letzten Zug noch zu erwischen. 그녀는 마지막 기차를 타기 위해 매우 서둘러야 했다.

---

leugnen ['lɔɪ̯gnən]

⊜ ableugnen, verneinen

v. 부정하다, 취소하다, 거부하다

Trotz aller Beweise **leugnete** er, die Tat begangen zu haben.
모든 증거에도 불구하고 그는 저지른 범행을 부인했습니다.

---

improvisieren [ɪmpʀovi'zi:ʀən]

⊜ extemporieren, frei spielen

v. 즉석에서 행하다, 즉흥적으로 연주하다, 애드리브하다

Ich war überrascht und musste **improvisieren**.
나는 놀랐고 즉흥적으로 연주해야 했다.

---

schleifen ['ʃlaɪ̯fn̩]

⊜ abziehen, glätten

v. 잡아 매다, 묶다, 갈다, 질질 끌다, 잡아 끌고 가다, 닦다

Der Hund **schleifte** mich im Park hinter sich her, um zu den anderen Hunden zu kommen. 그 개는 다른 개들에게 가기 위해 공원에서 나를 끌고 다녔다.

Nervensäge ['nɛʁfn̩ˌzɛ:gə]

Ⓖ *f - n*

n. 신경을 너무 쓰게 하는 것

Du bist heute wieder eine richtige **Nervensäge**.
너 오늘 진짜 신경 쓰게 하네.

---

bohren ['bo:ʀən]

⊜ durchlöchern, quälen

v. 구멍을 뚫다, 파다, 후비다, 꿰뚫다

Er **bohrte** mit dem Bohrer ein Loch in die Wand, um die neuen Kleiderhaken zu befestigen.
그는 새 옷걸이를 고정시키기 위해 드릴로 벽에 구멍을 뚫었다.

überbieten [ˌy:bɐ'bi:tn̩]

⊜ übertreffen, überholen

v. 앞지르다, 능가하다, 초월하다, 비싼 값을 매기다

Jan **überbot** alle Kaufinteressenten. Jan 은 구매 희망자 들에게 비싼 값을 불렀다.

---

vordergründig ['fɔʁdɐˌgʀʏndɪç]

⊜ dünn, billig

a. 피상적인, 얄팍한, 천박한

Schüler brauchen ein Dauerklima der Ermutigung, und das ist weit mehr als **vordergründige** Freundlichkeit oder das Lob im Erfolgsfall. 학생들은 장기적인 격려의 분위기가 필요합니다. 그것은 피상적인 친절이나 칭찬보다 훨씬 낫습니다.

brutal [bʀu'taːl]

⊜ bestialisch, aggressiv

a. 짐승같은, 잔인한, 포악한

Er war bekannt für seine **brutalen** Methoden. 그는 잔인한 방법으로 유명했습니다.

---

anheuern ['anˌhɔɪ̯ɐn]

⊜ anwerben, einstellen

v. 고용하다, 고용되다

Für den Einbruch hat der Kriminelle zwei Komplizen **angeheuert**.
절도를 위해 그 범죄자는 두 명의 공범자를 고용했습니다.

---

verführen [ˌfɛɐ̯'fyːʀən]

⊜ anreizen, bezirzen

v. 꾀다, 유혹하다, 농락하다, 타락시키다, 사주하다

Wir ließen uns von der Werbung **verführen**, dort Urlaub zu machen.
우리는 그곳에 휴가 가기 위한 광고로부터 유혹당한다.

---

beanspruchen [bə'ʔanʃpʀʊχn̩]

⊜ benötigen, abfordern

v. 청구하다, 요구하다, 필요로 하다, 혹사하다

Er **beansprucht** das Recht, überall rauchen zu dürfen.
그는 어디서나 담배를 피울 권리가 있다고 주장한다.

---

ausborgen ['aʊ̯sˌbɔʁgn̩]

⊜ aufnehmen, sich ausleihen

v. 빌려주다, 빌리다, 꾸다

Kannst du mir dein Fahrrad **ausborgen**? 나에게 자전거를 빌려줄 수 있어?

Sturm [ʃtʊʁm]

Ⓖ *m (e)s ü-e*

n. 폭풍, 폭풍우, 소동, 폭동

Unser Verein braucht dringend einen guten Spieler für den **Sturm**.
우리 협회는 그 공격에 대비하여 좋은 선수가 급하게 필요합니다.

---

erschlagen [ɛɐ̯'ʃlaːgn̩]

⊜ totschlagen, umbringen

v. 때려 죽이다, 두들겨패다, 때려 부수다

Er wurde mit einem stumpfen Gegenstand **erschlagen**.
그는 무딘 물건으로 살해당했습니다.

---

aufdringlich ['aʊ̯fˌdʀɪŋlɪç]

⊜ indiskret, zudringlich

a. 강제적인, 뻔뻔스러운, 끈질긴, 외람된

Ich vermeide Diskothekenbesuche wegen der **aufdringlichen** Macker. 나는 치근덕거리는 놈들 때문에 클럽 방문을 피합니다.

---

verschleiern [fɛɐ̯'ʃlaɪ̯ɐn]

⊜ einhüllen, verdecken

v. 덮다, 숨기다, 감추다, 은폐하다, 엄폐하다, 베일로 가리다

Die dichten schwarzen Dunstmassen ballen sich über unserem Haupte und **verschleiern** auch die letzten Lichter des Himmels.
짙은 검은 색 연무는 우리 머리 위로 뭉치고 하늘의 마지막 불빛도 가립니다.

Pförtner ['pfœʁtnɐ]

Ⓖ *m s -*

n. 문지기, 현관지기, 접수원, 수위

Der **Pförtner** öffnete die Schranke. 문지기가 책장을 열었습니다.

---

foltern ['fɔltɐn]

⊜ quälen, schinden

v. 고문하다, 괴롭히다

Sie kamen rein, **folterten** ihn, bis er ihnen die Kombination verriet, räumten den Safe aus und brachten ihn um.
그들은 들어와서 금고 비밀번호 조합을 말할 때까지 그를 고문했고 죽였다.

---

zutreffen ['tsuːˌtʀɛfn̩]

⊜ stimmen, kongruieren

v. 적합하다, 알맞다, 일어나다, 생기다

Es kommen ihm nur zwei Sorten von Menschen in den Sinn, erstens Polizisten und zweitens Kriminelle. Doch was **trifft** auf ihn **zu**?
그에겐 두 종류의 사람이 생각나는데, 첫 번째로 경찰관과 두 번째로 범죄자입니다. 당신에겐 무엇이 해당됩니까?

raunen ['ʀaʊ̯nən]

⊜ flüstern, hauchen

v. 중얼거리다, 속삭이다, 소곤거리다

Wenn du so **raunst**, verstehe ich nichts.
너가 중얼거리면 나는 아무것도 이해하지 못한다.

---

toben ['to:bn̩]

⊜ tosen, rasen

v. 미쳐 날뛰다, 광란하다, 난폭하게 굴다, 소란피우다

Während vor den Toren der Stadt die Schlacht **tobte**, flüchteten sich die Bewohner in ihre Keller.
도시의 성문 앞에서 전투가 격렬한 동안 주민들은 그들의 지하실로 피했다.

---

ausmachen ['aʊ̯s,maχn̩]

⊜ ergeben, betragen

v. 끄다, 협정하다, 약정하다, ~의 액수에 달하나, 결말짓다, 나타내다

Kinder **machen** nur einen geringen Anteil der deutschen Bevölkerung **aus**. 아이들은 독일 인구의 소수만 차지합니다.

---

schmiegen ['ʃmi:gn̩]

⊜ kuscheln, anschmiegen

v. 기대다, 달라붙다, 따르다

Das kurze Jäckchen gibt den Blick auf ihre Halsgrube frei, und der blasse Rock **schmiegt** sich ganz entzückend um ihre Hüften.
짧은 재킷은 그녀의 목을 잘 드러냈고, 담색 치마는 아주 매혹적으로 그녀의 엉덩이에 밀착되었다.

Veruntreuung [fɛɐ̯'ʔʊntʀɔɪ̯ʊŋ]

G *f - en*

n. 횡령, 착복

Der Verdacht lautet auf Betrug, ungetreue Geschäftsbesorgung, Geldwäscherei und **Veruntreuung**.
그 혐의는 사기, 불공정 거래, 돈세탁 및 횡령이다.

Abfassung ['ap,fasʊŋ]

G *f - en*

n. (문서) 작성, 기초, 작시

Unsere Kunden fragen immer häufiger um Rat bei der **Abfassung** einer Patientenverfügung.
우리의 고객들은 환자 의료 조치 서약을 기안할 때 항상 조언을 구하고 있습니다.

Ritual [ʀi'tu̯a:l]

G *n s e/ien*

n. (종교) 의식, 제식, 전례, 의례서

Von da an wiederholte sich das **Ritual** einmal im Monat.
그때부터 의식은 한 달에 한 번 반복되었습니다.

Blockade [blɔ'ka:də]

G *f - n*

n. 봉쇄, 폐쇄

Bei Atommülltransporten gibt es oft **Blockaden** von Demonstranten.
핵 폐기물 운송에는 시위자들의 봉쇄가 종종 있습니다.

Leitfaden ['laɪ̯t,fa:dn̩]

G *m s ä-*

n. 해결의 실마리, 입문서, 편람, 지침

Diesen Kindern ohne Eltern zu helfen wurde von dort an ihr **Leitfaden**. 거기에서 부모가 없는 아이들을 돕는 것은 그들의 지침이 되었다.

---

anschaulich ['anʃaʊ̯lɪç]

⊜ ausdrucksvoll, deutlich

a. 명료한, 일목요연한, 명백한, 분명한

In bei weitem erhöhtem Maße des Ausdruckes vermag nun die musikalische Modulation solch eine Verbindung der Gefühle **anschaulich** zu machen.
음악적 변조는 표현의 큰 정도로 감정을 생생하게 만들어 주는 연결을 할 수 있다.

entgegensehen
[ɛnt'ge:gn̩ˌze:ən]
⊜ abwarten, ausblicken

v. 바라보다, 기다리다, 기대하다, 예기하다, 임하다

Google müsse seine Geschäftspraktiken innerhalb von 90 Tagen ändern oder weiteren Geldstrafen **entgegensehen**.
Google 은 90 일 이내에 비즈니스 방식을 변경하거나 추가 벌금을 내야합니다.

Nachschlagewerk
['na:χʃla:gəˌvɛʁk]
G *n (e)s e*

n. 참고서, 백과사전

Das bedeutet freilich nicht, dass sie in jedem Fall ohne **Nachschlagewerke** als Hilfsmittel unverständlich bleiben müssen.
어느 경우이든 보조 수단으로서 참고문헌 없이 불명료하게 남아 있어야 한다는 것을 의미하지는 않는다.

Pazifik [pa'tsi:fɪk]
G *m s x*

n. 태평양

Der **Pazifik** ist der größte der Ozeane. 태평양은 가장 큰 대양입니다.

---

befestigen [bə'fɛstɪgn̩]
⊜ festmachen, anbringen

v. 고정하다, 부착시키다, 굳게 하다, 확립하다

Ich **befestige** jetzt das Bild an der Wand. 지금 그림을 벽에 붙입니다.

Flugblatt ['flu:kˌblat]
G *n (e)s ä-er*

n. 전단, 전단지

Verteile diese **Flugblätter**, damit mehr Kundschaft kommt.
더 많은 고객이 올 수 있도록 이 전단지를 배포하십시오.

---

bündeln ['bʏndl̩n]
⊜ binden, zusammenfassen

v. 묶다, 짐을 싸다

Wir müssen unsere Kräfte **bündeln**, um unsere Ziele zu erreichen.
우리는 목표를 달성하기 위해 힘을 합해야 합니다.

Trennung ['tʀɛnʊŋ]
G *f - en*

n. 분리, 격리, 분할, 분열, 구분, 이별, 별거, 절단

Die **Trennung** von meinem Freund fiel mir schwer.
내 친구와의 이별은 어려웠다.

Menschenmasse
['mɛnʃn̩ˌmasə]
G *f - n*

n. 군중, 사람들

Nach Ende des Spieles strömte die **Menschenmasse** aus dem Stadion. 경기가 끝난 후 관중들은 경기장에서 쏟아졌습니다.

Phantom [fan'to:m]
G *n s e*

n. 환영, 환상, 유령, 착각, 인체모형

Morgen üben wir im Erste-Hilfe-Kurs die stabile Seitenlage und die Reanimation am **Phantom**.
내일 우리는 응급 처치 과정에서 인체모형으로 안정된 위치와 인공 호흡을 연습합니다.

Gesichtszüge
[gə'zɪçtsˌtsy:gə]
G *pl.*

n. 표정, 인상, 면상, 얼굴의 윤곽

Die **Gesichtszüge** wirken müde, das Haar so, als hätte Victoria gerade noch mit Wärmflasche auf dem Sofa gelegen. 얼굴 표정은 피곤해 보이고 머리카락은 마치 빅토리아가 방금 따뜻한 병을 안고 소파에 누워 있는 것처럼 보였다.

Porträt [pɔʁ'tʀɛ:]
G *n s s/e*

n. 초상화, 인물 사진, 인물화

Die Absicht eines **Porträts** ist, das Wesen, beziehungsweise die Persönlichkeit der porträtierten Person zum Ausdruck zu bringen.
인물화의 의도는 묘사된 인물의 본질 또는 성격을 표현하는 것입니다.

vorstehen ['fo:ɐ̯ʃte:ən]

⊜ herausragen, hervorragen

v. 지배하다, 주최하다, 우위에 있다, 튀어나와 있다

Dieser Nagel **steht** deutlicher **vor** als die anderen. Du solltest ihn tiefer in die Wand schlagen. 이 못은 다른 못보다 더 뚜렷하게 튀어나와 있다. 너는 그것을 벽에 더 깊이 박았어야 합니다.

Pfennig ['pfɛnɪç]

G *m s e*

n. (화폐) 페니

Der **Pfennig** ist schon eine sehr alte Währungseinheit.
페니는 이미 아주 오래된 화폐 단위입니다.

---

revolutionieren [ʀevolutsi̯o'ni:ʀən]

⊜ reformieren, umbilden

v. 선동하다, 변혁하다, 혁명을 일으키다, 개혁하다

Mit dem neuem Automodell wird der Markt **revolutioniert.**
그 새로운 자동차 모델은 그 시장에 혁명을 일으켰습니다.

---

liegen auf der Hand

phr. 자명하다, 명백하다

Wie konnte das übersehen werden? Das **liegt** doch **auf der Hand**!
어떻게 그것을 못 볼 수가 있어? 그건 그렇게 분명한데!

Folie ['fo:li̯ə]

G *f - n*

n. 은박지, 랩, (프레젠테이션) 페이지, 장

Zum Schutz der Produkte sind diese in **Folie** verpackt.
제품을 보호하기 위해 호일로 포장되어 있습니다.

---

einreichen ['ai̯n,ʀai̯çn̩]

⊜ abgeben, abliefern

v. 제출하다, 정돈하다, 소송을 제기하다, 진정하다, 건의하다

Ich habe alle Unterlagen zur Prüfung **eingereicht.**
나는 시험을 위한 모든 서류를 제출하였다.

---

indisponiert ['ɪndɪsponi:ɐ̯t]

⊜ unpässlich, nicht fit

a. 기분이 언짢은, 몸이 편치 않은

Ich fühlte mich **indisponiert.** 나는 컨디션이 나쁘다.

---

anfassen ['an,fasn̩]

⊜ ergreifen, berühren

v. 잡다, 붙잡다, 만지다, 다루다, 취급하다

Oh, wie niedlich die Welpen sind! Darf man die mal **anfassen**?
오, 강아지가 진짜 귀엽다! 만져도 되니?

Tournee [tʊʁ'ne:]

G *f - s/n*

n. 순회 공연

Weitere Stationen der **Tournee** sind unter anderem Chicago, Los Angeles und San Francisco.
계속되는 투어의 정거장은 시카고, 로스 앤젤레스 및 샌프란시스코가 포함됩니다.

---

renommiert [ʀenɔ'mi:ɐ̯t]

⊜ anerkannt, angesehen

a. 유명한, 이름난, 명성 있는, 평판이 좋은

Damit ist das designierte Führungsteam des **renommierten** Kulturfestivals nun komplett.
이로써 명성 있는 문화 축제의 내정된 팀이 지금 완성되었다.

---

sich grün und blau ärgern

phr. 몹시 화를 내다

Manchmal **ärgert** man **sich grün und blau** über eine verpasste Gelegenheit. 사람들은 가끔 놓친 기회에 대해서 몹시 화를 낸다.

20 Tag

1901~2000

klatschen ['klatʃn̩]

⊜ applaudieren, patschen

ⓥ 손뼉치다, 박수치다, 탁 하고 소리나다, 찰싹 때리다

Am Ende des Stücks wurde lange Beifall **geklatscht**.
작품의 끝에서 긴 박수 갈채를 받았습니다.

---

triumphal [tʀi'ʊmfa:l]

⊜ überragend, überwältigend

ⓐ 승리를 뽐내는, 의기 양양한

Dort wurden die Weltmeister von mehreren hunderttausend Menschen **triumphal** gefeiert.
거기에서 세계 챔피언이 수십만명으로부터 승리를 축하받았습니다.

---

sich verbeugen [fɛɐ̯'bɔɪ̯gn̩]

⊜ grüßen, sich verneigen

ⓥ 수그리다, 허리를 굽혀 인사하다, 절을 하다

Das Ensemble **verbeugte sich** vor dem Publikum.
그 극단은 관중들 앞에서 인사를 했다.

Applaus [a'plau̯s]

Ⓖ *m es e*

ⓝ 박수 갈채

Als der Violinvirtuose sich mehrmals verneigte, wurde er mit **Applaus** überschüttet. 바이올린 거장이 여러 번 인사를 할 때 쏟아지는 박수를 받았다.

---

avancieren [avɑ̃'si:ʀən]

⊜ aufsteigen, arrivieren

ⓥ 승진하다, 전진하다, 부상하다

Die Truppen **avancierten** früh am Morgen. 그 부대는 이른 아침에 전진했다.

Klischee [kli'ʃe:]

Ⓖ *n s s*

ⓝ 고정관념, 상투적인 생각

Wer sich mit nationalen Charaktereigenschaften beschäftigt, rührt an Stereotypen und **Klischees**.
국가적 성격상의 특징을 다루는 사람은 고정관념과 진부한 생각에 영향을 미친다.

---

sprengen ['ʃpʀɛŋən]

⊜ in die Luft jagen, zerschlagen

ⓥ 폭파하다, 폭발시키다, 깨뜨리다, 부수다, 질주하다

Beim Überfall kam es dazu, dass einige Fahrzeuge in die Luft **gesprengt** wurden. 습격으로 일부 차량이 폭파되었습니다.

---

knarren ['knaʀən]

⊜ ächzen, krachen

ⓥ 삐걱삐걱 소리내다, 삐걱거리다, 덜거덕거리다

Als er einen Treppenabsatz erreichte, begannen die Stufen erneut hässlich zu **knarren**.
그가 계단참에 도달했을 때 계단은 다시 이상한 삐걱 소리를 내기 시작했다.

---

knacken ['knakn̩]

⊜ knirschen, krachen

ⓥ 딱 소리를 내다, 쪼개다, 깨다

Der Ast **knackte** laut, während er zerbrach. 그 가지는 부러질 때 딱 소리가 났다.

variieren [vaʀi'i:ʀən]
⊜ abweichen, divergieren

v. 변화시키다, 바꾸다, 변주하다, 다르다

Lasst uns das Konzept mal ein bisschen **variieren**: Vielleicht klappt es dann besser. 우리가 그 개념을 약간 바꾸어 봅시다. 아마도 더 잘 맞을 것입니다.

---

der Wind pfeift

phr. 바람이 (휙소리) 씽 불다

Nur **der Wind pfeift** zwischen den Häusern wie durch Schluchten.
집들 사이에서 협곡을 통과하는 것처럼 휙 소리가 나게 바람이 분다.

---

tropisch ['tʀo:pɪʃ]
⊜ hochsommerlich, schwül

a. 열대의, 열대 지방의

Bei dem Hurrikan "Katrina" handelt es sich um einen extrem starken, **tropischen** Wirbelsturm.
허리케인 카트리나는 극도로 강한 열대 회오리입니다.

---

sich ableiten von ['apˌlaɪ̯tn̩]
⊜ stammen, entspringen

v. ~에서 이끌어내다, 도출하다, 유래하다, 파생하다

Der Ortsname könnte **sich von** einem römischen Söldner **ableiten**.
그 지명은 로마 용병에게서 파생된 것일수도 있습니다.

---

loben für ['lo:bn̩]
⊜ bekomplimentieren, belobigen

v. ~로 칭찬하다, 호평하다, 찬미하다

Wir **loben für** die geleistete Arbeit.
우리는 그 완료된 작업에 대해 찬사를 보냅니다.

Schöpfer ['ʃœpfɐ]
Ⓖ *m s -*

n. 창조자, 창시자, 신, 국자

Nicht jeder Mensch betrachtet Gott als seinen **Schöpfer.**
모든 사람이 하나님을 창조주로 여기지는 않는다.

Strömung ['ʃtʀø:mʊŋ]
Ⓖ *f - en*

n. 흐름, 유동, 조류, 동향, 경향

Bald kennen die Steuermänner die **Strömungen** und Gefahren auf der Fahrt zwischen Nordeuropa und Island besser, ist die Route weniger risikoreich als zuvor. 조종사들은 항해 시 북유럽과 아이슬란드 사이의 조류와 위험에 대해 더 잘 알고 있고, 그 경로는 이전보다 훨씬 덜 위험합니다.

Overall ['o:vəʀal]
Ⓖ *m s s*

n. 작업복

Der Mechaniker trug einen blauen **Overall**.
정비사는 파란색 작업복을 입었다.

---

dringend ['dʀɪŋənt]
⊜ eilig, dringlich

a. 시급한, 간절한, 절박한, 급한

Ich habe vergessen den Herd auszumachen. Ich muss **dringend** zurück nach Hause. 스토브를 끄는 것을 잊었어. 나는 빨리 집으로 돌아 가야해.

---

kariert [ka'ʀi:ɐ̯t]
⊜ gewürfelt, würfelig

a. 체크 무늬의, 바둑판 무늬의

Er ist ein leidenschaftlicher Golfer und trägt gern **karierte** Hosen.
그는 열정적인 골퍼이며 체크 무늬 바지를 좋아합니다.

---

robust [ʀo'bʊst]
⊜ stark, kräftig

a. 힘센, 튼튼한, 억센, 건장한, 둔감한

Das Produkt ist so **robust**, dass es dem Einsatz unter härtesten Bedingungen gewachsen ist.
이 제품은 매우 견고하기 때문에 가장 까다로운 조건에서도 사용할 수 있다.

den Vorzug geben

phr. 우수하다, 선호하다

Im Einzelfall wird man jedoch entscheiden müssen, ob man der Allgemeinbetäubung oder der örtlichen Betäubung **den Vorzug geben** will.
특수한 경우에는 일반적인 마취나 국소 마취 중에 어떤 것을 선호하는지 결정해야 합니다.

zur vollen Blüte kommen

phr. 전성기에 이르다, 만발하다

Da gibt es einige Pflanzen, die jetzt **zur vollen Blüte kommen**.
지금 만발한 식물들이 있습니다.

aufsetzen ['aʊ̯f,zɛtsn̩]
⊜ aufstülpen, aufnehmen

v. 놓다, 얹다, 씌우다, 기초하다, 작성하다

Auf der Baustelle hier muss jeder zu seiner Sicherheit einen Helm **aufsetzen**. 여기 건설 현장에서는 모두가 안전을 위해 헬멧을 착용해야 합니다.

schriftlich ['ʃʀɪftlɪç]
⊜ brieflich, schwarz auf weiß

a. 문서의, 글자의, 서면상의

Am Ende des Monats hatte er noch eine **schriftliche** Prüfung, auf die er sich vorbereiten musste. 월 말에 그가 준비해야 되는 필기 시험이 있었다.

integrieren [ˌɪnteˈɡʀiːʀən]
⊜ vereinen, zusammenführen

v. 통합하다, 통일하다, 합병하다, 가입시키다, 적분하다

Diese Funktion lässt sich nicht exakt, sondern nur numerisch **integrieren**. 이 함수는 오직 숫자로만 적분할 수 있습니다.

sich verzetteln [fɛɐ̯'tsɛtl̩n]
⊜ hängen bleiben, sich verplempern

v. (쓸데없는 일에) 정력을 소모하다, 불필요한 일을 하다

Er hatte **sich verzettelt** und musste die Idee wieder verwerfen.
그는 쓸데없는 일을 하였고 그 아이디어를 다시 빼 버려야 했습니다.

abwetzen ['ap,vɛtsn̩]
⊜ abreiben, sich abscheuern

v. 닳아 해지게 하다, 갈다

Elefanten können nicht in der freien Natur ihre Füße **abwetzen**.
코끼리는 자연적으로는 발을 닳아 해지게 할 수 없습니다.

aufstützen ['aʊ̯f,ʃtʏtsn̩]
⊜ aufsetzen, sich aufrichten

v. 괴다, 받치다, 버티다

Eine lange Diskussion kann dazu führen, dass wir den Kopf **aufstützen**. 긴 토론은 우리가 머리를 괴게 만들 수 있습니다.

Dutzend ['dʊtsn̩t]
Ⓖ *n s e*

n. 다스 (12개)

Ich habe heute zwei **Dutzend** Äpfel gekauft. 나는 오늘 2 다스의 사과를 샀다.

schmalzig ['ʃmaltsɪç]
⊜ schmierig, rührselig

a. 기름기의, 기름기 있는, 과장된, 감상적인

Ihre Erklärung dafür fällt allerdings nicht weniger **schmalzig** aus.
그들의 설명은 물론 과장이 없습니다.

quäken ['kvɛːkn̩]
⊜ quengeln, wimmern

v. 낑낑 소리가 나다, 우는 소리를 내다, 칭얼거리다

Der Säugling **quäkte** lautstark den ganzen Tag.
아기는 하루 종일 칭얼거린다.

Uraufführung ['uːɐ̯ʔaʊ̯f,fyːʀʊŋ]
Ⓖ *f - en*

n. 초연, 개봉, 개최

Die **Uraufführung** eines seiner Werke ist ein besonderes Ereignis für einen Komponisten. 그의 작품의 초연은 작곡가를 위한 특별 행사입니다.

beiwohnen ['baɪ̯ˌvoːnən]

⊜ teilnehmen, mitbekommen

v. 참석하다, 입회하다

Der Präsident **wohnte** der Vollversammlung **bei**.
대통령은 총회에 참석했습니다.

---

vereinen [fɛɐ̯'ʔaɪ̯nən]

⊜ integrieren, organisieren

v. 하나로 합치다, 합동하다, 조화시키다

König Sigmund **vereinte** die Herzogtümer der Gegend unter seinem Zepter. Sigmund 왕은 그의 주권 아래의 지방에 공작령을 통합했다.

---

bezwingen [bə'tsvɪŋən]

⊜ besiegen, überwinden

v. 제압하다, 극복하다, 억제하다, 진화하다, 정복하다

Er konnte seinen Gegner mit seiner Kraft **bezwingen**.
그는 그의 힘으로 상대방을 물리칠 수 있었습니다.

überstrapazieren

['yːbɐʃtʀapaˌtsiːʀən]

⊜ überlasten, überanstrengen

v. 지나치게 혹사하다, 무리하게 쓰다

Der Begriff "Nachhaltigkeit" wird in Wirtschaft und Politik eindeutig **überstrapaziert**.
"지속 가능성" 이라는 용어는 비즈니스와 정치에서 과도하게 남용되고 있습니다.

Knochen ['knɔχn̩]

G *m s -*

n. 뼈, 뼈조직, 골질

Der Hund kaut an einem **Knochen**. 그 개는 뼈를 씹고 있다.

---

abstufen ['apʃtuːfn̩]

⊜ abtreppen, staffeln

v. 차등화하다, 세분화하다, 계단식으로 만들다, 강등시키다

Die Unterstützung lässt sich in bis zu vier Modi **abstufen**.
최대 4 가지 모드까지 지원될 수 있습니다.

---

in Rechnung ziehen

phr. 고려하다, 참작하다

Wer über das Maß persönlicher Schuld befinden will, muss die Umstände **in Rechnung ziehen**.
누군가 개인적인 죄의 정도를 판단하기 원한다면 상황도 고려해야 합니다.

---

verschreiben [fɛɐ̯'ʃʀaɪ̯bn̩]

⊜ rezeptieren, verordnen

v. 처방하다, 소비하다

Der Arzt **verschrieb** ihm ein Antibiotikum. 그 의사가 항생제를 처방했습니다.

Begierde [bə'giːɐ̯də]

G *f - n*

n. 탐욕, 열망, 욕구, 정욕

Seine **Begierde** nach Macht war nicht zu zügeln.
권력에 대한 그의 탐욕은 멈출 수 없었습니다.

---

schäbig ['ʃɛːbɪç]

⊜ abgegriffen, abgenutzt

a. 닳아 떨어진, 너덜너덜한, 초라한, 인색한, 천박한, 비천한

In dem **schäbigen** Mantel lässt du dich hier sehen?
여기 너덜너덜한 코트 보이니?

---

geistlich ['gaɪ̯stlɪç]

⊜ kirchlich, religiös

a. 종교상의, 교회의, 성직자의

Im **geistlichen** Kurfürstentum Köln hatten inzwischen ebenfalls die Hexenprozesse sich zu häufen begonnen.
교회 선제후 세력 범위인 쾰른에서 그 동안 마녀 재판이 증가하기 시작했다.

Vorbehalt ['fo:ɐ̯bəˌhalt] — *n.* 유보, 보류, 제한, 조건

G *m (e)s e*

Mein Vorgesetzter teilte mir mit, mich unter **Vorbehalt** zu befördern.
상관은 내 승진이 제한된 조건 안에서만 가능하다는 것을 알려 주었다.

---

taufen ['tau̯fn̩] — *v.* 세례를 베풀다, 세례하다, 개종시키다

⊜ benennen, in die christliche Gemeinschaft aufnehmen

Zumindest in der evangelischen Kirche darf im Notfall jeder **taufen**; die Taufe ist dann der Kirche zu melden, da sie nicht zu wiederholen ist. 적어도 개신교 교회에서는 누구든지 필요시 세례를 받을 수 있습니다. 세례는 반복되어서는 안되기 때문에 교회에 보고해야 합니다.

---

raffen ['ʀafn̩] — *v.* 낚아채다, 약탈하다, 걷어 올리다, 요약하다

⊜ ergreifen, festnehmen

Er **raffte** eiligst seine Habseligkeiten an sich und verschwand.
그는 서둘러 자신의 소지품을 챙기고 사라졌습니다.

---

sticken ['ʃtɪkn̩] — *v.* 수 놓다, 자수하다

⊜ handarbeiten, nähen

Meine Großmutter **stickt** gerne. 할머니는 자수하기를 좋아합니다.

---

klopfen ['klɔpfn̩] — *v.* 두드리다, 가볍게 치다, 고동치다, 두근거리다, 치다, 박다

⊜ hämmern, schlagen

Erfolgt die Verbrennung bereits vor dem Arbeitstakt **klopft** der Motor. 파워 스트로크 이전에 연소가 발생하면 엔진이 노크 됩니다.

---

abonnieren [abɔ'ni:ʀən] — *v.* 정기 구독하다, 정기권을 구입하다

⊜ beordern, anfordern

Hast du schon die neue Fernsehzeitung **abonniert**?
이미 새로운 TV 신문을 구독하셨습니까?

---

abtreten ['apˌtʀe:tn̩] — *v.* 물러 나다, 퇴장하다, 양도하다

⊜ verlassen, wegtreten

Er **trat** von der Bühne **ab**. 그는 무대에서 물러났다.

---

abwärts ['apvɛʁts] — *adv.* 아래로, 아래쪽으로

⊜ hinunter, nieder

Es geht weiter **abwärts** mit der Aktie der Deutschen Bank, was derzeit scheinbar ganz dem Trend entspricht.
Deutsche Bank 의 주식 하락은 그 당시의 추세와 상당히 일치합니다.

---

hupen ['hu:pn̩] — *v.* 경적을 울리다

⊜ ein Signal geben, tuten

Eine Straßenbahn nach der anderen quietscht metallisch vor den Häusern vorbei. Autos **hupen**, Doppeldeckerbusse brummen im Stau. 한 전차가 집 앞에서 금속의 삐걱 소리를 내며 연이어 지나간다. 자동차는 경적을 울리고 2 층 버스는 교통 체증 안에서 부릉부릉 소리를 낸다.

---

einbringen ['ai̯nˌbʀɪŋən] — *v.* 가지고 들어오다, 저장하다, 이익을 내다, 회복하다, 보상하다

⊜ einsparen, einfahren

Er sucht eine Tätigkeit, die ihm viel Geld **einbringt**.
그는 돈을 많이 벌 수 있는 일을 찾고 있습니다.

---

ebenmäßig [e:bn̩'mɛ:sɪç] — *a.* 균형이 잘 잡힌, 대칭적인

⊜ gleichgewichtig, abgestimmt

Es ist wichtig, dass sich das Implantat überall **ebenmäßig** abbaut.
이식 조직이 전체적으로 균형 잡히게 분해되는 것이 중요하다.

Abscheu ['apʃɔɪ̯]
Ⓖ *m/f s x*
Ⓝ 혐오, 역겨움, 거부감, 싫증, 염증
Viele Menschen haben starke **Abscheu** vor Haferschleim.
많은 사람들은 오트밀에 대한 강한 혐오감을 가지고 있습니다.

faseln ['faːzl̩n]
⊜ schwatzen, labern
Ⓥ 헛소리하다, 되는 대로 지껄이다
Was **faselt** der da? Ich verstehe kein Wort!
뭐라고 지껄이니? 나는 하나도 이해 못 하겠다!

verrückt [fɛɐ̯'ʀʏkt]
⊜ wahnsinnig, abscheulich
Ⓐ 미친, 제정신이 아닌
Der Typ ist total **verrückt**. Halt dich von ihm fern.
그 남자는 완전히 미쳤다. 그에게서 떨어져.

flicken ['flɪkn̩]
⊜ stopfen, reparieren
Ⓥ 깁다, 수리하다, 때우다, 수선하다
Kyungmi versucht gerade ihren gebrauchten indischen Teppich zu **flicken**. 경미는 중고 인도 카펫을 수선하려고 합니다.

rüsten ['ʀʏstn̩]
⊜ vorbereiten, aufrüsten
Ⓥ 무장하다, 준비하다, 마련하다, 채비하다
Der Feind **rüstet** zum Krieg. 적이 전쟁 준비를 합니다.

schmähen ['ʃmɛːən]
⊜ beschimpfen, beleidigen
Ⓥ 욕하다, 비방하다, 헐뜯다, 험담하다
Sie darf Kimmy nicht mehr **schmähen**. 그녀는 Kimmy 를 더 이상 욕해서는 안됩니다.

kerben ['kɛʁbn̩]
⊜ gravieren, ritzen
Ⓥ 눈금을 새기다, 자른 자국을 내다
Als Gedächtnisstütze wurde das Holz **gekerbt**.
잊지 않기 위해 나무에 눈금을 새겼다.

periodisch [pe'ʀi̯oːdɪʃ]
⊜ zyklisch, chronisch
Ⓐ 주기적인, 정기적인, 순환하는
Sie leidet unter diesen **periodisch** wiederkehrenden Beschwerden und ist seit langem auf der Suche nach einer Behandlung, die langfristig bleibende Erfolge aufweist. 그녀는 이러한 재발하는 질병에 시달리고 장기간 지속 효과가 가능한 치료법을 오랫동안 찾고 있습니다.

beipflichten ['baɪ̯ˌpflɪçtn̩]
⊜ beistimmen, übereinstimmen
Ⓥ 찬성하다, 동의하다, 시인하다
Dieser Argumentation kann man nur **beipflichten**.
이 추론은 수락될 수 있습니다.

untergehen ['ʊntɐˌgeːən]
⊜ niedergehen, versinken
Ⓥ 해가 지다, 넘어가다, 가라앉다, 침몰하다, 소리가 낮아지다, 몰락하다, 멸망하다
Die Sonne wird in zwei Stunden **untergehen**. 2 시간 후에 해가 진다.

quetschen ['kvɛʧn̩]
⊜ einklemmen, zermalmen
Ⓥ 다지다, 눌러 부수다, 빻다, 으깨다, 죄다, 압착하다
Ich habe mir den Finger **gequetscht**. 나는 손가락을 찧었다.

tändeln ['tɛndl̩n]
⊜ flirten, turteln
Ⓥ 장난하다, 농락하다, 희롱하다, 시시덕거리다, 장난하다
Die beiden Frauen **tändelten** danach wieder versöhnt am Meer herum und gingen an uns vorbei, als hätten sie uns nie gekannt.
두 여자는 바닷가에서 화해하고 장난치며 놀고 있었고, 그들은 우리를 결코 알지 못하는 것처럼 우리를 지나쳤습니다.

eigentümlich ['aɪ̯gn̩ˌtyːmlɪç]
⊜ eigen, kennzeichnend

a. 소속의, 소유의, 고유의, 특유한, 특이한, 이상한

Werke im Sinne dieses Gesetzes sind **eigentümliche** geistige Schöpfungen auf den Gebieten der Literatur, der Tonkunst, der bildenden Künste und der Filmkunst. 법적인 의미 내에서의 작품은 문학, 음악, 미술 및 영화 예술 분야의 독특한 지적 제작물입니다.

---

insofern [ɪnzoˈfɛʁn]
⊜ darum, deshalb

adv. 거기까지는, 그 점에 있어서는
präp. ~인 한

Er war **insofern** schuld an dem Unfall, dass er zu schnell gefahren ist. 그 점에 있어서는 그는 너무 빨리 몰았다는 사고의 책임이 있다.

---

garstig [ˈgaʁstɪç]
⊜ böse, hässlich

a. 싫은, 야비한, 더러운, 예의없는, 역겨운

Sei nicht so **garstig** zu deiner Schwester! 누나에게 너무 심하게 굴지마!

Versäumnis [fɛɐ̯ˈzɔɪ̯mnɪs]
G *n ses se*

n. 태만, 실수, 직무태만, 불이행, 소홀함

Die **Versäumnisse** der Vergangenheit wiegen schwer. 과거의 태만에 대한 무게는 무겁다.

---

jede Menge

phr. 아주 많이, 원하는 만큼

Jede Menge Spaß und Action will die Gemeinde den Kindern in den Sommerferien anbieten. 그 지방 자치 단체는 여름 방학에 어린이들에게 많은 재미와 액션을 제공하기를 원합니다.

---

gähnen [ˈgɛːnən]
⊜ klaffen, aufstehen

v. 하품하다, 입을 크게 벌리다

Während der Aufführung **gähnte** er mehrfach. 그는 공연 도중 여러 번 하품을 했다.

---

niederträchtig [ˈniːdɐˌtʁɛçtɪç]
⊜ böse, hässlich

a. 비열한, 악랄한, 수치스러운, 극심한

Das ist nichts als die **niederträchtige** Verleumdung eines niederträchtigen Burschen. 이것은 오직 사악한 자의 비열한 비방일 뿐이다.

---

wiederkäuen [ˈviːdɐˌkɔɪ̯ən]
⊜ aufwärmen, auskramen

v. 되새김질하다, 되풀이하여 씹다, 반추하다

Das merkt man auch daran, dass sie im Melkstand stehen und **wiederkäuen**. 그들이 착유소에 서서 되새김질을 하는 것을 알 수 있습니다.

---

sich anmaßen [ˈanˌmaːsn̩]
⊜ wagen, sich erdreisten

v. 감히 ~하다, 차지하다

Der Staat kann **sich** nicht **anmaßen**, an Stelle der Religionsgemeinschaften zu definieren, was Religion ist. 국가는 종교 공동체 대신해서 종교가 무엇인지 정의할 수는 없다.

---

ein Dorn im Auge sein

phr. 눈의 가시다, 눈꼴사납다

Die miese Wahlbeteiligung im Land Bremen **war** der Politik **ein Dorn im Auge.** 브레멘 주에서의 나쁜 투표율은 정치 측면에서 눈의 가시였습니다.

---

barsch [baʁʃ]
⊜ frostig, schroff

a. 쌀쌀맞은, 매정한, 퉁명스런, 무뚝뚝한

Er wurde **barsch** zurückgewiesen. 그는 가혹하게 거절당했습니다.

geflissentlich [gəˈflɪsn̩tlɪç]

⊜ absichtlich, vorsätzlich

a. 의도적인, 고의의

adv. 고의로, 의도적으로

Stop-Schilder werden von Autofahrern **geflissentlich** übersehen.
운전자는 정지 신호를 고의로 간과했다.

---

liederlich [ˈliːdɐlɪç]

⊜ nachlässig, ungepflegt

a. 태만한, 부주의한, 소홀한, 방탕한, 파렴치한

Sie ist ein **liederliches** Frauenzimmer und ein ordentlicher Mann geht ihr besser aus dem Weg.
그녀는 방탕한 여성이고 품위 있는 남자는 그녀의 길을 비켜 주었다.

---

schmunzeln [ˈʃmʊnʦl̩n]

⊜ grinsen, lächeln

v. 낄낄 웃다, 싱긋싱긋 웃다, 벙글거리다

Ich musste über meinen neuen Lehrer **schmunzeln**, weil er unsicher in seinen Ausführungen war.
나는 새로운 선생님이 능숙하지 못하게 말을 했기 때문에 낄낄 웃었다.

---

abtrünnig [ˈaptʀʏnɪç]

⊜ treulos, verräterisch

a. 배신적인, 배반한, 변절한

Auf einen **abtrünnigen** Mitstreiter mehr oder weniger kommt es nicht mehr an. 배신한 아군은 더 이상 중요하지 않습니다.

---

die Runde machen

phr. 널리 알려지다, 소문이 퍼지다, 한바퀴 돌리다

Es **macht** das Gerücht **die Runde**, er sei schwul. 그가 게이라는 소문이 납니다.

---

verordnen [fɛɐ̯ˈʔɔʁdnən]

⊜ anordnen, anweisen

v. 지령하다, 규정하다, 임명하다, 처방하다

Der Arzt **verordnete** dem Patienten Ruhe. 의사는 환자 휴식을 처방했습니다.

Angeklagte [ˈangəˌklaːktə]

Ⓖ *m/f n n*

n. 피고, 피공소인

Polizei und Justiz begehen fatale Fehler. Sie missachten deutliche Hinweise, die die **Angeklagte** entlasten würden. 경찰과 사법부는 치명적인 실수를 범합니다. 그들은 피고의 혐의를 풀 명백한 증거를 무시했습니다.

---

veranschaulichen [fɛɐ̯ˈʔanʃaʊ̯lɪçn̩]

⊜ auseinandersetzen, ausgestalten

v. 구체적으로 설명하다, 나타내다, 분명하게 알게 하다, 명시하다

Du solltest deine sehr theoretischen Ausführungen besser **veranschaulichen**, sonst schläft das Publikum beim Vortrag ein.
당신은 당신의 이론적인 발언을 더 잘 설명해야 합니다. 그렇지 않으면 관객은 강의 도중에 잠들 것입니다.

---

wiegen [ˈviːgn̩]

⊜ einwiegen, schaukeln

v. 무게를 달다, 무게가 ~이다, 흔들다, 흔들어 움직이다, 잘게 썰다

Der Kürbis **wog** zwei Kilogramm. 이 호박의 무게는 2 킬로그램입니다.

Biene [ˈbiːnə]

Ⓖ *f - n*

n. 벌, 꿀벌

Die **Bienen** fliegen von einer Blüte zur nächsten, um den darin enthaltenen Nektar zu sammeln.
꿀벌은 꿀을 수집하기 위해서 꽃에서 꽃으로 날아다닙니다.

---

zufrieren [ˈʦuːˌfʀiːʀən]

⊜ gefrieren, vereisen

v. 얼어붙다, 결빙하다, 동결하다

Damit ein Gewässer **zufriert**, muss es lange Zeit sehr kalt sein.
물이 얼려면 오랜 시간 동안에 매우 차가워야 합니다.

Aufsatz ['auf,zats]

Ⓖ *m es ä-e*

n. 작문, 논문, 논설

Dein **Aufsatz** ist zwar interessant, aber zu fehlerhaft.
당신의 에세이는 재미는 있지만 결함이 있습니다.

---

ausdehnen ['aus,de:nən]

⊜ anwachsen, verbreitern

v. 넓히다, 팽창시키다, 확대하다, 늘이다, 펴다

Während Russland seinen Machtbereich auf dem Balkan **ausdehnen** wollte, ging es England darum, die deutschen Kolonien zu übernehmen. 러시아가 발칸 지역에 영향력을 확대하기를 원하는 동안에 영국은 독일 식민지를 장악하려고 했습니다.

---

genesen [gə'ne:zn̩]

⊜ aufkommen, gesunden

v. 낫다, 회복하다, 치유하다

Nachdem er von seiner Krankheit **genesen** war, konnte er sich wieder dem Turnen widmen.
그는 병에서 회복한 후 다시 체조에 몰두 할 수 있었습니다.

---

schneien ['ʃnaiən]

⊜ fisseln, stöbern

v. 눈이 오다

Auf dem Heimweg hat es angefangen zu **schneien**.
집에 돌아오는 길에 눈이 내리기 시작했습니다.

---

hocken ['hɔkən]

⊜ kauern, sitzen

v. 쪼그리고 앉다, 웅크리고 앉다, 움츠리다, 처박혀있다

Er **hockt** stundenlang vor dem Fernseher.
그는 몇 시간 동안 TV 앞에서 웅크리고 있습니다.

---

büßen ['by:sn̩]

⊜ sühnen, herhalten

v. 보충하다, 채우다, 만족하다, 보상하다, 참회하다

Mit dieser Zahlung hat er die Schädigung reichlich **gebüßt**.
이 지불로 그는 그 피해를 충분히 보상했습니다.

---

nie und nimmer

phr. 결코 ~ 아니다

Das war **nie und nimmer** ein UFO! 그것은 결코 UFO가 아니였다.

---

eitel ['aitəl]

⊜ selbstgefällig, selbstverliebt

a. 우쭐한, 자만심이 센, 허영심이 강한, 화려한

Ich war zu **eitel** für so etwas und verließ den Laden nach etwas mehr als zwei Jahren. 나는 너무 허영심이 강했고 2 년 조금 넘게 가게를 떠났었다.

---

erquicken [ɛɐ̯'kvɪkn̩]

⊜ anregen, aufmuntern

v. 생기가 나게 하다, 기분을 상쾌하게 하다, 위로하다, 보양하다

Ich **erquickte** mich am frischen Wasser! 신선한 물로 생기가 난다.

---

lechzen ['lɛçtsn̩]

⊜ fiebern, dürsten

v. 마르다, 건조하다, 고갈하다, 헐떡이다, 갈망하다

Ich **lechze** nach einem Schluck Wasser. 나는 물 한 잔을 갈망한다.

---

des Öfteren [dɛs 'œftəʀən]

⊜ mehrfach, häufig

adv. 종종, 자주, 번번이

Des Öfteren musste ich ihn auffordern, seine Hausaufgaben zu machen. 종종 나는 그에게 숙제를 하라고 말해야 했다.

---

auf eigene Faust

phr. 자력으로, 독단적인, 혼자 힘으로

Lieber ein Narr sein **auf eigene Faust**, als ein Weiser nach fremdem Gutdünken! 남의 판단에 맞긴 똑똑한 사람보다 차라리 혼자 힘으로 하는 바보가 낫다.

21 Tag

2001~2100

---

alles in allem

phr. 전체적으로, 종합적으로, 요컨대

Die Bewerbung habe **alles in allem** etwa 123.000 Euro gekostet.
신청비는 총 123,000 유로입니다.

---

urwüchsig ['uːɐ̯ˌvyːkːzɪç]

⊜ echt, natürlich

a. 야생의, 자연 그대로의, 본연의, 꾸미지 않은

Nämlich ist es ganz **urwüchsig** und freilich doch ganz anders, als wir es uns vorgestellt haben. 즉, 그것은 매우 소박하고 당연히 상상했던 것과는 완전히 다르다.

Abgrund ['apˌɡʀʊnt]

Ⓖ *m (e)s ü-e*

n. 심연, 파멸, 타락, 나락

Sie blickten in einen tiefen **Abgrund**, der sich rechts und links weit hinzog. 그들은 좌우로 뻗은 깊은 심연을 들여다보았다.

---

hehlen ['heːlən]

⊜ schieben, verbergen

v. 감추다, 숨기다, 은닉하다

Nun ist er zurück und will, wie gewohnt, wieder rauben und **hehlen**.
이제 그는 돌아와서 평소처럼 다시 빼앗고 은닉하길 원했다.

---

zugute kommen

phr. 유익하게 하다, 유용하다, 도움이 되다

Die neue Förderung soll jährlich mehr als 200.000 Familien **zugute kommen**. 새로운 기금은 매년 20 만 이상의 가족에게 도움을 줄 것입니다.

---

mit etwas Schritt halten

phr. ~와 같은 속도로 걷다, 발걸음을 맞추다

Investoren müssen **mit** der Digitalisierung **Schritt halten** lernen.
투자자는 디지털화를 따라잡는 법을 배워야 합니다.

---

kränken ['kʀɛŋkn̩]

⊜ beleidigen, schmerzen

v. 마음을 상하게 하다, 모욕하다, 괴롭히다

Deine Missachtung meiner Person **kränkt** mich sehr.
내 사람에 대한 너의 무시는 나를 매우 불쾌하게 한다.

---

verleumden [fɛɐ̯'lɔɪ̯mdn̩]

⊜ verlästern, diffamieren

v. 중상하다, 비방하다, 헐뜯다, 험담하다

Jemand musste Kim **verleumdet** haben, denn ohne dass er etwas Böses getan hätte, wurde er eines Morgens verhaftet.
누군가가 김씨를 중상 모략한 것이 틀림없다. 왜냐하면 그는 어떠한 나쁜 행동도 행한 것 없이 어느 날 아침 체포되었기 때문이다.

übers Ohr hauen

phr. 속이다

Beim Kauf meines Gebrauchtwagens wurde ich **übers Ohr gehauen**!
나는 중고차를 살 때 속았다!

Korrespondenz
[kɔʀɛspɔn'dɛnts]
G f - en

n. 서신 왕래, 서신, 편지

Zwischendurch hatte es regelmäßig **Korrespondenz** wegen der Forschungsgruppe gegeben. 때때로 연구팀 때문에 정기적인 서신 왕래가 있었습니다.

---

rieseln ['ʀiːzl̩n]
⊜ rinnen, fließen

v. 졸졸 흐르다, 이슬비가 내리다

Ein feiner Sand ist von der Klippe **gerieselt**. 절벽에서 고운 모래가 흐른다.

---

prellen ['pʀɛlən]
⊜ betrügen, ausschmieren

v. 속이다, 기만하다, 충돌하다

Als der Gast die Zeche **prellte**, rief der Wirt die Polizei.
손님이 청구서를 속였을 때, 주인은 경찰에 전화했다.

Anschauung ['anʃaʊ̯ʊŋ]
G f - en

n. 바라봄, 관찰, 직관, 의견, 견해

Die **Anschauung** des Materials wird noch längere Zeit in Anspruch nehmen. 자료 관찰에 긴 시간이 걸릴 것입니다.

---

aufdrehen ['aʊ̯fˌdʀeːən]
⊜ aufschrauben, öffnen

v. 틀어 열다, 나사를 풀다

Kannst du mir bitte die Flasche **aufdrehen**? 이 병 뚜껑 좀 열어 줄 수 있어?

---

zerlegen [ˌtsɛɐ̯'leːgn̩]
⊜ aufdröseln, auflösen

v. 나누다, 흩어지게 하다, 해체하다, 분해하다

Der Koch **zerlegte** die gebratene Gans fachmännisch.
요리사는 로스트 거위를 전문적으로 해부했습니다.

---

in die Quere kommen

phr. 방해하다, 우연히 마주치다, 길을 가로막다

Sollten Pkw und Lkw sich **in die Quere kommen**, dann muss ein Fahrzeug zurückweichen, da es keine Ausweichmöglichkeiten gibt.
자동차와 트럭이 서로 마주쳤을 때 피할 방법이 없으면 한 차량이 피해줘야 합니다.

---

beabsichtigen
[bə'ʔapzɪçtɪgn̩]
⊜ vorhaben, wollen

v. 의도하다, 목적하다, 꾀하다

Ich **beabsichtige**, im Sommer nach Korea zu fliegen.
나는 여름에 한국으로 날아갈 계획이다.

---

zuweilen [tsu'vaɪ̯lən]
⊜ ab und zu, manchmal

adv. 때때로, 가끔

Zuweilen treibe ich mich im Chat herum. 때때로 나는 채팅 안에서 배회한다.

---

gären ['gɛːʀən]
⊜ säuern, brodeln

v. 발효하다, 발효시키다

Die Lebensmittel **goren** über mehrere Wochen im Kühlschrank.
그 음식은 몇 주 동안 냉장고에서 발효되었다.

---

zu nahe treten

phr. 화나게 하다, 감정을 상하게 하다

Tut mir leid, ich wollte dir nicht **zu nahe treten**.
미안해, 너를 불쾌하게 할 뜻은 아니였어.

---

im Zeichen von etwas stehen

phr. 특성을 지니다, 특성을 가지다

Die Abende **stehen im Zeichen von** Live-Musik.
저녁에는 라이브 음악이 나오는 특성이 있다.

streicheln ['ʃtʀaɪ̯çl̩n]
⊜ kraulen, tätscheln

Ⓥ 쓰다듬다, 어루만지다, 애무하다

Herr. Lim **streichelt** glücklich ihren Hamster.
Mr. Lim 은 행복하게 햄스터를 쓰다듬었다.

---

zugrunde gehen

phr. 초토화되다, 망하다, 상하다, 침몰하다, 파멸하다

Man lässt sie gewähren, sonst könnte ja das Königreich **zu grunde gehen.** 그들을 내버려둬야 합니다, 그렇지 않으면 왕국이 파멸할 수도 있습니다.

---

austragen ['aʊ̯sˌtʀaːgn̩]
⊜ ausfechten, ausmachen

Ⓥ 배달하다, 해결하다, 조정하다, 개최하다

Er **trägt** seit dreißig Jahren die Post **aus.** 그는 30 년 동안 편지를 배달했습니다.

---

sich verweilen [fɛɐ̯'vaɪ̯lən]
⊜ leben, wohnen

Ⓥ 머무르다, 체재하다, 체류하다, 시간이 걸리다

Da können die Kinder **sich verweilen,** während Mama liest, diskutiert oder Kaffee trinkt.
엄마가 독서를 하거나, 이야기를 하거나, 커피를 마시는 동안에 아이는 여기 머물 수 있습니다.

---

verhüten [fɛɐ̯'hyːtn̩]
⊜ abwehren, abwenden

Ⓥ 방지하다, 피하다, 예방하다, 저지하다

Kondome **verhüten** nicht nur, sie schützen auch vor vielen Krankheiten. 콘돔은 예방할 뿐만 아니라 많은 질병을 막는다.

---

dröhnen ['dʀøːnən]
⊜ wummern, donnern

Ⓥ 와글거리다, 울리다, 떨리다, 흔들리다, 진동하다

Lärm **dröhnt** durch die Nacht. 밤에 소음이 울립니다.

---

satthaben ['zatˌhaːbn̩]
⊜ hassen, überbekommen

Ⓥ 싫증나다, 지겹다

Ich **habe** deine dummen Kommentare jetzt endgültig **satt.**
나는 마침내 너의 바보 같은 말에 질려버렸다.

---

angeln ['aŋl̩n]
⊜ fischen, anmachen

Ⓥ 유혹하다, 낚다, 낚시질하다

"Jetzt geh' ich mir ein nettes Mädchen **angeln**!"
"이제 나는 괜찮은 여자를 낚으러 갈거야!"

---

gleichsam ['glaɪ̯çzaːm]
⊜ sozusagen, wie

adv. 말하자면, 보기를 들면, 이를테면, 마치, 꼭

Ich fühlte mich **gleichsam** wie neugeboren.
나는 말하자면 다시 태어난 것처럼 느꼈다.

---

tummeln ['tʊml̩n]
⊜ herumspringen, hetzen

Ⓥ 분주히 움직이게 하다, 빙빙 돌다, 서두르다

Tummle dich! Wir kommen sonst zu spät ins Theater.
빨리 움직여라! 그렇지 않으면 우리는 연극에 늦을 거야.

---

verspeisen [fɛɐ̯'ʃpaɪ̯zn̩]
⊜ verzehren, vertilgen

Ⓥ 즐겁게 먹다

Die Gäste hatten im Nu den leckeren Puter **verspeist.**
손님들은 맛있는 칠면조를 즉시 먹어 치웠습니다.

---

erwägen [ɛɐ̯'vɛːgn̩]
⊜ bedenken, überlegen

Ⓥ 고려하다, 숙고하다, 음미하다, 조사하다

Wir **erwägen** eine neue Niederlassung in Belgien zu gründen.
우리는 벨기에에 새로운 지사를 설립할 것을 고려 중입니다.

sich erbarmen [ɛɐ̯ˈbaʁmən]

⊜ leidtun, dauern

v. 불쌍히 여기다

Erst nach endlosem Bitten und Flehen hatte sie **sich** seiner **erbarmt**.
끝없는 기도와 간청 끝에 그녀는 그를 불쌍히 여겼다.

---

um ein Haar

phr. 하마터면, 약간

Während ich unter meiner Plüschglocke vor mich hin fantasiere, verpasse ich **um ein Haar** meinen Flug.
내가 자신만의 세계에서 상상하는 동안 하마터면 나는 내 비행기를 놓칠 뻔했다.

---

durchaus [dʊʁçˈʔaʊ̯s]

⊜ absolut, total

adv. 전적으로, 완전히, 절대로, 결단코, 무조건

Sie wollten **durchaus** gewinnen, konnten sich aber nicht durchsetzen. 그들은 결단코 이기고 싶었지만 승리할 수 없었습니다.

---

jubeln [ˈjuːbl̩n]

⊜ jauchzen, triumphieren

v. 환성을 지르다, 환호하다, 즐겁게 지내다

Maria **jubelt** über ihren ersten Sieg auf der WTA-Tour.
마리아는 WTA 투어에서 그녀의 첫 승리에 환호합니다.

---

gemach [ɡəˈmaːχ]

⊜ gemächlich, langsam

adv. 유유히, 침착하게, 고요히

Ganz **gemach** ging die Sonne auf. 완전히 고요하게 해가 떴다.

---

bei Nacht und Nebel

phr. 아무도 모르게, 몰래

Die Werbeschilder entlang der Autobahn sind **bei Nacht und Nebel** abgebaut worden. 고속도로의 광고 표지는 아무도 모르게 해체되었습니다.

---

akkurat [akuˈʀaːt]

⊜ gewissenhaft, exakt

a. 면밀한, 꼼꼼한, 단정한, 정확한

Äußerst sorgfältig und **akkurat** ist das Korbgeflecht aus Vollweide von Hand auf eine stabile Unterkonstruktion gearbeitet. 매우 꼼꼼하고 면밀하게 그 광주리 바구니는 안정된 구성으로 고리 버들로 손으로 만들어졌습니다.

---

einschreiten [ˈaɪ̯nʃʀaɪ̯tn̩]

⊜ durchgreifen, eingreifen

v. 대응하다, 관여하다, 단호한 태도를 취하다

Als die Situation eskalierte, **schritt** die Polizei **ein**.
상황이 악화됨에 따라 경찰이 개입했습니다.

---

sich räuspern [ˈʀɔɪ̯spɐn]

⊜ hüsteln, husten

v. (말하기 전에) 헛기침하다

Sie **räusperte sich** deutlich und forderte damit das Wort für sich.
그녀는 헛기침을 했고 주의 집중해 줄 것을 요구했다.

---

verdammen [fɛɐ̯ˈdamən]

⊜ aburteilen, ächten

v. 벌하다, 헐뜯다, 비난하다

Die Sünder wurden allesamt **verdammt**. 죄인들은 모두 비난을 받았습니다.

---

zermalmen [tsɛɐ̯ˈmalmən]

⊜ zerquetschen, zerstoßen

v. 으스러뜨리다, 눌러 부수다, 분쇄하다, 뭉그러뜨리다

Für den Kuchen müssen Nüsse **zermalmt** werden.
견과류를 케이크를 위해 부셔야 합니다.

bürokratisch [byʀoˈkʀaːtɪʃ]

⊖ administrativ, behördlich

a. 관료주의의, 형식적인

Der klassische Schüleraustausch ist beliebt, aber teuer und **bürokratisch** aufwendig. Viel einfacher ist die Begegnung unterschiedlicher Kulturen übers Netz. 전형적인 교환 학생은 인기는 있지만 비싸고 형식적인 낭비입니다. 인터넷을 통한 여러 문화의 만남이 훨씬 간단합니다.

---

dulden [ˈdʊldn̩]

⊖ annehmen, durchhalten

v. 허용하다, 참다, 견디다, 감수하다

Sie **duldete** seine Anwesenheit, solange er ihre Geschenke machte. 그가 그녀에게 선물을 주는 동안은 그가 있는 것을 허용하였다.

---

gerinnen [ɡəˈʀɪnən]

⊖ klumpen, schlickern

v. 응고하다, 응결하다, 굳다

Die Milch war leider **geronnen**. 안타깝게도 우유가 응결되었습니다.

---

unter den Tisch fallen

phr. 무시되다, 고려하지 않다

Viele wichtige Informationen **fallen unter den Tisch**. 많은 중요한 정보가 고려되지 않았다.

---

gebühren [ɡəˈbyːʀən]

⊖ zustehen, gehören

v. 당연히 ~에 속하다, 상응하다

Für ihre freundliche Hilfe **gebührt** ihr unser Dank. 친절한 도움을 주셔서 감사합니다.

---

entschädigen [ɛntˈʃɛːdɪɡn̩]

⊖ ersetzen, erstatten

v. 갚다, 배상하다, 변상하다, 보상하다

Ich wurde als Unfallopfer von der gegnerischen Versicherung **entschädigt**. 나는 상대 보험 회사에 의해 사고 희생자로서 보상 받았다.

---

schälen [ˈʃɛːlən]

⊖ abgehen, auslösen

v. 껍질을 벗기다, 껍데기를 까다, 탈곡하다, 발라내다

Schäl doch mal die Kartoffeln, ich bereite in der Zeit das Fleisch vor! 감자 껍질을 벗겨주세요, 그동안 나는 고기를 준비하겠습니다!

Schlusslicht [ˈʃlʊsˌlɪçt]

Ⓖ *n (e)s er*

n. 꼴찌, 후미등, 최하위

Er war bei unseren Skiausflügen immer das **Schlusslicht**. 그는 스키 여행할 때 항상 꼴찌였다.

Embryo [ˈɛmbʀio]

Ⓖ *m/n s nen/s*

n. 태아

Etwa zwanzig Prozent aller **Embryos** sterben, bevor sie geboren werden, nicht gerechnet die Zahl der durch Abtreibung umgebrachten. 낙태로 죽는 수를 계산하지 않아도 태어난 전의 모든 태아의 약 20 %가 사망한다.

---

hauchen [ˈhaʊ̯xn̩]

⊖ behauchen, blasen

v. 숨을 내쉬다, 입김을 내다, 속삭이다, 불어넣다

In die kalte Luft zu **hauchen**, machte ihren Atem sichtbar. 차가운 공기로 입김을 내시면 숨 쉬는 게 눈에 보인다.

---

beißen [ˈbaɪ̯sn̩]

⊖ kauen, mümmeln

v. 물다, 깨물다, 물어 뜯다, 씹다

Der Nachbarshund hat mich **gebissen**. 이웃집 개가 나를 물었다.

---

säen [ˈzɛːən]

⊖ bewirtschaften, kultivieren

v. 씨뿌리다, 파종하다

Der Gärtner hat Samen **gesät**. 정원사는 씨를 뿌렸다.

emsig ['ɛmzɪç]
⊜ fleißig, geschäftig

a. 부지런한, 민첩한, 활동적인, 분주한

Emsig sammeln die Kinder den Müll vom Schulhof auf und bringen ihn zum Hausmeister. 아이들은 학교에서 쓰레기를 열심히 모아서 관리인에게 가져갑니다.

---

fortsetzen ['fɔʁtˌzɛtsn̩]
⊜ anhalten, fortführen

v. 계속하다, 속행하다, 제거하다, 치우다

Wir haben unser Gespräch ohne Pause bis in die späten Nachtstunden **fortgesetzt.** 우리는 휴식없이 밤 늦게까지 대화를 계속했습니다.

---

begutachten [bəˈguːtˌʔaχtn̩]
⊜ abnehmen, beurteilen

v. 채점하다, 감별하다, 감정하다, 추천서를 제출하다

Die Magistratsabteilung 25 überwachte die Rauchfangreinigung in städtischen Gebäuden und **begutachtet** private Bäder, Heizungs- und Lüftungsanlagen. 관청 25 부서는 도시 건물의 굴뚝 청소를 감독하고 개인 욕실, 난방 및 환기 시스템을 검사한다.

---

taumeln ['tau̯mln̩]
⊜ schaukeln, wackeln

v. 비틀거리다, 몸을 못 가누다, 휘청거리다

Nach dem Kneipenbesuch **taumeln** die Gäste nach Hause.
선술집 방문 후 손님들은 비틀거리며 집에 가고 있다.

---

lindern ['lɪndɐn]
⊜ mildern, reduzieren

v. 누그러지게 하다, 완화시키다, 덜어주다, 약하게 하다

Bei Husten kann man einen **lindernden** Kräutertee geben.
기침할 때 진정될 수 있는 약초차를 줄 수 있습니다.

Festplatte ['fɛstplatə]
G *f - n*

n. 하드 디스크

Moderne **Festplatten** haben Kapazitäten von über einem Terabyte.
현대의 하드 드라이브는 1 테라바이트 이상의 용량을 가지고 있습니다.

---

auswägen ['au̯sˌvɛːgn̩]

v. 측정하다, 재다, 검정하다, 균형잡다

Hier muss jeder für sich selbst einen Kompromiss aus Stromsparen und Performance **auswägen.** 누구나 절전과 성능 간의 절충안을 비교해야 합니다.

Verstopfung [fɛɐ̯ˈʃtɔpfʊŋ]
G *f - en*

n. 변비, 막기

Nicht jeder, der keinen täglichen Stuhlgang hat, leidet an **Verstopfung.** 매일 배변 활동을 하지 않는 사람은 누구나 변비가 있습니다.

Herzarterie [hɛʁtsˌarˈteːri]
G *f - n*

n. 심장 동맥

Wir haben erkannt, dass moderate Teetrinker geringere Kalziumablagerungen in der **Herzarterie** aufweisen.
적당히 차를 마시는 사람들은 관상 동맥에 칼슘 침착이 적다는 것을 알고 있습니다.

Winzer ['vɪntsɐ]
G *m s -*

n. 포도원 주인, 포도 재배자

Die **Winzer** von Saale und Unstrut rechnen mit erheblichen Ertragseinbußen.
Saale 과 Unstrut 지방의 포도 재배자들은 수확의 상당한 손실을 예상합니다.

---

sich zwingen ['tsvɪŋən]
⊜ bewältigen, sich überwinden

v. 참다, 자제하다, 참고 억지로 하다

Bum Jun **zwang sich** täglich dazu, fleißig an seiner Masterarbeit zu werkeln. 범준은 매일 자신의 석사 논문 작업에 열심히 노력해야 했습니다.

sich zwängen ['tsvɛŋən]
⊜ drängen, drücken

(v.) 무리하게 떠밀치며 지나가다

Ich **zwängte mich** durch die Ansammlung von Schaulustigen.
나는 구경꾼들의 인파를 헤치고 나아갔다.

---

an etwas herangehen

(phr.) 어떤 일에 착수하다

Er ist vom ersten Tag an zu aufgeregt **an** seinen Job **herangegangen** und hat viel falsch gemacht.
그는 처음부터 자신의 일에 너무 흥분하고 많은 잘못을 저질렀습니다.

---

beiseite stellend

(phr.) ~은 논외로 하고, 별도로 하고

Alle ihre Zweifel **beiseite stellend**, trat sie vor den Altar.
그녀는 모든 망설임을 제쳐 두고 제단 앞을 밟았습니다.

---

halten für ['haltn̩]
⊜ erachten als, ansehen als

(v.) ~로 간주하다, ~로 생각하다

Ich **halte** das Ganze **für** ausgemachten Schwachsinn.
나는 모든 것이 완전한 헛소리로 간주한다.

---

pochen auf ['pɔχn̩]
⊜ einfordern, verlangen

(v.) 주장하다, 장담하다, 큰소리치다

Der Krankenhaus-Hauptausschuss **pocht auf** die Einhaltung des Vertrages. 병원 이사회는 계약 준수를 주장합니다.

---

plädieren [plɛ'di:ʀən]
⊜ verteidigen, vertreten

(v.) 변론에 나서다, 변론을 맡다, 지지하다, 옹호하다

Der Verteidiger **plädierte** auf Freispruch seines Mandanten.
변호사는 그의 변호인의 무죄를 변론했다.

---

sich lossagen von ['lo:s,za:gn̩]
⊜ sich von etwas lösen, sich von etwas freisprechen

(v.) 결별을 선언하다

London will **sich davon** aber **lossagen**, um eigene Freihandelsabkommen zu schließen.
그러나 런던은 자유 무역 협정을 폐지하고 싶어한다.

---

reflektieren [ʀeflɛk'ti:ʀən]
⊜ nachdenken, zurückstrahlen

(v.) 반사하다, 깊이 생각하다, 심사숙고 하다, 지망하다

Der Spiegel **reflektiert** einfallendes Licht. 거울은 입사광을 반사합니다.

---

stöhnen ['ʃtø:nən]
⊜ aufseufzen, jammern

(v.) 탄식하다, 신음하다

Die Patientin **stöhnte** vor lauter Schmerzen. 환자는 아픔에 신음했다.

---

prahlen mit ['pʀa:lən]
⊜ angeben, zur Schau stellen

(v.) ~을 자랑하다, 뽐내다, 과시하다

Du willst wohl **mit** deinem neuen Auto **prahlen**?
너의 새 차를 자랑하고 싶지?

---

resultieren [ʀezʊl'ti:ʀən]
⊜ entstehen, folgen

(v.) 결과가 되다, 어떤 결과로 끝나다

Die aktuelle Situation **resultiert** aus den Versäumnissen der letzten Jahre. 현재 상황은 최근 몇 년간의 태만으로 인하여 결과가 되었다.

---

sich austollen ['aʊ̯s,tɔlən]
⊜ sich ausleben, sich verausgaben

(v.) 실컷 뛰어놀다, 날뛰며 돌아다니다

Damit **sich** dein Hund mal so richtig **austollen** kann, hat die Stadt einige Wiesen in Mainz eingezäunt.
너의 개가 실컷 뛰어 놀 수 있게 마인츠 시는 초원에 울타리를 달았습니다.

erstatten [ɛɐ̯'ʃtatn̩]
⊜ ausgleichen, ersetzen

v. **배상하다, 갚다, 비용을 지불하다, 보답하다**

Die Reisekosten wurden vom Arbeitgeber **erstattet**.
여행 경비는 고용주에 의해 상환되었습니다.

hüpfen ['hʏpfn̩]
⊜ springen, hopsen

v. **뛰다, 깡총깡총 뛰다, 도약하다**

Die Kinder **hüpfen** unerlaubterweise auf dem Sofa herum.
아이들은 허락없이 소파에서 뛰어다닙니다.

abstreiten ['apʃtʀaɪ̯tn̩]
⊜ ableugnen, absprechen

v. **부인하다, 부정하다, 의심하다**

Erst vor der Polizei, dann vor dem Richter **stritt** er das Verbrechen **ab**. 그는 먼저 경찰 앞에서, 그리고 판사 앞에서도 범죄를 부인했습니다.

Erstickung [ɛɐ̯'ʃtɪkʊŋ]
G *f - en*

n. **질식**

30 Arbeiter starben an **Erstickung** oder Verbrennungen.
30 명의 근로자가 질식 또는 화상으로 사망했습니다.

Verehrer [fɛɐ̯'ʔeːʀɐ]
G *m s -*

n. **숭배자, 신봉자, 존경자**

Ich bin ein **Verehrer** dieses Autors. 나는 이 저자를 존경한다.

Verstümmelung
[fɛɐ̯'ʃtʏməlʊŋ]
G *f - en*

n. **훼손, 파괴, 절단, 감축**

In der Geschichte der Menschheit finden sich seit jeher Beispiele für rituelle oder kulturell bedingte **Verstümmelungen** des Körpers.
인류의 역사에는 옛날부터 의식적 또는 문화적인 신체의 훼손 사례가 발견된다.

forensisch [fo'ʀɛnzɪʃ]

a. **법정의, 재판의**

Die **forensischen** Untersuchungen dauerten zwei Wochen.
법의학 수사는 2 주간 지속되었습니다.

verwickeln [fɛɐ̯'vɪkl̩n]
⊜ hineinziehen, sich verstricken

v. **얽히다, 휘감기다, 엉클어지다, 뒤죽박죽이 되다**

In Wiesbaden sind am Montag zwei Fahrradfahrer in Verkehrsunfälle **verwickelt**. 두 명의 자전거 운전자가 월요일에 비스바덴에서 교통 사고에 휘말렸다.

sich mokieren [mo'kiːʀən]
⊜ spötteln, witzeln

v. **비웃다, 야유하다**

Er hat **sich** über die schlechte Organisation der Veranstaltung **mokiert**. 그는 행사의 나쁜 조합에 대해 조롱했다.

herausbringen ['bʀɪŋən]
⊜ verlegen, erzeugen

v. **들어내다, 빼내다, 공개하다, 출판하다, 생산하다**

Ich möchte ein deutsches Buch **herausbringen**.
나는 독일어 책을 출판하고 싶다.

pinkeln ['pɪŋkl̩n]
⊜ urinieren, Wasser lassen

v. **오줌누다, 방뇨하다**

Ich muss mal ganz dringend **pinkeln**. Wo ist die Toilette?
갑자기 쉬 마려. 화장실 어디 있어?

abschweifen ['apʃvai̯fn̩]

⊜ abkommen, abweichen

Ⓥ 벗어나다, 빗나가다, 엇나가다, 탈선하다

Die meisten Menschen kennen den Zustand, wenn man mit den Gedanken **abschweift** und nicht mehr ganz bei der Sache ist.
생각이 주제를 벗어나고, 그 주제에 대해 집중하지 않는 상태를 대부분의 사람들은 안다.

---

altgedient ['altgə'di:nt]

⊜ erfahren, alteingesessen

Ⓐ 장기 복무한, 노련한

Über 80 Prozent von ihnen hatten einen Master-Abschluss in der Tasche. Viele waren **altgedient** und Experten auf ihrem jeweiligen Gebiet. 그들의 80 % 이상이 석사 학위를 가지고 있었습니다. 많은 사람들이 각 분야에서 전문가이고 노련했습니다.

Tarnung ['taʁnʊŋ]

Ⓖ *f - en*

Ⓝ 위장, 숨기기, 차폐

Auf die olivfarbene Grundierung des Panzers wird die etwas dunklere **Tarnung** gesetzt. 탱크의 올리브색 바탕이 어두운 위장으로 설치되어 있습니다.

Taille ['taljə]

Ⓖ *f - n*

Ⓝ 허리, 요부

Wer von einem Waschbrettbauch und einer schlanken **Taille** träumt, muss sich gesund ernähren und stundenlang im Fitnessstudio schwitzen. 빨래판 복근과 슬림 한 허리의 꿈을 가진 사람은, 건강하게 먹고 체육관에서 땀을 흘려야 한다.

---

sich auseinandersetzen mit [au̯sʔai̯'nandɐzɛtsn̩]

⊜ erklären, diskutieren

Ⓥ 몰두하다, 심취하다, 충분히 검토하다, 대화로 해결하다

Mit diesem Problem werden wir **uns auseinandersetzen** müssen.
우리는 이 문제를 대화로 해결해야 할 것입니다.

überspringen ['y:bɐʃpʀɪŋən]

⊜ ausklammern, auslassen

Ⓥ 뛰어넘다, 생략하다, 빠뜨리다, 건너뛰다

Bis zur Gründung mussten die Initiatoren einige Hürden **überspringen**. 창립 초기까지 여러 장애물을 극복해야 했습니다.

übervölkern [y:bɐ'fœlkɐn]

Ⓥ 너무 많은 사람을 살게 하다, 인구 과잉이 되게 하다

Ihre Aufgabe besteht im Kinder kriegen, um uns zu **übervölkern** und den Islam in Deutschland zu integrieren.
그들의 임무는 아이를 만들어서 인구를 늘리고 독일에 이슬람을 통합하는 것입니다.

Sintflut ['zɪntˌflu:t]

Ⓖ *f - en*

Ⓝ 대홍수, (성경) 노아의 홍수

Ich wusste, dass es bei den Babyloniern eine **Sintflut** gab. Es hieß, dass die Legende von dort in die Bibel gewandert war. 나는 바빌로니아 시절에 대홍수가 있었다는 것을 알았다. 그것은 그 전설이 성경으로 옮겨졌다는 뜻이다.

---

kurzsichtig ['kʊʁtsˌzɪçtɪç]

⊜ schwachsichtig, fehlsichtig

Ⓐ 근시의, 근시안적인, 단견의

Sie dürfen nicht so **kurzsichtig** handeln. Das könnte schwere Folgen haben. 그렇게 근시안적으로 처리해서는 안됩니다. 그것은 심각한 결과를 초래할 수 있습니다.

---

wehren ['ve:ʀən]

⊜ aufhalten, blockieren

Ⓥ 막다, 저지하다, 방해하다

Ich habe mich lediglich gegen die Angriffe **gewehrt**.
나는 오직 그 공격을 막았을 뿐입니다.

22 Tag

2101~2200

Fettgewebe [fɛtˌɡəˈveːbə] Ⓖ *n s -*	*n.* 지방 조직 Wer mehr braunes **Fettgewebe** hat, ist schlanker. 갈색 지방 조직이 많은 사람은 더 날씬합니다.
Substanz [zʊpˈstants] Ⓖ *f - en*	*n.* 본질, 실제, 내용, 핵심, 물질 Ich kann nicht erkennen, aus welchen **Substanzen** dieser Klumpen besteht. 이 덩어리가 어떤 물질로 구성되어 있는지 알지 못합니다.
Krebserreger [kʀeːpsʔɛɐ̯ʀeːɡɐ] Ⓖ *m s -*	*n.* 발암 물질 Es ist wichtig, die Belastung mit dem **Krebserreger** möglichst gering zu halten. 발암 물질의 부담을 최소화하는 것이 중요합니다.
einschenken [ˈaɪ̯nˌʃɛŋkn̩] ⊜ einfüllen, eingießen	*v.* (음료를) 따르다, 권하다 Sie wollen den Leuten selbst die Wurst braten und reinen Wein **einschenken.** 그들은 사람들에게 직접 소시지를 구워 주고 순수한 포도주를 부어 주고자 한다.
drollig [ˈdʀɔlɪç] ⊜ spaßig, witzig	*a.* 우스운, 재미난, 익살스러운 Ist es nicht **drollig**, dass sie ausgerechnet jetzt Urlaub nimmt? 그녀가 하필이면 지금 휴가라는 것이 웃기지 않니?
Abrede [ˈapʀeːdə] Ⓖ *f - n*	*n.* 부정, 부인, 합의 Dass man mal kontrovers diskutiert habe, stellt sie gar nicht in **Abrede.** 한때 논란의 여지가 있었다는 점을 부인하지 않았다.
kolossal [ˌkolɔˈsaːl] ⊜ gigantisch, riesenhaft	*a.* 거대한, 육중한, 엄청난 Der Auftritt war **kolossal**. 그 등장은 어마어마 했습니다.
sich etwas zu Herzen nehmen	*phr.* 무엇을 진심으로 받아들이다, 명심하다 Deshalb **nehmen** wir **uns** diese Kritik besonders **zu Herzen**. 그러므로 우리는 그 비평을 특히 명심해야 한다.
seit eh und je	*phr.* 옛날부터, 그전부터, 늘, 항상 Das Sommerfest wird **seit eh und je** vom Verein für Handel und Gewerbe organisiert. 여름 축제는 항상 무역 및 상업 협회가 주최했습니다.

heulen ['hɔɪ̯lən]
⊖ jaulen, brüllen

Ⓥ 울부짖다, 끙끙거리다, 깨갱거리다, 윙윙 소리내다, 울리다

Nach dieser Schreckensnachricht **heulten** viele Menschen.
이 끔찍한 소식을 듣고 많은 사람들이 통곡했습니다.

---

letzten Endes

phr. 결국, 궁극적으로, 종말에

Das sind **letzten Endes** alles kleinere Maßnahmen.
결국 이것들은 모두 작은 조치입니다.

---

sengen ['zɛŋən]
⊖ anbrennen, glimmen

Ⓥ 살짝 태우다, 살짝 타다, 그슬리다

Die Barbaren zogen plündernd durch die Tiefebene und **sengten**, was ihnen in den Weg kam.
야만족들은 평원에서 그들을 가로막는 것을 태워버리고 약탈하였다.

---

weissagen [vaɪ̯s'zaːgn̩]
⊖ prophezeien, voraussagen

Ⓥ 점을 치다, 예언하다, 예시하다, 전조를 보이다

Der Mann ist Gottes Repräsentant in der Schöpfung und daher ist es in erster Linie seine Aufgabe, zu beten und zu **weissagen**.
그 사람은 천지 창조의 하나님의 대변인이므로 그의 주요 임무는 기도하고 예언하는 것입니다.

---

berauschen [bə'ʀaʊ̯ʃn̩]
⊖ beeindrucken, bestricken

Ⓥ 감격시키다, 도취시키다, 취하게 하다

Sich am freien Tag auf dem Sofa breitmachen und Fernsehen gucken... am bloßen Gedanken daran kann man sich **berauschen**.
쉬는 날에 소파 위에서 널브러져 TV 를 보는... 그것만 생각하면 환희를 느낄 수 있습니다.

Feudalismus [fɔɪ̯da'lɪsmuːs]
Ⓖ *m - x*

ⓝ 봉건제도, 봉건주의

Tausend Jahre **Feudalismus** sitzen noch zu tief in unserer Gesellschaft. 수천년의 봉건제도는 여전히 우리 사회에 너무 깊게 박혀 있습니다.

---

fortkommen ['fɔʁt,kɔmən]
⊖ losgehen, abziehen

Ⓥ 나아가다, 떠나다, 나가다, 출발하다, 옮겨지다

Jede ältere Dame, die hier nicht mehr vor Ort einkaufen kann, kann gucken wie sie **fortkommt**.
이곳 현지에서 장을 볼 수 없는 나이든 여성들은 그것들이 어떻게 옮겨지는지 볼 수 있다.

---

anzeigen ['an,tsaɪgn̩]
⊖ ankündigen, anmelden

Ⓥ 알리다, 공고하다, 통보하다, 광고하다

Das Opfer **zeigte** den Täter bei der Polizei **an**.
그 피해자가 범인을 경찰에 신고했습니다.

---

eine Auge riskieren

phr. 훔쳐보다, 엿보다

Ich weiß, dieses Auto können wir uns nicht leisten, aber wir können ja mal **ein Auge riskieren**.
나는 우리가 이 차를 가질 여유가 없다는 것을 알고 있지만, 우리는 살짝 엿볼 수는 있다.

---

kichern ['kɪçɐn]
⊖ lachen, gickeln

Ⓥ 킥킥 웃다, 킬킬거리다, 킥킥거리다

Meine Tochter **kichert**, wenn ich sie kitzele.
딸을 간지럽히면 딸이 킥킥거린다.

---

mit einem Schlag

phr. 갑자기, 단번에, 별안간, 단숨에

Als sein Haus abbrannte, war **mit einem Schlag** seine gesamte Existenz vernichtet. 그의 집이 불에 타 버렸을 때, 그의 모든 것이 단숨에 없어졌습니다.

pflücken ['pflʏkn̩]
⊜ abbrechen, abnehmen

v. 따다, 꺾다, 따내다, 채취하다

Die Kinder laufen über die Wiese und **pflückten** Blumen.
아이들은 풀밭을 가로질러 달리고 꽃을 땄다.

Platz machen

phr. 자리를 양보하다, 자리를 비워주다, 자리를 만들다

Wir müssen für die Kinder **Platz machen.** 우리는 아이들을 위해 자리를 양보해야 한다.

---

abdrehen ['apˌdʀeːən]
⊜ abtrennen, ausmachen

v. 스위치를 돌려 끄다, 돌려 잠그다, 뜯어내다, 끊다

Wenn Schrauben derart festgerostet sind, besteht die Gefahr, dass man sie **abdreht.** 나사가 이처럼 녹슬어 있으면 나사가 떨어져 나갈 위험이 있다.

Widerhall ['viːdɐˌhal]
Ⓖ *m (e)s e*

n. 반향, 메아리, 반응, 공명

Alles, was die Kinder zuhause erleben, findet seinen **Widerhall** im Klassenraum. 아이들이 집에서 경험하는 모든 것은 교실에서 반응합니다.

---

geneigt [gəˈnaɪ̯kt]
⊜ freundlich, gutgesinnt

a. ~경향이 있는, ~하기 쉬운, 호의가 있는, 친절한

Das Buffet sieht lecker aus. Man ist **geneigt**, es sofort zu plündern.
그 뷔페는 맛있어 보인다. 그것을 바로 약탈당하기 쉽다.

---

verheißen [fɛɐ̯ˈhaɪ̯sn̩]
⊜ vorhersagen, ankündigen

v. 예고하다, 주기로 약속하다

Was wurde den Bürgern nicht alles **verheißen**: Weniger Steuern sollten sie zahlen, gerechter sollte es zugehen, Wachstum und Beschäftigung sollten gefördert werden. 시민들에게 약속을 지키지 않은 것 : 세금을 줄이고 공정해야 하며 성장과 고용이 촉진되는 것입니다.

---

verzehren [ˌfɛɐ̯ˈt͡seːʀən]
⊜ genießen, konsumieren

v. 먹다, 먹어치우다, 삼키다, 소비하다, 소모시키다

Pro Jahr **verzehrt** ein Deutscher im Schnitt 60 Kilo Fleisch.
독일인은 연간 평균 60 킬로그램의 고기를 소비합니다.

---

wie gesagt

phr. 이미 말한 바와 같이

Wie gesagt, ich habe keine Idee. 말했듯이 나는 전혀 모른다.

---

verfallen [fɛɐ̯ˈfalən]
⊜ ablaufen, niedergehen

v. ~상태에 빠지다, 쇠퇴하다, ~에게 귀속하다, 착상하다

Ein Freund hat sich vor zwei Jahren ein Computerspiel gekauft und ist dem Wahn vollkommen **verfallen**.
친구가 2 년 전에 컴퓨터 게임을 사면서 완전히 망상에 빠졌습니다.

---

rätlich [ʀɛːtlɪç]
⊜ ratsam, schicklich

a. 추천할 만한, 상책의, 유리한, 현명한

Daher stellt sich die Frage, ob ihre Privatnutzung **rätlich** und angemessen ist. 따라서 그들의 사적인 사용이 적절하고 상책인지 의문이 제기된다.

Ameise ['aːmaɪ̯zə]
Ⓖ *f - n*

n. 개미

Die **Ameisen** bildeten eine Straße mitten durch die Küche.
개미들이 부엌 중앙에 길을 만들었다.

Botschafter ['boːtʃaftɐ]
Ⓖ *m s -*

n. 대사, 외교사절 대표

Der **Botschafter** ist der persönliche Repräsentant des Staatsoberhauptes seiner Nation. 대사는 국가 원수의 대변인이다.

bei der Sache sein *phr.* 집중하다

Sie freut sich, dass alle engagiert **bei der Sache sind** und sich richtig reinhängen. 모든 사람이 그 일에 집중하고 헌신해서 그녀는 행복하다.

---

ablassen ['ap,lasn̩] *v.* 방출시키다, 비우다, 놓아 보내다, 중지하다

⊜ entleeren, aufhören

Viele Studenten haben davon **abgelassen**, diese Mühe weiter auf sich zu nehmen. 많은 학생들은 거기에 더 이상 노력하는 것을 중지했습니다.

---

hinrichten ['hɪn,ʀɪçtn̩] *v.* 죽이다, 사형을 집행하다

⊜ enthaupten, töten

Erst im Herbst 2005 wurden zwei minderjährige Iraner wegen angeblicher "homosexueller Übergriffe" und Alkoholkonsums **hingerichtet**. 2005 년 가을에 2 명의 미성년의 이란인들이 소위 "동성애 폭행" 혐의와 알코올 소비로 처형당했다.

---

am Rande liegen *phr.* 별로 중요하지 않다, 근처에 있다

Im letzten Moment überlegt sie es sich anders und bleibt **am Rande liegen**. 마지막 순간에 그녀는 그것을 다르게 생각하고 별로 중요하지 않게 여겼다.

Entsagung [ɛnt'za:gʊŋ] *n.* 체념, 단념, 포기, 금욕, 퇴위, 퇴직

Ⓖ *f - en*

Diese Generation war gekennzeichnet durch Rohheit infolge der **Entsagungen** während des Krieges.
이 세대는 전쟁 동안 내핍상태의 결과로 야만적인 특징이 지어진다.

Präparat [pʀɛpa'ʀa:t] *n.* 약제, 화학제품, 표본, 실물

Ⓖ *n (e)s e*

Alle **Präparate** wurden auf den Labortisch gelegt.
모든 약품들은 실험실 책상에 있습니다.

---

marschieren [maʁ'ʃi:ʀən] *v.* 행진하다, 행군하다, 진군하다

⊜ schreiten, wandern

Die Soldaten **marschierten** an die Front. 군인들은 앞쪽으로 행진했다.

---

durcheinander [dʊʁçʔaɪ̯'nandɐ] *adv.* 뒤섞여, 난잡하게, 뒤죽박죽이 되어, 제정신이 아닌

⊜ wirr, chaotisch

Ich bin zur Zeit etwas **durcheinander**. 나는 요즘 제정신이 아니다.

---

vor sich gehen *phr.* 일어나다, 발생하다, 벌어지다

Dort kann alles Mögliche **vor sich gehen**, ohne dass wir es mitbekommen. 우리가 모르는 사이에 모든 일이 일어날 수 있습니다.

---

geschwätzig [gə'ʃvɛtsɪç] *a.* 수다스러운, 말이 많은

⊜ gesprächig, redefreudig

Die Leute beim Kongress waren so **geschwätzig**, dass ich keine Lust hatte, selbst etwas zu sagen.
회의에서 사람들이 너무 수다스러워서 나는 무엇을 말할 기분이 들지 않았다.

Gebärde [gə'bɛ:ɐ̯də] *n.* 몸짓, 거동, 태도, 얼굴, 외모, 표정

Ⓖ *f - n*

Die **Gebärdensprache** nutzt Gehörlosen zur Kommunikation.
청각 장애인은 수화를 의사소통에 사용합니다.

verzögern [fɛɐ̯ˈtsøːgəʀən]

⊜ verlängern, verschieben

v. 느리게 하다, 지체시키다, 지연시키다, 연기하다

Der Beginn der Bauarbeiten für den neuen Aldi-Markt an der Mainzer Straße wird sich bis in den Herbst hinein **verzögern**.
Mainzer Straße 에 있는 새로운 슈퍼마켓 알디의 건설 작업 시작은 가을까지 연기 될 것입니다.

---

diktieren [dɪkˈtiːʀən]

⊜ vorschreiben, anweisen

v. 명령하다, 부과하다, 받아쓰게 하다

Die Lehrerin **diktierte** den Schülern einen vorbereiteten Text.
교사는 학생들에게 준비된 텍스트를 받아쓰게 했습니다.

Abgang [ˈapˌgaŋ]

G *m (e)s ä-e*

n. 출발, 퇴직, 졸업, 퇴장, 전사

Nach meinem **Abgang** von der Schule begann ich eine Tischlerlehre.
학교를 그만 둔 후 나는 목공 견습을 시작했습니다.

---

wirksam [ˈvɪʁkˌzaːm]

⊜ effektiv, förderlich

a. 활동적인, 유효한, 효과가 있는, 인상깊은

Die angewandte Methode war **wirksam**, wodurch das gewünschte Ziel erreicht wurde. 응용된 방법이 효과적이어서 원하는 목표를 달성할 수 있었습니다.

---

erdichten [ɛɐ̯ˈdɪçtn̩]

⊜ konstruieren, spinnen

v. 꾸며내다, 날조하다, 조작하다

Ich habe versucht, in diesem Buch nichts zu **erdichten**. Ich habe sehr viel mit Dokumenten gearbeitet und verschiedenen Aussagen.
나는 이 책에 날조하지 않으려고 노력했다. 나는 많은 문서로 작업하였고 다양한 표현을 했습니다.

---

zagen [ˈtsaːgn̩]

⊜ abwarten, zögern

v. 겁내다, 두려워하다, 주저하다

Sie alle zittern und **zagen**, wanken, stürzen.
그들은 모두 떨고, 겁내고, 동요하고, 넘어집니다.

---

betonen [bəˈtoːnən]

⊜ markieren, akzentuieren

v. 강조하다, 악센트를 두다

Ich möchte an dieser Stelle noch einmal die Dringlichkeit des Artenschutzes **betonen**. 나는 여기에서 종의 보호의 긴급함을 강조하고 싶다.

Schlange stehen

phr. 장사진을 이루다, 줄지어 기다리다

Für den neuen Kinofilm **standen** die Leute stundenlang an der Kasse **Schlange**. 사람들은 그 새로운 영화를 위해서 매표소에서 몇 시간 동안 줄지어 기다렸습니다.

Apostel [aˈpɔstl̩]

G *m s -*

n. 사도, 옹호자, 대변자

Als es Tag wurde, rief er seine Jünger zu sich und wählte aus ihnen zwölf aus; sie nannte er auch **Apostel**.
그는 제자들을 불러 모으고 열두명을 선택한 날이었다. 그는 그들을 사도라고 불렀다.

---

um etwas in Sorge sein

phr. 근심하다, 애태우다, 겁을 먹다

Es gibt die Menschen, die **in Sorge um** ihr Leben **sind.**
그들의 삶에 대해 걱정하는 사람들이 있습니다.

---

rechtschaffen [ˈʀɛçtʃafn̩]

⊜ aufrecht, aufrichtig

a. 올바른, 정직한, 정의의, 상당한, 충분한

Er führte ein **rechtschaffenes** Leben. 그는 의로운 삶을 살았습니다.

krümmen ['kʀʏmən]

⊜ beugen, biegen

v. 구부리다, 만곡시키다, 비틀다

Manche **krümmen** sich vor Schadenfreude, andere bitten panisch um ein schnelles Weiterspielen. 몇몇 사람들은 남의 불행을 기뻐하는 마음에 몸을 구부려 낄낄거렸으며 다른 사람들은 공포에 사로잡혀 경기를 속행할 것을 부탁했다.

---

beschwichtigen [bəˈʃvɪçtɪgn̩]

⊜ begütigen, besänftigen

v. 달래다, 무마하다, 누그러지게 하다, 진정시키다

Die umgerechnet 3,4 Milliarden Euro sollen den euroskeptischen Flügel der Konservativen **beschwichtigen**.
환산된 34 억 유로 상당은 보수주의자들의 유럽 회의주의 진영을 잠잠하게 만든다고 한다.

Bazillus [baˈtsɪlʊs]

G *m - -len*

n. 세균, 박테리아

Öffentliche Toiletten sind Brutstätten für alle möglichen **Bazillen**!
공중 화장실은 모든 박테리아를 배양한다.

Zwiespalt [ˈtsviːʃpalt]

G *m (e)s e/ä-e*

n. 분열, 분쟁, 불화, 알력, 갈등

Auf der anderen Seite verstärkt das neue Großprojekt den **Zwiespalt**. 반면에 그 새로운 주요 프로젝트는 불화를 증대합니다.

---

stecken bleiben [ˈʃtɛkn̩ˈblai̯bn̩]

⊜ festsitzen, blockieren

v. 박힌채로 있다, 박혀있다, 정체되어 있다, 나아가지 않다

Das Leben ist zu kurz, um im falschen Job **stecken zu bleiben**.
잘못된 직업에 머물러 있기에는 인생은 너무 짧다.

---

zuungunsten [tsuˈʔʊngʊnstn̩]

⊜ auf Kosten, zu Lasten

präp. ~에게 불리하게, 형편이 나쁘게

In Wirklichkeit entschied er häufig **zuungunsten** der Indianer.
사실 그는 종종 인디언들에게 불리하게 판결하였다.

überdrüssig [ˈyːbɐˌdʀʏsɪç]

⊜ entnervt, enerviert

a. 싫증난, 물린

Ich bin des Wartens **überdrüssig**. 나는 기다리는 것에 지쳤다.

---

verwegen [fɛɐ̯ˈveːgn̩]

⊜ riskant, wagemutig

a. 대담한, 모험적인, 무모한

Dieser Angriff war ja wohl sehr **verwegen**. 아마도 이 공격은 무모했다.

---

sich sträuben [ˈʃtʀɔi̯bn̩]

⊜ rebellieren, aufbegehren

v. 곤두서다, 거역하다, 거절하다

Er **sträubt sich** jedes Mal, wenn wir ihn waschen wollen.
우리가 그를 씻기려고 할 때마다 그는 항상 거절한다.

---

schlachten [ˈʃlaχtn̩]

⊜ metzgen, töten

v. 도살하다, 도축하다, 학살하다, 살육하다, 먹어 치우다

Zur Feier seiner Wiederkehr wurde ein Lamm **geschlachtet**.
귀환을 축하하기 위하여 어린 양이 도살되었습니다.

---

rote Zahlen schreiben

phr. 적자를 내다, 적자를 기록하다

Das Unternehmen **schrieb** in diesem Quartal erstmals **rote Zahlen**.
이 회사는 이번 분기에 처음으로 적자를 기록했다.

Beschaffenheit [bəˈʃafn̩hai̯t]

G *f - en*

n. 성질, 특성, 상태

Die beiliegende Gebrauchsanweisung gibt auch Auskunft über Herkunft, **Beschaffenheit** und Fragen zur Gewährleistung.
동봉된 설명서는 보증을 위한 원산지, 특성 및 문제에 대한 정보도 제공합니다.

unfehlbar [ˌʊnˈfeːlbaːɐ̯]
⊖ absolut, gewiss

a. 틀림이 없는, 오류가 없는, 확실한
adv. 틀림없이, 확실하게

Der Gutachter weiß, dass er nicht **unfehlbar** ist.
그 심사인은 그가 확실하지 않다는 것을 안다.

---

heften [ˈhɛftn̩]
⊖ anklammern, befestigen

v. 부착시키다, 붙이다, 묶다, 봉합하다, 응시하다

Alle Ehemaligen sollen so viele Fotos aus ihrer Schulzeit wie möglich mitbringen und an diesem Tag an eine Wand **heften**.
모든 동창들은 가능한 많은 사진을 가져와서 그 날 벽에 부착해야 합니다.

---

sich nützlich machen

phr. 돕다, 도움이 되다

Die neue Drehleiter wartet mit technischen Highlights auf, die **sich** bei einem Einsatz in vielerlei Hinsicht **nützlich machen**.
새로운 사다리는 여러 가지 도움이 되는 기술적 특징을 선보였습니다.

---

namentlich [ˈnaːməntlɪç]
⊖ nominatim, mit Namen

a. 거명된, 기명의
adv. 특히, 주로

Es wurde eine **namentliche** Abstimmung anberaumt.
기명 투표가 확정되었습니다.

---

vergöttern [fɛɐ̯ˈɡœtɐn]
⊖ anbeten, verehren

v. 숭배하다, 떠받들다, 우상시하다

Ich **vergötterte** sie, und ihr Mann vergötterte sie auch. Nie duldete er, dass jemand etwas Schlechtes über sie sagte oder es an Respekt mangeln ließ. 나는 그녀를 많이 좋아했고, 그녀의 남편도 그녀를 좋아했습니다. 그는 그녀를 존중해주지 않거나 나쁘게 말하는 사람을 결코 용납하지 않았습니다.

---

verwirklichen [fɛɐ̯ˈvɪʁklɪçn̩]
⊖ ausführen, eintreten

v. 실현하다, 실행하다, 현실화하다, 구현하다, 이루다

Als sie den Bauernhof kaufen konnte, **verwirklichte** sich ihr Jugendtraum. 그녀가 농장을 살 수 있었을 때, 그녀의 어린 시절의 꿈이 이루어졌습니다.

---

einmünden [ˈaɪ̯nˌmʏndn̩]
⊖ fließen, zusammenlaufen

v. 흘러 들어가다, 합류하다, 이어져 있다, 통해 있다

Sie blockierten die Hauptstraße dort, wo der rechte Demonstrationszug von der Bahnhofstraße **einmünden** sollte.
그들은 Bahnhofstraße 시위 행렬로 이어져 있는 간선 도로를 막았다.

---

missbrauchen [mɪsˈbʁaʊ̯χn̩]
⊖ entehren, schänden

v. 남용하다, 악용하다, 강간하다

Die drei Frauen, die gerade aus einer jahrelangen Gefangenschaft befreit wurden, sind immer wieder **missbraucht** worden.
몇 년의 수감 기간에서 방금 석방된 이 세명의 여성들은 계속해서 악용된다.

überziehen [ˈyːbɐˌtsiːən]
⊖ abdecken, bespannen

v. 덮다, 바르다, 가리다, 지나치다, 초과하다, 한도를 넘다

Es ist so kalt, ich werde mir einen Mantel **überziehen**.
너무 추워서 코트를 입을 거야.

---

anbeten [ˈanˌbeːtn̩]
⊖ anschmachten, anschwärmen

v. 숭배하다, 사모하다, 찬양하다

Als Teenager hat sie jeden Monat ein anderes Mitglied einer Boygroup **angebetet**. 그녀가 십대 때는 매달 다른 소년 밴드 멤버를 숭배했습니다.

Bürgersteig ['bʏʁgɐʃtaɪ̯k]

G m (e)s e

n. 보도, 인도

Kinder lutschten Eis und tollten über den **Bürgersteig**.
아이들은 아이스크림을 먹고 길가에서 뛰어다녔다.

---

ausstoßen ['aʊ̯sʃto:sn̩]

⊜ ausschließen, vorbringen

v. 내쫓다, 내뱉다, 내뿜다, 배출하다, 생산하다, 산출하다

Weil die Fahrzeuge seltener in die Innenstadt und die Fußgängerzone fahren und dort auch weniger Emissionen **ausstoßen**.
차량이 가끔 도심과 보행자 구역으로 운행하기 때문에 배출 가스가 적다.

Bastard ['bastaʁt]

G m s e

n. 잡종, 혼종

Bastard ist heute ein äußerst abwertender Begriff, der ursprünglich lediglich ein uneheliches Kind bezeichnete.
Bastard 는 원래 사생아에게만 언급 되는 개념으로 오늘날에는 매우 경멸적인 말이다.

---

harren ['haʀən]

⊜ lauern, warten

v. 기다리다, 고대하다, 기대하다

Ich **harre** der Dinge, die da kommen. 나는 다가오는 것을 기대한다.

---

ausgeschlossen ['aʊ̯sgəʃlɔsn̩]

⊜ keinesfalls, aussichtslos

a. 있을 수 없는, 불가능한, 제외된

Der aus der Partei **ausgeschlossene** Politiker möchte nun eine eigene Partei gründen. 당에서 추방된 정치인은 이제 자신의 정당을 세우고 싶어한다.

Ellbogen ['ɛlˌbo:gn̩]

G m s -

n. 팔꿈치

Ich habe mir den **Ellbogen** gebrochen. 나는 팔꿈치가 부러졌다.

---

hergeben [hɛ'ʀge:bn̩]

⊜ überlassen, verschenken

v. 양도하다, 내놓다, 허용하다, 부여하다, 전력을 다하다

Sie wollten ihn auch nicht **hergeben**, als er krank war und 2010 nach Deutschland zurückkam.
그가 아팠고 2010 년에 독일로 돌아왔을 때, 그들은 그를 허용하지 않았습니다.

---

zweckmäßig ['tsvɛkˌmɛ:sɪç]

⊜ angemessen, anwendbar

a. 목적에 맞는, 합목적적인, 실용적인, 유용한, 형편에 알맞은

Das Klavier ist **zweckmäßig** fürs Präzise und fürs Schnelle, das Harmonium für den fülligen Klang und die Haltetöne.
피아노는 정밀도, 속도와 전체 사운드를 위한 조화 및 지속적인 음색에 적합합니다.

---

aufbleiben ['aʊ̯fˌblaɪ̯bn̩]

⊜ aufsitzen, wachen

v. (잠) 깨어 있다, 열려 있다

Unter der Woche kann das Tor zum Firmenparkplatz tagsüber **aufbleiben**. 일주일 동안 회사 주차장 입구는 온종일 열려 있다.

Vorfahre ['fo:ɐ̯ˌfa:ʀə]

G m n n

n. 조상, 선조

Meine **Vorfahren** stammen aus Hessen. 나의 조상은 헤센 출신이다.

---

sprießen ['ʃpʀi:sn̩]

⊜ knospen, austreiben

v. 싹트다, 발아하다, 발생하다, 생겨나다

Überall **sprießt** und grünt es. 여기저기 싹이 트고 푸르게 된다.

---

wälzen ['vɛltsən]

⊜ rollen, beiseiteschieben

v. 굴리다, 굴려 운반하다, 이리저리 뒤집다

Er konnte nicht einschlafen, sondern **wälzte** sich unruhig im Bett.
그는 잠을 자지 못하고 불안하게 침대에서 굴렀다.

Schubkarre ['ʃuːpˌkaʀə]
G *f - n*

n. 손수레, 일륜차

Die **Schubkarre** ist im Garten ein unentbehrlicher Helfer.
수레는 정원에서 꼭 필요한 도우미입니다.

---

bis auf weiteres

phr. 당분간, 우선은

Der Termin für die Klausur wird **bis auf weiteres** verschoben.
시험 날짜는 당분간 연기됩니다.

---

aus der Haut fahren

phr. 화가 치밀어 오르다, 매우 화내다, 흥분하다

Wegen jeder Kleinigkeit **fährt** er **aus der Haut**.
모든 사소한 일 때문에 그는 매우 화를 냅니다.

---

entzücken [ɛnt'tsʏkn̩]
⊜ begeistern, anmachen

v. 매혹하다, 황홀하게 하다, 기뻐 날뛰게 하다

Sie **entzückte** ihre Tante mit einem neuen Foto vom Neugeborenen.
그녀는 신생아의 새로운 사진으로 그녀의 숙모를 기쁘게 했습니다.

Berührung [bə'ʀyːʀʊŋ]
G *f - en*

n. 접촉, 관계, 관련, 언급

Die **Berührung** von heißem Fett und Wasser ist in jedem Fall zu vermeiden. 뜨거운 기름과 물의 접촉은 어떠한 경우에도 피해야 합니다.

Flirt [fløːɐ̯t]
G *m s s*

n. 희롱, 시시덕거림, 연애 행각, 바람둥이

Ich habe mich gestern auf einen kleinen **Flirt** eingelassen.
나는 어제 사사롭게 바람 좀 폈다.

---

aufsaugen ['au̯fˌzau̯gn̩]
⊜ aufnehmen, aufreiben

v. 빨아들이다, 흡수하다, 받아들이다, 힘을 소진시키다

Ich habe Mehl verschüttet, kannst du das mal **aufsaugen**?
나는 밀가루를 쏟았어. 너는 그것을 빨아들일 만한 것이 있니?

Zeitgenosse ['tsaɪ̯tgəˌnɔsə]
G *m n n*

n. 동시대의 사람, 동포

Vincent van Gogh und Otto von Bismarck waren **Zeitgenossen**.
빈센트 반 고흐와 오토 폰 비스마르크는 동시대의 사람들이었다.

Schädel ['ʃɛːdl̩]
G *m s -*

n. 해골, 두개

Der **Schädel** ist ein generelles Merkmal aller Wirbeltiere.
두개골은 모든 척추 동물의 일반적인 특징입니다.

---

bezweifeln [bə'tsvaɪ̯fl̩n]
⊜ skeptisch sein, infrage stellen

v. 의심하다, 문제시하다

Deutsche Ermittler **bezweifeln** aufgrund des Videos, dass der Täter wie bisher vermutet aus Afghanistan stammt. 독일 조사관들은 비디오를 바탕으로 이전부터 의심했던 가해자가 아프가니스탄 출신이라는 것을 문제시합니다.

Fratze ['fʀatsə]
G *f - n*

n. 허튼짓, 허튼소리, 농담, 찌푸린 얼굴, 희화

Der Junge versuchte seiner kleinen Schwester Angst einzujagen, indem er verschiedene **Fratzen** zog.
여동생은 그 소년에게 다양한 농담으로 두려움을 갖게 했다.

---

fernsteuern ['fɛʁnˌʃtɔɪ̯ɐn]
⊜ bedienen, steuern

v. 무선 조종하다, 원격 조종하다

Wollt ihr das Android-Tablet mit dem Handy **fernsteuern**, könnt ihr dafür eine kostenlose App verwenden. 휴대 전화로 Android 태블릿을 원격 제어할 때는 무료 앱을 사용할 수 있습니다.

23 Tag

2201~2300

gerect [gəˈʀɛçt] — *a.* 공정한, 정의의, 정당한, 정직한, 알맞은, 의로운

⊜ berechtigt, fair

Durch das Urteil erhielt der Verbrecher doch noch seine **gerechte** Strafe. 그 범인은 판결로 정의의 형벌을 받았다.

Norm [nɔʁm] — *n.* 규범, 표준, 기준, 규격

Ⓖ *f - en*

Die EU legt viele **Normen** für Produkte fest.
EU는 제품을 위한 많은 규범을 확고히 했다.

Abgrenzung [ˈapˌɡʀɛnʦʊŋ] — *n.* 경계 설정, 구획

Ⓖ *f - en*

Seiner **Abgrenzung** war ganz klar zu entnehmen, wie unangenehm ihm das Thema war. 그에게 그 주제가 얼마나 불쾌했는지 그가 거리를 두는 것으로 명확히 추론될 수 있다.

Diskriminierung [dɪskʀimiˈniːʀʊŋ] — *n.* 구별, 차별대우, 배척

Ⓖ *f - en*

Bei den Begriffen Atheist und Agnostiker ist eine saubere **Diskriminierung** unerlässlich.
무신론자와 불가지론자의 이해를 위해서는 정확한 구별은 필수적입니다.

Auffassungsgabe [ˈaʊ̯ffasʊŋsˌɡaːbə] — *n.* 파악력, 이해력

Ⓖ *f - en*

Dieser Organismus hat eine niedrige **Auffassungsgabe**.
이 유기체는 낮은 이해력을 가지고 있습니다.

---

in der Lage sein — *phr.* 능력이 있다, 가능하다, 할 수 있다

Die Notaufnahmen müssten aber **in der Lage sein**, sich schnell um Unfallpatienten, Herzinfarkte oder Schlaganfälle zu kümmern.
응급실은 사고 환자, 심장 마비 또는 뇌졸중을 신속하게 처리할 수 있어야 합니다.

---

anregend [ˈanˌʀeːɡn̩t] — *a.* 시사적인, 흥미있는

⊜ interessant, ansprechend

Eine gute Unterhaltung kann wirklich **anregend** sein.
좋은 대화가 정말 시사적일 수 있습니다.

Gestaltung [ɡəˈʃtaltʊŋ] — *n.* 형상, 형성, 구성, 조형, 꼴, 형성물, 구성물, 장치

Ⓖ *f - en*

Die **Gestaltung** des Gartens hat viel Mühe gemacht.
정원의 디자인에 많은 노력을 했습니다.

---

persönlich nehmen — *phr.* 감정적으로 받아들이다

Kritik von unzufriedenen Gästen dürfe man aber nicht **persönlich nehmen.** 그러나 불만을 가진 손님들의 비판을 감정적으로 받아들이면 안됩니다.

abwechslungsreich
['apvɛksluŋs,ʀai̯ç]
⊜ bewegt, wechselvoll

a. 변화가 많은

Der Arzt riet ihm zu einer **abwechslungsreichen** Ernährung.
의사는 그에게 다양한 식단을 권고했습니다.

Auftrag ['au̯f,tʀa:k]
Ⓖ *m (e)s ä-e*

n. 지시, 위임, 임무, 사명, 과제, 주문

Ich hole im **Auftrag** meiner Eltern das Paket ab.
나는 부모님의 지시로 소포를 수령합니다.

---

eintönig ['ai̯n,tø:nɪç]
⊜ langweilig, monoton

a. 단조로운, 지루한, 흥미 없는

Die Vortragsweise des Dozenten war extrem **eintönig**.
강사의 발표 방법은 매우 지루했다.

---

der Reihe nach

phr. 순서대로, 순번으로, 차례로

Die grundlegenden Anforderungen sind **der Reihe nach** unten aufgeführt. 기본 요구 사항은 아래에 순서대로 나열되어 있습니다.

---

schwammig ['ʃvamɪç]
⊜ vage, unpräzise

a. 스펀지 같은, 푹신한, 애매모호한, 분명치 않은, 부은

Er drückt sich leider ziemlich **schwammig** aus, deshalb konnte ihm auch später nie ein konkreter Vorwurf gemacht werden.
안타깝게도 그는 매우 애매모호하게 표현하기 때문에 나중에 확실한 주제를 만들 수 없다.

Disziplin [dɪstsi'pli:n]
Ⓖ *f - en*

n. 규율, 규칙, 징계, 분야, 영역, 종목

Ich weiß, dass die Anatomie eine selbstständige **Disziplin** der Medizin ist. 나는 해부학이 의학의 독립적인 학문이라는 것을 알고 있다.

Führungszeugnis
['fy:ʀʊŋs,tsɔi̯knɪs]
Ⓖ *n ses se*

n. 인사고과표, 근무 평가서

Das erweiterte polizeiliche **Führungszeugnis** dürfe bei Vorlage nicht älter als drei Monate sein und habe eine Gültigkeit von fünf Jahren. 경찰 근무 평가서를 발표할 때는 3 개월이 넘지 않아야 하고 유효 기간은 5 년입니다.

Selbstbeherrschung
['zɛlpstbə,hɛʁʃʊŋ]
Ⓖ *f - x*

n. 극기, 자제

Die Auseinandersetzung war so heftig, dass er schließlich die **Selbstbeherrschung** verlor. 그 논쟁은 너무 치열하여 결국 그는 통제력을 잃어버렸다.

Aussicht auf etwas haben

phr. ~에 대한 가능성이 있다, 희망이 있다

Sie **haben** die sichere **Aussicht auf** einen Job.
너는 취직할 수 있는 가능성이 확실히 있다.

Resonanz [ʀezo'nants]
Ⓖ *f - en*

n. 공명, 반향, 동감

Die **Resonanz** auf den Vortrag kann bestenfalls als zurückhaltend bezeichnet werden. 강연에 대한 반응은 기껏해야 냉담한 것으로 보여 진다.

Spende ['ʃpɛndə]
Ⓖ *f - n*

n. 기부금, 헌금, 헌작

Die Kirche bittet um eine **Spende** für die Restaurierung der Orgel.
그 교회는 오르간의 복원을 위한 기부를 요청합니다.

Faszination [fastsina'tsi̯oːn]
G f - en

n. 매혹, 현혹

Ich kann meine **Faszination** bei dieser Sache nicht wirklich begründen. 이 경우에 나는 정말로 나의 매력의 근거를 댈 수 없다.

---

die Nachfrage decken

phr. 수요를 충족시키다

Wir konnten **die Nachfrage** aus dem Ort gerade so **decken**. 우리는 그 곳에서 수요를 충족시킬 수 있다.

Zerstreutheit [tsɛɐ̯'ʃtʀɔɪ̯thaɪ̯t]
G f - x

n. 산란, 산재, 산만, 방심

Meine Kunst mag aufgrund ihrer Vielfältigkeit, aufgrund der **Zerstreutheit** meiner Interessen begrifflich schwer zu fassen sein. 내 예술은 다양성과 산재성 때문에 개념화하기 어려울 수 있습니다.

---

intellektuell [ˌɪntɛlɛktu'ɛl]
⊜ mental, klug

a. 지적인, 지성적인, 지력의, 정신적인

Das ist ein **intellektuelles** Spiel. 이것은 지적인 게임입니다.

Sinnesorgan ['zɪnəsʔɔʁˌgaːn]
G n (e)s e

n. 감각기관, 지각기관

Sinnesorgane reagieren auf Sinnesreize. 감각 기관은 감각 자극에 반응합니다.

---

atomar [ato'maːɐ̯]
⊜ unteilbar, untrennbar

a. 원자의

Wir sprechen hier über Vorgänge, die sich im **atomaren** Bereich abspielen. 여기서 우리는 원자 범위에서 일어나는 과정에 대해 이야기하고 있습니다.

Tropfen ['tʀɔpfn̩]
G m s -

n. 방울, 물방울, 점적

Ein paar **Tropfen** der Flüssigkeit fielen auf den Boden. 몇 방울의 액체가 바닥에 떨어졌습니다.

---

auf etwas stolz sein

phr. ~을 자랑스러워 하다

Ich **bin stolz auf** die bestandene Prüfung. 시험에 합격한 것을 자랑스럽게 생각합니다.

Widerruf ['viːdɐˌʀuːf]
G m (e)s e

n. 취소, 철회, 무효 선언

Da ich dem gesendeten Vertrag nicht zustimmen konnte, schrieb ich einen **Widerruf**. 나는 보내준 계약에 동의할 수 없기 때문에 무효 선언을 했다.

---

sich vergewissern [fɛɐ̯gə'vɪsɐn]
⊜ nachsehen, überprüfen

v. 확인하다, 다짐하다

Die Kindergärtnerin **vergewissert sich**, dass alle Kinder vollzählig im Bus sitzen. 유치원 교사는 모든 아이들이 전부 버스에 앉아 있는지 확인합니다.

---

das Übel an der Wurzel packen

phr. 악의 뿌리를 뽑다, 근절하다

Mit nur einer Hexe gab man sich aber nicht zufrieden. Man wollte **das Übel an der Wurzel packen** und alle Hexen verbrennen. 그러나 오직 마녀 한명만으로는 만족하지 못했습니다. 그들은 모든 마녀를 태우고 악의 뿌리를 뽑고 싶었습니다.

das Herz pocht

(phr.) 가슴이 설레다

Mein **Herz pocht** trotzdem laut genug, um alle anderen Geräusche der Umgebung wie aus weiter Ferne klingen zu lassen.
그럼에도 불구하고 내 마음은 멀리 들릴 정도로 크게 두드리면서 가슴이 설레고 있다.

Versager [fɛɐ̯'za:gɐ]

G *m s -*

(n.) 결함, 고장, 실패자

Männer mit Erektionsstörungen fühlen sich schnell als **Versager**.
발기 부전을 가진 남성은 패배자로 바로 느낍니다.

Trümmer ['tʀʏmɐ]

G *pl.*

(n.) 파편들, 남은 조각들, 폐허, 잔해

Ein Sachverständiger war am Sonntag an der Unglücksstelle und suchte in den **Trümmern** nach Hinweisen.
전문가는 일요일 사고 현장에서 잔해를 수색해서 단서를 찾았다.

---

initiieren [init͡si'i:ʀən]

⊜ anstoßen, veranlassen

(v.) 시작하다, 발기하다, 가입시키다

Die Bewerbung wurde durch einen Beschluss des Stadtrates **initiiert**. 그 신청은 시의회의 결정으로 시작되었습니다.

Flüchtling ['flʏçtlɪŋ]

G *m s e*

(n.) 망명자, 피난민, 난민

Ich hatte auch gehört, dass Güter konfisziert worden waren, nur weil sich ohne Wissen der Besitzer dort **Flüchtlinge** aufgehalten hatten.
또한 나는 단지 피난민이 소유주 모르게 그곳에 체류했기 때문에 재산이 몰수당했다는 것을 들었다.

---

nachdenken ['na:χˌdɛŋkn̩]

⊜ nachgrübeln, sinnieren

(v.) 숙고하다, 곰곰히 생각하다, 사고하다

Ich habe lange darüber **nachgedacht**. 나는 오랫동안 그것에 대해 생각했다.

Sondergenehmigung ['zɔndɐgəˌne:mɪgʊŋ]

G *f - en*

(n.) 특수인가, 수락

Die höchste Station liegt auf gut 3500 Metern. Wer ganz nach oben will, braucht eine **Sondergenehmigung**, die er vorher bei der Nationalparkverwaltung beantragen muss. 가장 높은 역은 3500 미터가 넘습니다. 꼭대기에 가고 싶다면 미리 국립 공원 관리국의 신청하여 특별 허가가 필요합니다.

Grenzübertritt ['gʀɛnt͡sʔy:bɐˌtʀɪt]

G *m (e)s e*

(n.) 국경을 넘음, 경계선을 넘는 일, 월경

Diese Eigenschaften scheinen sich mit meinem **Grenzübertritt** in die Türkei in Luft aufzulösen.
이 자격들은 국경을 터키로 넘어가면 사라지는 것처럼 보입니다.

---

anzapfen ['anˌt͡sapfn̩]

⊜ anstechen, aufmachen

(v.) 구멍을 내어 액체를 빼내다, 몰래 꺼내다

Zudem erkennen Unternehmen, dass sie wichtige Wachstumsquellen nicht **anzapfen** können, weil die Voraussetzungen fehlen. 또한 기업들은 가설이 틀렸기 때문에 중요한 성장 원천을 빼낼 수 없다고 인식하고 있습니다.

Prognose [ˌpʀo'gno:zə]

G *f - n*

(n.) 예측, 예보, 예후

Sein momentaner Zustand war zwar sehr schlecht, aber die gute **Prognose** des Arztes gab ihm Mut, gegen die Krankheit anzukämpfen. 그의 현재 상태는 매우 좋지 않았지만, 의사의 좋은 예후는 그에게 질병에 맞서 싸울 용기를 주었다.

nachwachsen ['naːχˌvaksn̩]

⊜ sich neu bilden, wiederherstellen

v. 두 번째 나다, 자라다, 재생하다, 뒤를 이어 성장하다

Es fallen lange Haare aus, aber wenn sie **nachwachsen** sind sie natürlich erstmal kurz.
긴 머리카락이 빠지고, 그들이 다시 자라면 처음엔 당연히 짧습니다.

---

unkalkulierbar ['ʊnkalkuˌliːɐ̯baːɐ̯]

⊜ unabsehbar, unberechenbar

a. 계산 할 수 없는, 예측 할 수 없는

Das Risiko, das diese Technologie mit sich bringt, ist **unkalkulierbar.**
이 기술이 가져올 위험은 예측할 수 없습니다.

---

vorhersagbar [foːɐ̯'heːɐ̯ˌzaːgˌbaːɐ̯]

⊜ erkennbar, voraussagbar

a. 계산 할 수 있는, 예측 할 수 있는

Die Jahreszeiten wechseln sich ja kunterbunt ab und sind so nicht mehr **vorhersagbar.** 계절이 다채롭게 변하기 때문에 더 이상 예측할 수 없습니다.

---

auf jemandes Ansicht eingehen

phr. ~의 생각에 동의하다

Sie wollen ihren Diskussionsgegnern zuhören oder gar **auf deren Ansicht eingehen.** 그들은 상대방의 토론을 듣거나 심지어 생각에 동의하길 원했다.

Einsparung ['ai̯nˌspaːʀʊŋ]

Ⓖ *f - en*

n. 긴축, 절감, 절약

In den meisten deutschen Haushalten ist die **Einsparung** von viel Energie und somit von viel Geld mit wenig Aufwand möglich.
대부분의 독일 가정에서는 적은 소비로 많은 에너지와 비용을 절약할 수 있습니다.

Kluft [klʊft]

Ⓖ *f - ü-e*

n. 갈라진 틈, 금, 협곡, 대립, 불화

Die offizielle Arbeitslosenrate hält sich zwar bei etwa 13,5 Prozent, doch hinter dieser Zahl verbergen sich tiefe soziale **Klüfte.**
공식 실업률은 약 13.5 % 이지만 이 수치는 깊은 사회적 차이를 숨기고 있다.

---

zu Wort kommen

phr. 발언할 기회를 얻다, 발언 할 수 있다

Wenn am Anfang ein ordentlicher Prozess steht, in dem alle **zu Wort kommen...** 시작부터 모든 사람이 발언할 기회가 있는 정식 과정이 있다면..

Rehabilitation [ˌʀehabilita'tsi̯oːn]

Ⓖ *f - en*

n. 재활, 재생, 복직, 복귀, 명예회복

Nach dem Unfall musste er eine dreimonatige **Rehabilitation** über sich ergehen lassen. 사고가 난 후에 그는 3 개월 간의 재활을 받아야 했습니다.

Zeitvertreib ['tsai̯tfɛɐ̯ˌtʀai̯p]

Ⓖ *m (e)s e*

n. 오락, 취미, 기분풀이, 심심풀이

Zum **Zeitvertreib** schaute er sich im Fernsehen die Nachrichten an.
심심풀이로 그는 TV 에서 뉴스를 보았습니다.

Aufmunterung ['au̯fˌmʊntəʀʊŋ]

Ⓖ *f - en*

n. 고무, 격려, 위문, 권장

Die Unterstützung der Fans nach dem Schlusspfiff Spiel war eine großartige **Aufmunterung.** 최종 호각 후 팬들의 지원이 게임에 큰 격려가 되었습니다.

der Lauf der Dinge

phr. 사건의 경위, 운명

Die Entwicklung ist nicht vorteilhaft, aber das ist **der Lauf der Dinge.** 그 개발은 유익하지 못하지만 그게 일이 진행되는 방식입니다.

---

hochgradig ['hoːχˌɡʀaːdɪç]

⊜ enorm, unwahrscheinlich

a. 고도의, 심한, 과도한

Es ist **hochgradig** gefährlich, eine Spraydose großer Hitze auszusetzen. 스프레이를 고열에 노출시키는 것은 매우 위험합니다.

---

imprägnieren [ɪmpʀɛ'gniːʀən]

⊜ behandeln, einsprühen

v. 방수 처리하다, 배게 하다, 잉태시키다

Wer nicht nass werden will, muss die Kleidung neu **imprägnieren**.
젖지 않으려면 옷을 방수 처리해야 합니다.

Einschätzung ['ai̯nˌʃɛtsʊŋ]

G *f - en*

n. 견적, 평가, 사정

Meine **Einschätzung** ist, dass wir das Spiel gewinnen werden.
나는 우리가 게임에서 이길 것으로 평가한다.

Auslassung ['au̯sˌlasʊŋ]

G *f - en*

n. 생략, 누락, 방출, 표명, 표출

Sein Metier ist die Kunst der **Auslassung**. Seine Herausforderung, Akte zu zeichnen, ohne wirklich etwas zu zeigen.
그의 직업은 생략의 예술이다. 정말 아무 것도 표현하지 않고 누드를 그리는 그의 도전.

Treibhaus ['tʀai̯pˌhau̯s]

G *n es ä-er*

n. 온실, 비닐하우스

Gemüse aus dem **Treibhaus** kann auch im Winter geerntet werden.
온실에서 재배한 야채는 겨울에도 수확할 수 있습니다.

Bilanz ziehen

phr. 결과를 평가하다, 결산하다, 청산하다, 총괄하다

In zehn Jahren kann Amerika **Bilanz ziehen.** Bis dahin werden weiterhin jedes Jahr 32.000 Amerikaner durch Schusswaffen ums Leben kommen. 미국이 10 년의 결산을 할 수 있다. 그때까지 매년 32,000 명의 미국인이 총기에 의해 사망합니다.

---

zugrunde liegen

phr. ~의 바탕이다, ~의 기초이다, 토대가 되다

Den Modellrechnungen **liegt** eine einfache Erkenntnis **zugrunde**.
모델 계산은 간단한 지식을 기반으로 합니다.

Emission [emɪ'si̯oːn]

G *f - en*

n. 유출, 방출, 발사, 방사, 발행

Die Rechte für **Emissionen** werden inzwischen gehandelt.
배출권이 현재 거래되고 있습니다.

Ausstoß ['au̯sʃtoːs]

G *m es ö-e*

n. (폐기) 가스의 양, 생산량

Immer mehr Landespolitiker unterstützen die Einführung eines Mindestpreises für Kohlenstoffdioxid-**Ausstoß.** 점점 더 많은 주 정치가들이 이산화탄소 배출량을 위한 최저 가격 도입을 지지하고 있습니다.

---

effizient [ɛfi'tsi̯ɛnt]

⊜ erfolgreich, geeignet

a. 능률적인, 효과적인, 유효한

Mit dieser **effizienten** Methode erreichte er schnell das Ziel.
이 효율적인 방법으로 그는 빨리 목표에 도달했습니다.

entlasten [ɛnt'lastn̩]

⊖ erleichtern, ausgleichen

v. 면제하다, 경감하다, 인가하다, 승인하다, 완화하다

Die Steuererleichterung **entlastet** die Budgets der Verbraucher und stärkt die Kauflaune. 세금 감면은 소비자의 예산을 경감시키고 구매 분위기를 강화합니다.

---

aufrecht ['aʊ̯fˌʀɛçt]

⊖ gerade, anständig

a. 올곧은, 솔직한, 강직한, 똑바른, 수직의

Ein reibungsloser Datenzugriff ist heute bei vielen Unternehmen in Deutschland Grundbedingung, um den Betrieb **aufrecht** zu erhalten. 독일에 있는 많은 회사들의 운영을 똑바로 유지하기 위해서는 데이터 액세스가 원활해야 하는 것이 기본 조건이다.

---

mittelbar ['mɪtl̩baːɐ̯]

⊖ hintenherum, indirekt

a. 간접의, 간접적으로, 떨어져 있는

Die Finanzkrise trifft manche Leute nur **mittelbar**.
금융 위기는 사람들에게 간접적으로 영향을 줍니다.

---

erwidern [ɛɐ̯'viːdɐn]

⊖ beantworten, reagieren

v. 대응하다, 갚다, 대답하다, 응답하다

Der Alte **erwidert** mit einem entsetzten Blick.
노인은 놀란 표정으로 응답합니다.

Bekundung [bə'kʊndʊŋ]

Ⓖ *f - en*

n. 표명, 진술, 증언

In der vorsichtigen Sprache der Notenbanker ist das eine klare **Bekundung** von Ehrgeiz. 그것은 중앙 은행원들의 명확한 야심을 주의 깊게 표명한 것이다.

---

promovieren [pʀomo'viːʀən]

⊖ promovieren, das Doktorat bestehen

v. 장려하다, 박사학위를 취득하다, 박사학위 논문을 쓰다

Dieses Jahr **promovierte** er in Biologie.
올해 그는 생물학 박사 학위를 받았다.

Dauerregen ['daʊ̯ɐˌʀeːgn̩]

Ⓖ *m s -*

n. 장마

Dauerregen und Stürme haben über das Wochenende in mehreren Regionen Rumäniens zahlreiche Schäden angerichtet.
장마와 폭풍으로 루마니아의 여러 지역에서 주말에 수 많은 피해가 발생했습니다.

Zuwachsrate ['tsuːvaksˌʀaːtə]

Ⓖ *f - n*

n. 증가율, (경제) 성장률

Im Vergleich zum Juni (+15,3 %) sank die **Zuwachsrate** um knapp 4,2 Prozent. 6 월 (+15.3%) 에 비해 성장률은 약 4.2 % 아래로 떨어졌다.

Trichter ['tʀɪçtɐ]

Ⓖ *m s -*

n. 깔때기, 나팔꽃 모양

Mit Hilfe des **Trichters** füllt sie die kochendheiße Suppe in die Thermoskanne. 깔때기의 도움으로 그녀는 보온병에 끓는 수프를 채운다.

---

angewandt ['angəˌvant]

⊖ angewendet, praktisch

a. 응용된, 실제적으로 적용된

Am Freitag feierte die Universität für **angewandte** Kunst ihren 150. Geburtstag. 금요일에 그 대학은 150 번째 생일을 축하했습니다.

---

einfallsreich ['aɪ̯nfalsˌʀaɪ̯ç]

⊖ erfinderisch, kreativ

a. 기지가 풍부한, 상상력이 많은, 꾀가 많은

Um beim Einstellungstest nicht zu versagen, müssen die Kandidaten recht **einfallsreich** sein.
채용 테스트에서 실패하지 않기 위해 후보자는 꽤 기지가 풍부해야 합니다.

zur Ausführung bringen *phr.* 실행하다

Als Ergebnis stürzt der Player entweder ab oder Angreifer können Codes **zur Ausführung bringen**.
결과적으로 플레이어가 떨어지거나 공격자가 코드를 실행할 수 있습니다.

---

parallel [paʀa'leːl] *a.* 평행의, 병렬의, 유사한

⊜ gleichlaufend, gleichzeitig

Eisenbahn und Straße verlaufen **parallel**. 철도와 도로는 평행합니다.

---

vernetzen [fɛɐ̯'nɛtsn̩] *v.* (컴퓨터) 정보를 공유하다, 그물 모양으로 연결하다

⊜ verbinden, verknüpfen

Dieser parlamentarische Abend ist ein guter Baustein, um ins Gespräch zu kommen, sich enger zu **vernetzen** und damit die Region weiter voranzubringen. 이 의회의 저녁은 대화를 시작하고 네트워크를 더 긴밀하게 협력하여 지역을 발전시키기 위한 좋은 구성 요소입니다.

Assoziation [asotsi̯a'tsi̯oːn] *n.* 조합, 결사, 연합, 연맹, 제휴

Ⓖ *f - en*

Wir können uns auf unsere **Assoziationen** verlassen.
우리는 우리 협회를 믿을 수 있습니다.

---

rezitieren [ʀetsi'tiːʀən] *v.* 낭송하다, 낭독하다, 읊다

⊜ aufsagen, deklamieren

Er fing an, Gedichte von Heine zu **rezitieren**.
그는 하이네의 시를 낭송하기 시작했습니다.

---

auf der Stelle *phr.* 그 자리에서, 즉시, 당장에, 즉각

Lassen Sie den Revolver **auf der Stelle** fallen!
그 자리에 즉시 그 총을 떨어뜨려라!

---

annullieren [anʊ'liːʀən] *v.* 취소하다, 무효로 하다, 파기하다

⊜ aufheben, auflösen

Er **annullierte** seinen Ehevertrag drei Wochen nach der Heirat.
그는 결혼식 3 주 만에 혼인 계약을 취소했다.

---

aufrechterhalten ['au̯fʀɛçtʔɛɐ̯ˌhaltn̩] *v.* 유지하다, 지탱하다, 견지하다

⊜ beibehalten, bewahren

Die Flughafenleitung tat alles um den Flugbetrieb **aufrechtzuerhalten**. 공항 관리는 비행 운행을 유지하기 위해 모든 것을 했습니다.

---

autorisieren [au̯toʀi'ziːʀən] *v.* 권리를 부여하다, 위임하다, 인가하다, 허가하다

⊜ berechtigen, bevollmächtigen

Sie war dazu **autorisiert** worden, die Arbeiten zu überprüfen.
그녀는 작업을 검사할 권한이 있었습니다.

Beredsamkeit [bə'ʀeːtzaːmkai̯t] *n.* 웅변, 능변, 달변, 웅변술

Ⓖ *f - x*

Eine stark ausgeprägte **Beredsamkeit** kommt Politikern zugute.
강한 인상적인 웅변은 정치인에게 도움이 됩니다.

---

barfuß ['baːɐ̯fuːs] *a.* 맨발의 *adv.* 맨발로

⊜ barfüßig, mit nackten Füßen

Barfuß laufen ist gesund. 맨발로 걷는 것은 건강합니다.

delegieren [dele'gi:ʀən]

⊜ übergeben, abgeben

v. (대표로서) 파견하다, 전권을 위임하다

Du solltest diese Arbeiten besser an deine Mitarbeiter **delegieren**.
너는 이 작업들을 직원들에게 더 잘 위임해야 합니다.

dementsprechend ['de:mʔɛntʃpʀɛçn̩t]

⊜ danach, infolgedessen

a. 그러므로, 따라서, 그에 따른

Wir haben uns **dementsprechend** dazu entschlossen, nicht zu verreisen. 따라서 우리는 여행하지 않기로 결정했습니다.

galoppieren [galɔ'pi:ʀən]

⊜ preschen, reiten

v. (말이) 내달리다, 질주하다

Auf dem Waldweg gehen viele Leute spazieren, dort solltest du nicht unbedingt **galoppieren**.
많은 사람들이 그 숲 길을 산책하기 때문에 거기에서는 절대 달려서는 안됩니다.

Geiselnahme ['gaɪ̯zl̩ˌna:mə]

G *f - n*

n. 인질로 잡음, 인질 감금

Der Banküberfall endete mit einer **Geiselnahme**.
은행 습격사건은 인질극에서 끝이 났다.

aufs Geratewohl

phr. 되는 대로, 운을 하늘에 맡기고, 닥치는 대로

Aufs Geratewohl wählte er einen Beruf, nur weil seine Mutter wollte, dass er sich jetzt entscheidet.
그의 어머니가 그가 지금 결정하기를 원했기 때문에 닥치는 대로 직업을 선택했습니다.

Inkrafttreten [ɪn'kʀaftˌtʀe:tn̩]

n. 효력 발휘, 발효, 효력 발생, 시행

Knapp zehn Monate nach dem Verhandlungsdurchbruch in Paris ist das **Inkrafttreten** des historischen Weltklimapakts greifbar nah.
파리에서 돌파구를 찾고 거의 10 개월 만에 역사적인 세계 기후 협약이 발효되었습니다.

kumulieren [kumu'li:ʀən]

⊜ anhäufen, ansammeln

v. 누적하다, 퇴적하다, 축적하다, 모으다

Wenn man seine Stimmen **kumuliert**, unterstützt man einen Kandidaten besonders stark. 투표가 축적되면 후보자를 특히 강력하게 지지합니다.

präferieren [pʀɛfe'ʀi:ʀən]

⊜ bevorzugen, vorziehen

v. 선호하다, 우위에 두다

Ich **präferiere** schwarze Möbel. 나는 검정색 가구를 선호한다.

platzieren [pla'tsi:ʀən]

⊜ aufstellen, anlegen

v. 배치하다, 임명하다, 투자하다, 팔다, 처분하다

Wir wurden ganz schlecht **platziert** und konnten kaum etwas sehen.
우리는 나쁜 곳에 배치되어서 거의 아무것도 볼 수 없었습니다.

redundant [ʀedʊn'dant]

⊜ überflüssig, überreichlich

a. 과잉의, 잉여의, 여분의, 불필요한

In der Linguistik gelten **redundante** Informationen nicht als überflüssig. 언어학에서 중복된 정보는 쓸데없지 않습니다.

sich revanchieren [ʀevɑ̃'ʃi:ʀən]

⊜ vergelten, erwidern

v. 복수하다, 보복하다, 보답하다

Für diese Unverschämtheit wollte er **sich** unbedingt **revanchieren**.
그는 이 파렴치함 때문에 반드시 복수하기를 원했습니다.

Renommee [ʀenɔ'meː]

Ⓖ *n s s*

ⓝ 평판, 명성, 고명

Der Professor genießt in Wissenschaftskreisen ein ausgezeichnetes **Renommee.** 그 교수는 과학계에서 탁월한 명성을 누리고 있습니다.

---

subsumieren [zʊpzu'miːʀən]

⊜ eingliedern, einreihen

ⓥ (상위 범주) 포함시키다, 포섭하다

Man kann sich streiten, ob diese Tat unter "Mord" oder "Totschlag" zu **subsumieren** ist.

이 범행이 "살인" 또는 "과실 치사" 에 포함되는지 여부를 논쟁 할 수 있습니다.

---

stringent [ʃtʀɪŋ'gɛnt]

⊜ plausibel, logisch

ⓐ 논리정연한, 논리적인, 설득력이 있는

Er formulierte eine **stringente** Argumentation.

그는 설득력이 있는 논증을 표현했다.

---

triumphieren [tʀiʊm'fiːʀən]

⊜ besiegen, jubeln

ⓥ 개선하다, 개가를 올리다, 의기 양양하다, 승리를 축하하다

Nachdem der Friede geschlossen worden war, **triumphierte** der siegreiche Konsul. 평화가 결정된 후 승리 한 집정관이 개선하였다.

übersät [yːbɐ'zɛːt]

⊜ gespickt, voll von

ⓐ ~로 덮여 있는

Der Körper ist **übersät** mit Blutblasen. 몸은 피로 덮여 있다.

24 Tag

2301~2400

verhören [fɛɐ̯ˈhøːʀən]

⊖ missverstehen, vernehmen

ⓥ 심문하다, 신문하다, 문초하다, 청취하다

In Guantanamo Bay **verhörten** US-Amerikaner Terrorverdächtige mit zweifelhaften Methoden.
관타나모 만 해군 기지에서 미국인들은 수상한 방법으로 테러 용의자를 심문했다.

---

widerlegen [ˌviːdɐˈleːgən]

⊖ entkräften, hohnsprechen

ⓥ 반박하다, 논박하다, 부정하다, ~의 반증을 들다

Ein Gegenbeispiel reicht, um eine Hypothese zu **widerlegen**.
반례는 가설을 논박하기에 충분하다.

---

widerspiegeln ['viːdɐʃpiːgl̩n]

⊖ reflektieren, ausdrücken

ⓥ 반사하다, 반영하다, 나타내다, 표현하다, 비추다

In unseren Berichten **spiegelten** sich unsere Erlebnisse **wider**.
우리의 보고서에 우리의 경험을 반영했습니다.

---

verpönen [fɛɐ̯ˈpøːnən]

⊖ ächten, verschmähen

ⓥ 금지하다, 엄금하다, 경멸하다, 시인하지 않다, 거절하다

Ich glaube nicht, dass es die Konsequenz sein kann, Handys in der Schule total zu **verpönen**.
나는 그것이 학교에 휴대 전화가 완전히 금지되는 결과가 될 수 있다는 것을 믿지 않는다.

---

schmälern ['ʃmɛːlɐn]

⊖ minimieren, verkleinern

ⓥ 축소하다, 제한하다, 줄이다, 절감하다

Die vielen Fehltritte, die sich der Berater leistete, werden seinen Verdienst nicht **schmälern**.
그 전문가가 만든 많은 과실들은 그의 수입을 감소시키지 않습니다.

---

schmeicheln ['ʃmaɪ̯çl̩n]

⊖ scharwenzeln, hofieren

ⓥ 기쁘게 해주다, 아첨하다, 부각시키다, 응석부리다

Um ihre Aufmerksamkeit zu erringen, **schmeichelte** er ihr durchgehend und versuchte sie mit Geschenken zu bestechen.
그녀의 관심을 끌기 위해 그는 계속해서 그녀를 칭찬하고 선물로 사로잡으려고 했다.

---

heucheln ['hɔɪ̯çl̩n]

⊖ lügen, simulieren

ⓥ 꾸며대다, ~인 체하다, 위선적인 행동을 하다, 가장하다

Du **heuchelst** hier den liebenden Vater und im Hotel wartet deine Geliebte! 너는 여기에서는 사랑스러운 아버지처럼 가장하고 호텔에서는 내연녀가 기다리니!

---

ergötzen [ɛɐ̯ˈgœtsn̩]

⊖ genießen, beglücken

ⓥ 흥겨워하다, 유쾌하게 하다, 즐겁게 하다, 위로하다

Die Wissenschaften nähren die Jugend, **ergötzen** das Alter.
과학은 젊음이들을 키우고 늙은이들을 기쁘게 합니다.

verweigern [fɛɐ̯ˈvaɪ̯ɡɐn]
⊜ zumachen, abwehren

v. 거절하다, 거부하다, 불허하다

Ohne Durchsuchungsbeschluss **verweigere** ich ihnen den Zutritt zu meinem Haus. 나는 그들이 수색 영장이 없이 내 집에 들어오는 것을 불허합니다.

---

verifizieren [ˌveʀifiˈt͡siːʀən]
⊜ beglaubigen, bezeugen

v. 확인하다, 실증하다, 입증하다

Bevor man Zugriff auf ein Konto hat, muss zunächst der Zugangscode **verifiziert** werden. 계정에 액세스하기 전에 먼저 액세스 코드를 확인해야 합니다.

---

sich verirren [fɛɐ̯ˈʔɪʀən]
⊜ fehlgehen, irregehen

v. 길을 잃다

Wir haben **uns** auf einer Wanderung im Wald **verirrt**.
우리는 숲에서 하이킹을 하다가 길을 잃었다.

Abriss [ˈapʀɪs]
G *m es e*

n. 약도, 개요, 설계도, 찢음, 철거

Geben Sie mir bitte einen kurzen **Abriss** des Sachverhalts.
그 사태에 대한 간단한 개요를 알려주십시오.

Satellit [zatɛˈliːt]
G *m en en*

n. 인공위성, 위성, 추종자

Das Fernsehsignal kommt vom **Satelliten**. 텔레비전 신호는 위성에서 나옵니다.

Bohne [ˈboːnə]
G *f - n*

n. 콩, 원두

Die ostasiatische **Sojabohne** hat große Bedeutung für die Welternährung gewonnen. 동아시아 콩은 세계 식량을 위해 매우 중요한 비중을 가진다.

Antike [anˈtiːkə]
G *f - n*

n. 고대, 그리스로마 시대, 고대의 문화 예술

Mein Onkel interessiert sich für die **Antike**, besonders für die griechische. 내 삼촌은 고대 문화 예술, 특히 그리스에 관심이 있습니다.

Schlegel [ˈʃleːɡl̩]
G *m s -*

n. (두드리는 기구) 방망이, 망치, 라켓, 허벅다리 고기

Dann schwingt der Vorsitzende den **Schlegel** zum Fassanstich.
그런 다음 의장은 망치를 마개가 달린 나무통에 두드린다.

Flur [fluːɐ̯]
G *m (e)s e*

n. 마루, 바닥, 현관, 문간, 대기실, 복도

Der **Flur** führte von der Haustür direkt in die Küche und weiter bis ins Schlafzimmer. 그 복도는 정문에서 바로 부엌으로 그리고 침실까지 이어졌습니다.

Ferse [ˈfɛʁzə]
G *f - n*

n. 발꿈치, 뒤꿈치

Beim Sport habe ich mir meine linke **Ferse** verletzt.
스포츠 도중 왼쪽 발꿈치를 다쳤습니다.

Schenkel [ˈʃɛŋkl̩]
G *m s -*

n. 허벅다리, 넓적다리, 대퇴

Er hat sich seine behaarten **Schenkel** rasiert.
그는 털이 난 허벅지를 면도했습니다.

Wade [ˈvaːdə]
G *f - n*

n. 종아리, 장딴지

Der Rock reicht ihr bis zu den **Waden**. 그 치마는 종아리까지 다다른다.

Wanne ['vanə]

G *f - n*

n. 통, 욕조, 대야, 도랑

Das Geschoss des Gegners durchschlug die **Wanne** des eigenen Panzers. 상대방의 총알이 탱크의 장갑을 관통하였습니다.

Linguist [lɪŋ'gu̯ɪst]

G *m en en*

n. 어학자, 언어학자

Die meisten Beiträge im Wiktionary werden nicht von **Linguisten**, sondern von Laien verfasst.
위키 낱말사전에 있는 대부분의 글은 언어학자가 아니라 비전문가가 쓴 것입니다.

Taufname ['tau̯fˌna:mə]

G *m ns n*

n. 세례명

Er hört auf den **Taufnamen** Christian. 그는 Christian 세례명을 따른다.

Import [ˌɪm'pɔʁt]

G *m (e)s e*

n. 수입, 수입품

Der **Import** von Oliven ist im letzten Jahr leicht zurückgegangen.
올리브 수입은 지난 해 소폭 감소했습니다.

Automatismus [au̯toma'tɪsmʊs]

G *m - -men*

n. 자동 장치, 자동 운동

Zusätzlich lassen sich mit der App individuelle **Automatismen** einrichten. 추가적으로 이 앱으로 자동화 기능을 설정할 수 있습니다.

Speichel ['ʃpai̯çl̩]

G *m s x*

n. 침, 타액, 군침

Ihr war **Speichel** aus dem Mund gelaufen. 침은 그녀의 입에서 떨어졌다.

Areal [aʁe'a:l]

G *n s e*

n. 지면, 면적, 분포 지역, 구역, 영역

Manche Pflanzenarten sind auf sehr kleine **Areale** beschränkt.
일부 식물 종은 매우 작은 지역으로 제한됩니다.

Ziffer ['tsɪfɐ]

G *f - n*

n. 숫자, 숫자로 나타낸 수

Die Zahl 24 wird mit den **Ziffern** zwei und vier geschrieben.
숫자 24 는 2 와 4 의 수로 작성됩니다.

Schublade ['ʃu:pˌla:də]

G *f - n*

n. 서랍

Der Dieb durchwühlte die **Schublade** nach Wertgegenständen.
도둑이 귀중품 서랍을 뒤적거린다.

Zierde ['tsi:ɐ̯də]

G *f - n*

n. 장식, 치장, 장식품, 자랑거리

Die Eiche ist eine wahre **Zierde** für unseren Garten.
그 떡갈나무는 우리 정원의 진정한 자랑거리입니다.

Schnecke ['ʃnɛkə]

G *f - n*

n. 달팽이

"Mach mal ein bisschen schneller, du lahme **Schnecke**! Ich will heute noch fertig werden!"
"조금 더 빨리해, 너는 달팽이처럼 기어가는 것 같아! 나는 오늘 끝내고 싶어!"

Befugnis [bə'fu:knɪs]

G *f - se*

n. 권능, 권한, 자격

Er hat die **Befugnis**, die Sperrzone betreten zu dürfen.
그는 제한 구역에 들어갈 권한이 있습니다.

Lügendetektor ['ly:gn̩de,tɛkto:ɐ̯]
G m s en

n. 거짓말 탐지기

Die den **Lügendetektoren** zugrundeliegende Theorie ist unter Wissenschaftlern umstritten.
거짓말 탐지기의 기본 이론은 과학자들 사이에서 논란이 되고 있습니다.

Panzer ['pant͡sɐ]
G m s -

n. 전차, 탱크, 철갑, 갑옷, 흉갑

Durch ihren **Panzer** sind die Gürteltiere gut vor Feinden geschützt.
아르마딜로는 그들의 장갑을 통해서 적으로부터 잘 보호됩니다.

Dasein ['da:,zai̯n]
G n s e

n. 현존, 현재, 출석, 생존, 존재, 생명

Bei manch einer Person stellt man sich die Frage nach der Berechtigung ihres **Daseins**.
많은 사람에게 자신의 존재에 대한 자격에 대한 질문을 합니다.

Brei [bʀai̯]
G m (e)s e

n. 죽, 풀

Er fütterte das Baby mit **Brei**. 그는 아기에게 죽을 먹였다.

Totenschädel ['to:tn̩ʃɛ:dl̩]
G m s -

n. 해골

Totenschädel blickten auf sie herab. 두개골이 그녀를 내려다보았다.

Ausbeute ['au̯s,bɔi̯tə]
G f - n

n. 이득, 소득, 성과, 산출량, 생산량

Sein Silberbergwerk hatte nur eine geringe **Ausbeute**.
그의 은광산은 오직 적은 생산량만 가졌습니다.

Schwert [ʃve:ɐ̯t]
G n (e)s er

n. 검, (큰)칼

In einer Zeremonie zerstören sie die Trophäen, brechen die **Schwerter** entzwei und zerschlagen die Schilde.
의식에서 그들은 트로피를 파괴하고, 칼을 둘로 쪼개며 방패를 부순다.

Windel ['vɪndl̩]
G f - n

n. 기저귀, 배내옷, 포대기

Unsere Tochter geht noch nicht aufs Töpfchen, sie trägt noch **Windeln**. 우리 딸은 아직 요강을 사용하지 않고 여전히 기저귀를 쓰고 있습니다.

Scherz [ʃɛʁt͡s]
G m es e

n. 장난, 농담, 익살

Er hält das Leben für einen einzigen **Scherz**.
그는 인생을 하나의 농담으로 여긴다.

Regie [ʀe'ʒi:]
G f - n

n. 감독, 연출, 지도, 지휘, 관리

Die Uni führt die Prüfung nicht in eigener **Regie** durch, man hat einen Consultant beauftragt.
대학은 자체적으로 시험을 실시하지 않고 컨설턴트에게 위임했습니다.

Vorfall ['fo:ɐ̯fal]
G m (e)s ä-e

n. 돌출, 일탈, (갑작스런) 사고, 일

Nach dem **Vorfall** musste er verkehrtherum einige Stunden verweilen, damit sich die Wirbel wieder einrenkt.
그 사건 후, 그는 척추가 다시 원상 복구되도록 몇 시간을 거꾸로 머물러야 했습니다.

Schaufel ['ʃau̯fl̩]

G *f - n*

n. 삽, 노깃, 쓰레받기

Die Einfahrt ist voller Schnee. Weißt du, wo die **Schaufel** ist?
차도에 눈이 가득이다. 너는 삽이 어디에 있는지 알고 있어?

Betragen [bəˈtʀaːgn̩]

G *n s -*

n. 덕행, 소행, 거동, 행적, 몸가짐

Das **Betragen** der Kollegin gegenüber Vorgesetzten war alles andere als in Ordnung. 상사에 동료의 태도는 전혀 올바르지 않았습니다.

Spanner ['ʃpanɐ]

G *m s -*

n. 스패너, 나사 돌리개, 드라이버

Mit dem **Spanner** wird das Werkstück fixiert.
그 부품은 스패너로 고정됩니다.

Popel ['poːpl̩]

G *m s -*

n. 코딱지

"Putz dir den **Popel** von der Nase." "코에 코딱지를 닦으십시오."

Ranzen ['ʀantsən]

G *m s -*

n. 여행 가방, 배낭

Unsere Tochter braucht einen neuen **Ranzen**.
우리 딸은 새 배낭이 필요합니다.

Schorf [ʃɔʁf]

G *m (e)s e*

n. 딱지, 부스럼 딱지

Das Kind kratzt sich den **Schorf** auf der unangenehm kitzelnden Wunde ab. 그 아이는 불편하고 간지러운 상처의 딱지를 긁습니다.

Schluck [ʃlʊk]

G *m (e)s e*

n. 한 모금, 꿀꺽

Im Glas war nur noch ein **Schluck**. 컵에는 딱 한 모금만 있었습니다.

Stiftung ['ʃtɪftʊŋ]

G *f - en*

n. 기부, 기증, 희사, 기부금, 재단

Seine **Stiftung** soll einem gemeinnützigen Zweck dienen.
그의 재단은 공익의 목적을 위해 봉사해야 합니다.

Reifezeugnis ['ʀai̯fəˌtsɔi̯gnɪs]

G *n ses se*

n. 고등학교 졸업 증서

Im Notaufnahmeverfahren wird Kimmy aufgrund seines diskriminierenden **Reifezeugnisses** und des verweigerten Studienplatzes schließlich als politischer Flüchtling anerkannt.
긴급 수용 절차에서 Kimmy 는 자신의 차별적인 고등학교 졸업 증서와 거부된 대학입학으로 인해 결국 정치적 난민으로 인정 되고 있다.

Verdienst [fɛɐ̯'diːnst]

G *m (e)s e*

n. 이득, 수입, 임금, 공로, 공적

Ihr **Verdienst** wird Ihnen natürlich jeden Monat auf Ihr Konto überwiesen. 귀하의 수입은 물론 매월 귀하의 계좌로 이체됩니다.

Fassade [fa'saːdə]

G *f - n*

n. 정면, 전면, 외형, 겉치레

Ehe sie das Haus betritt, wandert ihr Blick an der **Fassade** hoch.
그녀가 집으로 들어서기 전에 그녀의 시선은 건물의 정면을 향해 움직이고 있다.

Schmuggler ['ʃmʊglɐ]

G *m s -*

n. 밀수자, 밀매꾼, 밀수업자

Die **Schmuggler** versuchten im Schutz der Dunkelheit die Grenze zu überqueren. 밀수꾼들은 어둠을 타고 국경을 넘으려 했습니다.

Pfad [pfaːt]
Ⓖ *m (e)s e*

ⓝ 좁은 길, 오솔길

Kurze, mit Bohlen befestigte **Pfade** führen von den Landebrücken zur Hauptstraße, die teilweise nur wenige Dutzend Meter hinter dem Strand verläuft.
짧고 포장된 오솔길은 육교에서부터 해변 뒤의 수십 미터 뻗어 있는 메인 도로까지 이어진다.

Prügel [ˈpʀyːgəl]
Ⓖ *m s -*

ⓝ 강타, 구타, 매질, 몽둥이, 막대기

Früher haben Kinder für dumme Taten oft zur Strafe **Prügel** bezogen. 과거에 어린이들은 종종 어리석은 행위에 대한 매질로 처벌이 되었다.

Spitzel [ˈʃpɪtsl̩]
Ⓖ *m s -*

ⓝ 정보원, 첩자, 스파이, 밀정

Wie immer in der Diktatur, hatte jeder Angst vor **Spitzeln**.
독재 정권처럼 모든 사람들은 스파이를 두려워했습니다.

Zopf [tsɔpf]
Ⓖ *m (e)s ö-e*

ⓝ 땋은 머리, 쪽, 변발

Drei geflochtene **Zöpfe** hingen über den schlanken Nacken der Frau.
3 개의 땋은 머리가 그 여성의 날씬한 목에 걸려있었습니다.

Schrott [ʃʀɔt]
Ⓖ *m (e)s e*

ⓝ 고철, 파쇠, 고물, 잡동사니

Schrott kann man einschmelzen und dann das Metall wieder verwerten. 고철은 녹여 금속으로 재활용할 수 있습니다.

Pracht [pʀaχt]
Ⓖ *f - x*

ⓝ 화려, 호화, 현란, 장관, 훌륭함, 휘황

Nur mit einem HD Fernseher kann man die Grafik in ihrer vollen **Pracht** erleben. HD TV 만 있으면 호화찬란한 그래픽을 경험할 수 있습니다.

Krach [kʀaχ]
Ⓖ *m (e)s ä-e*

ⓝ 시끄러운 소리, 꽝하는 소리, 폭음, 소란, 틈, 도산

Der **Krach** gestern war unbeschreiblich. 어제 폭음은 굉장했다.

Gurt [gʊʁt]
Ⓖ *m (e)s e*

ⓝ 띠, 끈, 허리띠, 장식띠, 안전 벨트, 탄대

Hast du schon den **Gurt** angelegt? 이미 벨트를 착용했니?

Becken [ˈbɛkn̩]
Ⓖ *n s -*

ⓝ 양푼, 대야, 큰 물통, 수조, 골반

Bei diesem Sturz hat er sich einen Bruch des **Beckens** zugezogen.
떨어졌을 때 그는 골반을 골절했다.

Peripherie [peʀifeˈʀiː]
Ⓖ *f - n*

ⓝ 원주, 원, 외곽, 변두리, 주변 지역

In der **Peripherie** großer Städte sind die Preise nicht ganz so hoch wie im Zentrum. 대도시의 주변 지역은 가격이 중심부만큼 높지 않습니다.

Geschöpf [gəˈʃœpf]
Ⓖ *n (e)s e*

ⓝ 피조물, 창조물, 생물, 산물, 예술 작품

Hunde sind die treuesten **Geschöpfe**, die man sich vorstellen kann.
개는 사람이 생각할 수 있는 가장 충직한 피조물입니다.

Revolte [ʀeˈvɔltə]
Ⓖ *f - n*

ⓝ 반란, 폭동, 봉기, 혁명

In dem Land brach eine offene **Revolte** aus.
그 나라에서 공개적인 반란이 일어났다.

Abonnement [abɔnəˈmãː]

Ⓖ *n s s*

n. 정기 회원권, 정기 구독

Ich muss mein **Abonnement** verlängern, da es demnächst ausläuft.
곧 만료되므로 나는 구독을 갱신해야 합니다.

Zwist [tsvɪst]

Ⓖ *m (e)s e*

n. 갈등, 불화, 분쟁, 반목, 의견의 분열

Es hatte zwischen uns beiden schon immer **Zwist** gegeben.
우리 사이에는 항상 불화가 있었습니다.

Stachel [ˈʃtaχl̩]

Ⓖ *m s n*

n. 가시, 독침, 고리

Die **Stacheln** des jungen Igels sind ganz weich.
어린 고슴도치의 가시는 매우 부드럽습니다.

Husche [ˈhʊʃə]

Ⓖ *f - n*

n. 소낙비, 소나기, 지나가는 비

Nach der **Husche** sahen sie einen Regenbogen am Himmel.
그들은 소나기가 지나간 후에 하늘에서 무지개를 보았습니다.

Tapete [taˈpeːtə]

Ⓖ *f - n*

n. 벽지, 도배지

Die **Tapeten** müssen noch gestrichen werden.
벽지는 여전히 문질러 발라야 합니다.

Ventil [vɛnˈtiːl]

Ⓖ *n s e*

n. 밸브, 콕, 피스톤

Das **Ventil** an meinem Fahrradreifen ist kaputt.
자전거 타이어의 밸브가 고장이 났습니다.

Aufrichtigkeit
[ˈaʊ̯fˌʀɪçtɪçkaɪ̯t]

Ⓖ *f - en*

n. 독실, 정직, 솔직, 성실

Seine **Aufrichtigkeit** ist bemerkenswert. 그의 성실함은 주목 할 만하다.

Reißverschluss
[ˈʀaɪ̯sfɛɐ̯ʃlʊs]

Ⓖ *m es ü-e*

n. 지퍼, 잭

Er hatte den **Reißverschluss** an seiner Hose geöffnet, und ein gelber Urinrand hatte sich in den weißen Schneeteppich gegraben.
그는 바지에 지퍼를 열었고 노란색의 소변이 하얀 눈 카펫으로 파고 들었다.

Ochse [ˈɔksə]

Ⓖ *m n n*

n. 숫소, 황소

Der **Ochse** zieht den Pflug. 황소가 쟁기를 잡아당긴다.

Kalb [kalp]

Ⓖ *n (e)s ä-er*

n. 송아지

Das **Kalb** springt munter auf der Weide herum.
송아지는 목초지에서 행복하게 뛰어논다.

Psychiatrie [psyçi̯aˈtʀiː]

Ⓖ *f - n*

n. 정신병학, 정신과, 정신 병원

Nach langem Zögern ließen wir unsere Mutter in die **Psychiatrie** einweisen. 오랜 망설임 후에 우리는 어머니를 정신 병원에 등록시켰습니다.

Backe [ˈbakə]

Ⓖ *f - n*

n. 뺨, 볼

Als er vom Zahnarzt kam, hatte er dicke **Backen**.
그가 치과 의사로부터 왔을 때, 부은 뺨을 가졌다.

Schund [ʃʊnt]

G *m (e)s x*

n. 조잡품, 저속 작품, 고물, 잡동사니

Was für einen **Schund** hast du dir schon wieder gekauft?
어디서 이런 쓰레기를 또 사왔냐?

Laster ['lastɐ]

G *n s -*

n. 악덕, 패륜, 부도덕, 죄악, 악습, 범죄

Wer über Tugenden spricht, muss also auch auf die ihnen entsprechenden **Laster** zu sprechen kommen.
미덕에 대해 말한다면, 그에 상응하는 악덕에 대해서도 이야기해야 합니다.

Etui [ɛt'viː]

G *n s s*

n. 작은 상자, 케이스, 주머니

Das kleine **Etui** mit dem Nähzeug ist auf jeder unserer Urlaubsreisen mit dabei. 재봉 도구가 있는 작은 케이스가 우리의 휴가 여행에 함께 한다.

Umriss ['ʊmˌʀɪs]

G *m es e*

n. 윤곽, 요강, 스케치, 개요

Er skizzierte den **Umriss** des Hauses. 그는 그 집의 윤곽을 그렸다.

Samen ['zaːmən]

G *m s -*

n. 씨, 씨앗, 종자, 정액, 근본

Der **Samen** entwickelt sich in den Hoden. 정액은 고환에서 발생합니다.

Insasse ['ɪnˌzasə]

G *m n n*

n. 승객, 동승자, 입원자, 수용자, 수감자

Beide **Insassen** seien angegurtet und die Airbags intakt gewesen, so der Sachverständige.
두 승객은 안전 벨트를 하였고 에어백은 잘 작동했다고 전문가는 전했다.

Tätowierung [tɛto'viːʀʊŋ]

G *f - en*

n. 문신

Weil sie noch minderjährig ist und ihre Mutter ihr keine Erlaubnis erteilt, darf Maria sich keine **Tätowierung** stechen lassen.
Maria 는 아직 미성년자이고 어머니가 허락하지 않았기 때문에 문신을 할 수 없습니다.

Matrose [ma'tʀoːzə]

G *m n n*

n. 선원, 마도로스, 뱃사람

Die **Matrosen** trafen sich abends in der Bar am Hafen.
선원들은 저녁에 항구 술집에서 만났습니다.

Patent [pa'tɛnt]

G *n (e)s e*

n. 특허, 특허권, 특허품

Patente sind ein Nachweis für erfolgreiche Arbeit.
특허는 성공적인 작업의 증거입니다.

Improvisation [ɪmpʀoviza'tsi̯oːn]

G *f - en*

n. 즉석 연설, 즉흥시, 즉흥곡, 즉석 처리, 임기 응변, 애드리브

Im Jazz werden sehr oft **Improvisationen** gespielt.
재즈는 종종 즉흥 연주를 합니다.

Aufruhr ['aʊ̯fˌʀuːɐ̯]

G *m s e*

n. 격동, 혼란, 소동, 폭동, 반란, 혁명

Er entgegnet trocken, dass dieser ganze **Aufruhr** mitsamt den prügelnden Zivilpolizisten nur provoziert wird, um das Land zu destabilisieren. 폭력적인 사복경찰들과 함께하는 이 반란은 단지 나라를 혼란스럽게 하기위해 선동될 뿐이라고 그는 무미건조하게 대답했다.

Tracht [tʀaχt]

Ⓖ *f - en*

n. 복장, 의복, 의상

Sie durften nicht mehr ihre **Trachten** tragen.
그들은 그들의 의상을 입는 것이 더 이상 허락되지 않았습니다.

Kontrahent [kɔntʀa'hɛnt]

Ⓖ *m en en*

n. 계약자, 당사자, 경기의 적수

Die **Kontrahenten** haben den Ring betreten und starren sich entschlossen an. 상대방이 링에 들어가고 단호하게 응시합니다.

---

ranzen ['ʀantsn̩]

⊜ kopulieren, rammeln

v. (동물) 교미하다, 호통치다

In Wäldern und auf Wiesen wird gerammelt, gerauscht und **geranzt**.
숲과 초원에서 교미하고 흘레합니다.

---

flechten ['flɛçtn̩]

⊜ binden, schlingen

v. 꼬다, 땋다, 엮어서 만들다

Als junge Mädchen **flochten** wir uns gegenseitig lange Zöpfe.
우리는 어린 소녀로서 서로의 머리를 땋았습니다.

Rausch [ʀaʊ̯ʃ]

Ⓖ *m (e)s ä-e*

n. 취함, 만취, 환각, 도취, 착각, 무아경

Nachdem ich meinen **Rausch** ausgeschlafen hatte, hatte ich Kopfschmerzen und mir war immer noch schlecht.
내가 한숨 자고 정신을 차렸을 때, 나는 두통을 앓았고 나는 계속 몸이 좋지 않았다.

---

aufs Tapet bringen

phr. 화제에 올리다, 토의하다

IFA-Leiter Nobert selbst will das Thema übrigens nun auch beim Wissenschaftsrat **aufs Tapet bringen**. 덧붙여 말하자면, IFA 의 Norbert 단장은 지금 이 문제를 과학 자문 기관에서 토의하길 원합니다.

Redlichkeit [ʀeːtlɪçkaɪ̯t]

Ⓖ *f - x*

n. 성실성, 정직성, 염치, 신의

Haben sie immer **Redlichkeit** geübt? 당신은 항상 신의를 지킵니까?

---

spannen ['ʃpanən]

⊜ anziehen, festklemmen

v. 팽팽히 하다, 늘이다, 죄다, 긴장시키다, 잡아당기다

Wenn das Gespann sich in Bewegung setzt, **spannen** sich die Gurte.
수레가 움직이기 시작하면 끈이 죈다.

Mammonismus ['mamɔnɪsmʊs]

Ⓖ *m - x*

n. 황금 만능주의, 금력 지배, 배금주의,

Am Ende darf er erzählen, was passieren kann, wenn man dem **Mammonismus** mal widersteht.
그는 배금주의에 저항한다면 어떤 일이 일어나는지 말할 수 있습니다.

---

absitzen ['apˌzɪtsn̩]

⊜ ableisten, herumkriegen

v. 빈둥거리다, 허송세월하다, 내리다, 앉다, 오래 써서 닳게 하다

Das Gericht verurteilte den Mann zu zehn Monaten Haft, von denen er vier im Gefängnis **absitzen** muss. 법원은 그 남성에게 10 개월 구류형을 선고했으며 그 중 4 개월은 감옥에 수감해야 한다고 판결했다.

2401~2500

25 Tag

schinden ['ʃɪndn̩]

⊜ misshandeln, quälen

ⓥ 괴롭히다, 학대하다, 공짜로 즐기다, 피부가 까지다

Die Sklaven wurden von ihren Herren oft **geschunden**.
노예들은 종종 그들의 주인에게 학대당했습니다.

knappen ['knapn̩]

⊜ abknipsen, zuschnappen

ⓥ 가지치기하다, 잘라내다, 절약하다, 아끼다

Nun bekommt es einem Baum grundsätzlich nicht gut, wenn große Wurzelarme **geknappt** werden.
나무의 큰 뿌리들을 잘라내면 나무에겐 근본적으로 좋지 않다.

kontrahieren [kɔntʀa'hi:ʀən]

⊜ sich zusammenziehen

ⓥ 오그라들다, 움츠리다, 수축하다, 계약하다

Das sorgt dafür, dass die Muskeln sich **kontrahieren**.
그것은 근육이 수축되도록 합니다.

Anleihe ['anlaɪ̯ə]

Ⓖ *f - n*

ⓝ 차용, 차입, 모방, 표절

Auf diese **Anleihe** wird ein Zins von 4,75% gezahlt.
이 채권에 대해 4.75 % 의 이자가 지급됩니다.

Vakuum ['va:kuʊm]

Ⓖ *n s -ua/-uen*

ⓝ 진공, 진공 상태, 공백기

Im Weltraum herrscht beinahe ein **Vakuum**. 우주에서는 거의 진공이 지배합니다.

Sitte ['zɪtə]

Ⓖ *f - n*

ⓝ 도덕, 풍기, 행실, 풍속, 풍습, 관례, 예절, 예의범절

Um diesen Fall muss sich nicht die Mordkommission, sondern die **Sitte** kümmern. 이 사건은 살인사건 전담수사반이 아니라 관습적으로 행해야 한다.

Gebräuche [gə'bʀɔɪ̯çə]

Ⓖ *pl.*

ⓝ 관습, 관례, 풍습, 풍속, 습관, 방식, 유행, 의식

Alle Sitten und **Gebräuche**, das ganze strenge höfische Protokoll waren der Königin zutiefst verhasst.
그 여왕은 모든 예절과 관습, 모든 엄격한 예절의 규약을 깊이 혐오했다.

Phrase ['fʀa:zə]

Ⓖ *f - n*

ⓝ 숙어, 관용구, 성구, 악구, 악절

Alles, was er von sich gab, war sinnfrei. Er warf lediglich mit **Phrasen** um sich. 그가 말한 모든 것은 의미가 없다. 그는 단지 아무말이나 지껄였다.

Knöchel ['knœçl̩]

Ⓖ *m s -*

ⓝ 복사뼈, 발목 관절, 손가락 마디

Bei einer sehr gelungenen Vorlesung klopfen die Studenten am Ende mit dem **Knöchel** auf die Tische.
매우 성공적인 강의에서 학생들은 마지막에 자신의 손가락 뼈 마디로 테이블을 두드립니다.

Föderalismus
[fødeʀa'lɪsmʊs]
G m - x

n. 연방 주의, 연방 제도

Den **Föderalismus** hatte er durch Zentralismus ersetzt, mit einem mächtigen Präsidenten an der Spitze.
그는 연방 주의를 중앙 집권으로 바꿨고, 강력한 대통령을 앞세웠다.

Stäbchen ['ʃtɛ:pçən]
G n s -

n. 젓가락

Im Chinarestaurant isst er seine Nudeln mit **Stäbchen**.
그는 중국 식당에서 젓가락으로 국수를 먹는다.

Viereck ['fi:ɐ̯ˌʔɛk]
G n (e)s e

n. 사각형, 사변형, 네모

Die Summe der Innenwinkel eines **Vierecks** beträgt 360°.
사각형의 내부 각의 합은 360° 입니다.

Anliegen ['anˌli:gn̩]
G n s -

n. 청탁, 간원, 간망, 염원

Er soll mit seinem **Anliegen** vor den König treten.
그는 그의 청탁으로 왕을 알현해야 한다.

kultivieren [kʊlti'vi:ʀən]
⊜ anpflanzen, ansäen

v. 경작하다, 개간하다, 재배하다, 양식하다

Oliven konnten in Süd-Australien erfolgreich **kultiviert** werden.
올리브는 남호주에서 성공적으로 재배될 수 있었습니다.

ausdreschen ['aʊ̯sˌdʀɛʃn̩]
⊜ abdreschen, dreschen

v. 타작하다, 탈곡하다

Mit einem Kinderdreschflegel dürfen sie dann die Körner **ausdreschen**. 그들은 작은 도리깨로 씨를 타작할 수 있다.

vorbringen ['fo:ɐ̯ˌbʀɪŋən]
⊜ anbringen, herausbringen

v. 내놓다, 끄집어내다, 나타내다, 주장하다, 제시하다, 제출하다, 제의하다

Wir möchten das Anliegen **vorbringen**, den Brückenbau noch einmal zu überdenken. 우리는 다리 건설을 다시 고려해 달라는 요청을 제시하고자 합니다.

angelegen ['angəˌle:gn̩]
⊜ bestehend, existierend

a. 중요한, 마음에 걸리는

Dieser breitete sich aber schnell auf das **angelegene** Wohnhaus aus, welches zweitweise voll in Flammen stand.
가득한 화염은 그 신경 쓰이는 저택으로 빠르게 퍼졌다.

hüten ['hy:tn̩]
⊜ achtgeben, aufpassen

v. 감시하다, 경계하다, 지키다, 망보다

Die Nachbarin **hütet** unser Haus und gießt die Blumen, während wir im Urlaub sind. 우리가 휴가를 보내는 동안 이웃은 우리 집을 지켜보고 꽃에 물을 줍니다.

nahrhaft ['na:ɐ̯haft]
⊜ deftig, gehaltvoll

v. 영양이 풍부한, 활력을 증가시키는, 비옥한, 이익이 있는

Lange Zeit galt Bäcker zu werden als ein **nahrhaftes** Gewerbe.
오랫동안 제빵사는 좋은 직업으로 간주되었습니다.

verjähren [fɛɐ̯'jɛ:ʀən]
⊜ ablaufen, enden

v. 시효가 지나다, 기한이 다 지나다

Der Fall wurde neu aufgerollt, da Mord nicht **verjährt**.
살인은 시효 제한이 없기 때문에 그 사건은 재개되었다.

knurren ['knʊʀən]
⊜ murren, mosern

v. 으르렁거리다, 투덜대다, 불평을 말하다

Ich hatte seit gestern nicht gegessen und mein Magen **knurrte**.
나는 어제부터 아무것도 먹지 않아서 위가 꼬르륵거렸다.

---

in Erfüllung gehen

phr. 실현되다, 성취되다

Ein großer Wunschtraum **geht** in diesen Tagen für sie **in Erfüllung**.
그녀를 위한 큰 염원이 실현됩니다.

---

verwerten [fɛɐ̯'veːɐ̯tn̩]
⊜ anwenden, ausschöpfen

v. 이용하다, 활용하다, 사용하다

Schon um den Rohstoff effizient zu **verwerten**, wäre eine Reduktion der Verluste also hilfreich, so die Regierung. 원자재를 효율적으로 활용하기 위해서는 손실을 줄이는 것이 도움이 될 것이라고 정부는 전했다.

---

von Kopf bis Fuß

phr. 머리 끝에서 발끝까지, 완전히, 모조리, 철두철미

Von Kopf bis Fuß lässt sich hier das eigene Zuhause einrichten.
여기에서 자신의 집을 모조리 설정할 수 있습니다.

---

gelind [gə'lɪnt]
⊜ mild, verharmlost

a. 부드러운, 나긋나긋한, 느긋한, 온화한, 완곡한, 조심스러운

Bringt Oktober Frost und Wind, wird der Januar **gelind**.
10 월은 서리와 바람을 가져오고, 1 월은 온화하다.

---

darüber hinaus

phr. 더 나아가, 그것을 넘어서, 그 밖에, 가뜩이나

Anbei ist der Quartalsbericht, **darüber hinaus** habe ich eine Analyse in einer weiteren Datei zu den größten Abweichungen auf Kontenebene angefügt. 분기 보고서가 첨부되어 있으며, 그 밖에 계정 수준에서 가장 큰 편차를 가진 분석을 다른 파일에 추가했습니다.

---

schwären ['ʃvɛːʀən]
⊜ buttern, eitern

v. 곪다, 고름이 생기다, 화농하다

Eine solche Wunde **schwärt** immer; auch wenn sich darüber bereits wieder gesunde Haut gebildet hat, geht darunter die Krankheit doch weiter. 어떤 상처는 항상 곪는다. 이미 건강한 피부를 다시 만들어져도 안에서 계속 진행됩니다.

---

gediegen [gə'diːgn̩]
⊜ echt, pur

a. 순수한, 잡물이 섞이지 않은, 참된, 순진한, 신뢰할 수 있는

Das ist ein **gediegener** Schmuck. 이것은 순수한 보석입니다.

---

gerben ['gɛʁbn̩]
⊜ lohen, Leder verarbeiten

v. 무두질하다, 다듬다

In Ungarn wird traditionell mit Aluminiumsalzen und einer speziellen Fettung **gegerbt**.
헝가리에서는 전통적으로 알루미늄 염과 특별한 지방 물질로 가죽을 무두질합니다.

---

leidlich ['laɪ̯tlɪç]
⊜ ausreichend, einigermaßen

a. 평균의, 평범한, 보통의, 그럭저럭

So ging es mir eine Zeitlang recht gut, ich ward **leidlich** bezahlt, schaffte mir manches an, und meine Verhältnisse machten mir keine Schande. 그렇게 나는 잠시 동안 잘 지냈고, 많지는 않으나 그런대로 괜찮게 돈을 벌어서 몇 가지 살림을 장만하였으며 이런 나의 생활 형편을 수치로 여기지 않는다.

über die Maßen

phr. 과도하게, 터무니없이, 각별히

Wer **über die Maße** getrunken hatte, den gelüstete es nach Salzigem.
과도하게 마신 사람은 짠 것을 갈구했다.

rasieren [ʀaˈziːʀən]
⊜ schaben, schneiden

ⓥ 깎다, 면도하다, 평평하게 만들다

Während sie sich die Beine **rasiert**, rasiert er seinen Vollbart.
그녀가 다리를 면도하는 동안 그는 수염을 면도합니다.

Kreatur [kʀeaˈtuːɐ̯]
Ⓖ *f - en*

ⓝ 피조물, 생물, 동물, 인간

Gott schuf alle **Kreaturen.** 하나님은 모든 피조물을 창조하셨습니다.

spärlich [ˈʃpɛːɐ̯lɪç]
⊜ dünn, sparsam

ⓐ 부족한, 모자라는, 근소한, 드문드문한

Sein Haarwuchs ist nur **spärlich.** 그의 모발 성장은 드문드문하다.

ausfertigen [ˈaʊ̯sˌfɛʁtɪɡn̩]
⊜ ausschreiben, verfassen

ⓥ 작성하다, 서명하다, 발행하다

Ihren Kontrollbericht können sie dem Kunden schriftlich **ausfertigen.** 그들은 고객에게 검사 보고서를 서면으로 작성할 수 있습니다.

reziprok [ʀeʦiˈpʀoːk]
⊜ korrelativ, gegenseitig

ⓐ 상호의, 상관적인, 반대의, 역의

Du kannst meinen Tautemperatur Rechner verwenden um den Energieaufwand zu schätzen, natürlich **reziprok** angewendet. 당신은 나의 이슬점 계산기를 사용하여 에너지 비용을 계산할 수 있습니다. 물론 반대로도 적용됩니다.

ohne Wenn und Aber

phr. 무조건, 완벽한

Diesem Beschluss kann ich **ohne Wenn und Aber** zustimmen.
나는 너의 결정에 무조건 동의할 수 있다.

Zumutung [ˈʦuːmuːtʊŋ]
Ⓖ *f - en*

ⓝ 무리한 요구, 기대

Ich weiß, es ist eine **Zumutung**, aber könnten Sie heute eine halbe Stunde länger bleiben?
나는 무리한 요구라는 것을 알고 있지만, 당신은 오늘 30분 더 머물 수 있습니까?

huldigen [ˈhʊldɪɡn̩]
⊜ ehren, rühmen

ⓥ 섬기다, 충성을 맹세하다, 경의를 표하다, 신봉하다

Er **huldigte** den Göttern. 그는 신들에게 경의를 표했습니다.

dreschen [ˈdʀɛʃn̩]
⊜ einschlagen, verprügeln

ⓥ 타작하다, 실컷 때리다, 구타하다, 마구 두드리다

Wenn du nicht aufpasst, **dresche** ich dich windelweich!
조심하지 않으면, 나는 너를 녹초가 되도록 때릴 것이다!

sich placken [ˈplakn̩]
⊜ sich abmühen, abrackern

ⓥ 고생하다, 고초를 겪다

Warum **sich** auf den Steilhängen **placken**, wenn im Fremdenverkehr viel mehr zu verdienen ist?
관광업에서 더 많은 돈을 벌어들일 수 있다면 왜 힘들게 고초를 겪어야 하는가?

von Fall zu Fall

phr. 경우에 따라, 그때그때 봐서

Wir prüfen **von Fall zu Fall**, ob Entschädigung zu zahlen ist.
우리는 사례별로 보상이 지급되는지 여부를 확인합니다.

ausgelassen [ˈaʊ̯sɡəlasn̩]
⊜ angeregt, fröhlich

ⓐ 생기발랄한, 기분이 들뜬, 제멋대로 구는

Die **ausgelassenen** Feiern über den Aufstieg der Schweiz sind in Zürich von Ausschreitungen überschattet worden.
스위스의 발전에 대한 활기찬 축하 행사는 취리히의 폭동으로 인해 분위기가 어두워졌다.

laben ['la:bn̩]
⊜ beleben, erfrischen

ⓥ 피로를 회복시키다, 원기를 돋우다, 위안하다

Nach der Hitze des Tages kam am Abend ein **labender** Wind auf.
더운 하루가 지나고 저녁에는 상쾌한 바람이 불었다.

Eigentum ['aɪ̯gn̩tu:m]
Ⓖ n s e

ⓝ 소유물, 재산, 소유지, 소유권

Es gibt auch geistiges **Eigentum.** 또한 지적 재산도 있습니다.

---

nachweisen ['na:χˌvaɪ̯zn̩]
⊜ aufzeigen, belegen

ⓥ 지시하다, 알려 주다, 소개하다, 증명하다, 확증하다, 입증하다

Alkohole kann man mit der Lucas-Probe **nachweisen**.
알콜은 Lucas 테스트로 검출할 수 있습니다.

---

routinemäßig
[ʀu'ti:nəˌmɛ:sɪç]
⊜ mechanisch, schematisch

ⓐ 정해진, 습관적인, 되풀이 되는, 일상적인

Ob das Verfahren fehlerfrei ist, kann erst gesagt werden, wenn **routinemäßig** Rechnungen verschickt werden.
정례적으로 영수증을 보낼 때만 절차에 오류가 없는지 확인이 가능합니다.

---

streichen ['ʃtʀaɪ̯çn̩]
⊜ schmieren, reiben

ⓥ 다듬다, 마찰하다, 바르다, 칠하다, 선을 긋다

Die Bank ist frisch **gestrichen**! 그 벤치는 새로 칠해졌습니다!

übertreffen [y:bɐ'tʀɛfn̩]
⊜ überragen, überschreiten

ⓥ 능가하다, 낫다

Es **übertraf** zugleich die Prognosen von Analysten, die im Schnitt mit plus 6,1 Prozent gerechnet hatten.
그것은 또한 평균 + 6.1 % 를 계산했던 전문가의 예측을 능가했다.

---

unbeabsichtigt
['ʊnbəˌʔapzɪçtɪçt]
⊜ irrtümlich, unbewusst

ⓐ 의도적이 아닌, 고의가 아닌, 무심코, 어쩌다가

Es tut mir leid, dass ich gegen dein Auto gefahren bin, das war vollkommen **unbeabsichtigt**.
나는 당신 차에 부딪쳐서 미안합니다. 그것은 결코 의도하지 않았습니다.

---

hervorgehen
[hɛɐ̯'fo:ɐ̯ˌge:ən]
⊜ entstammen, entspringen

ⓥ 생기다, 배출되다, 떠오르다, 나타나다

Große Träume **gehen** aus einem starken Verlangen **hervor**.
큰 꿈은 강한 욕망에서 나옵니다.

---

bestäuben [bə'ʃtɔɪ̯bn̩]
⊜ befruchten, pudern

ⓥ (식물) 수분시키다

Obstbäume bedürfen der Bestäubung durch Insekten, sie tragen nur, wenn die Blüten **bestäubt** worden sind.
과일 나무는 곤충을 통한 수분이 필요하고 꽃이 수분 되었을 때 열매를 맺습니다.

---

vorgeben ['fo:ɐ̯ˌge:bn̩]
⊜ vortäuschen, ansetzen

ⓥ 제출하다, 핑계대다, 둘러대다, 우선점을 주다, 규정하다

Der Bettler **gab vor**, Millionär zu sein. 그 거지는 백만장자인 척합니다.

Verweis [fɛɐ̯'vaɪ̯s]
Ⓖ m es e

ⓝ 징계, 비난, 질책, 지시, 안내

Mit **Verweis** auf die Risiken kann ich ihnen das Medikament nicht uneingeschränkt empfehlen.
리스크 안내에 따라서 나는 그들에게 그 약을 무조건 추천할 수 없다.

vergeben [fɛɐ̯ˈgeːbn̩]
⊜ verzeihen, entschuldigen

ⓥ 용서하다, 눈감아 주다, 주다, 약속하다

Es werden ihm seine Sünden **vergeben**. 그의 죄는 용서받을 것입니다.

---

hinzukommen
[ˈhɪntsuˌkɔmən]
⊜ dazukommen, hinzutreten

ⓥ 다가오다, 덧붙여지다, 추가되다

Ich gehe auch davon aus, dass mindestens noch zwei, vielleicht sogar noch drei neue Spieler **hinzukommen**.
나는 또한 최소한 두 명, 심지어 세 명의 새로운 플레이어가 추가될 것이라고 확신한다.

Auswahl [ˈaʊ̯svaːl]
Ⓖ *f - en*

ⓝ 선택, 선발, 선집, 구색

Die **Auswahl** des richtigen Bewerbers für den Posten machte ziemlich viel Mühe. 포스터를 위한 적합한 후보자를 선발하는 것에 많은 노력을 했습니다.

Trauzeugin [ˈtʀaʊ̯ˌtsɔɪ̯gɪn]
Ⓖ *f - nen*

ⓝ 여성 결혼 증인, 결혼 입회인

Eine **Trauzeugin** ist für eine Hochzeit beinahe so wichtig wie der Bräutigam. 결혼식을 위해 신랑만큼 결혼 입회인은 매우 중요합니다.

---

hinfahren [ˈhɪnˌfaːʀən]
⊜ hinbegeben, abreisen

ⓥ 떠나다, ~을 타고 가다, 운반하다, 죽다

Im Auto wurde mir schlecht vor Angst, denn ich wusste immer noch nicht, wo wir **hinfuhren**. 차 안에서 나는 두려워했다. 왜냐하면 나는 아직도 우리가 어디로 가고 있는지 알지 못하기 때문이다.

---

abwägen [ˈapˌvɛːgn̩]
⊜ abmessen, überlegen

ⓥ 무게를 재다, 숙고하다, 고르다

Bevor ich meine Entscheidung treffe, werde ich beide Argumente **abwägen**. 결정을 내리기 전에 두 가지 논점을 모두 숙고하겠습니다.

---

aussuchen [ˈaʊ̯sˌzuːχn̩]
⊜ wählen, herausgreifen

ⓥ 선발하다, 골라내다, 골라잡다

Darf ich mir den Nachtisch selbst **aussuchen**?
내가 직접 디저트를 선택할 수 있을까요?

---

routiniert [ʀutiˈniːɐ̯t]
⊜ geschickt, erfahren

ⓐ 숙달한, 교묘한, 노련한, 경험이 많이 쌓인

Der Schauspieler war **routiniert** genug, sich nicht aus der Fassung bringen zu lassen. 배우는 당황하지 않을 정도로 노련했다.

---

rückläufig [ˈʀʏkˌlɔɪ̯fɪç]
⊜ nachlassend, rückgängig

ⓐ 역행하는, 뒤로 가는, 후퇴하는

Seit 2012 sind die Investitionen chinesischer Staatsunternehmen in den USA jedoch **rückläufig**.
그러나 2012 년 이래로 미국의 중국 공기업의 투자는 감소하고 있다.

Angleichung [ˈanˌglaɪ̯çʊŋ]
Ⓖ *f - en*

ⓝ 조정, 동화

Der Streit erinnert daran, dass die **Angleichung** der Abiturstandards noch lange nicht abgeschlossen ist.
그 논쟁은 대학 입학시험의 표준 조정이 아직 마무리되지 않았음을 상기시킨다.

Vorgabe [ˈfoːɐ̯ˌgaːbə]
Ⓖ *f - n*

ⓝ 핸디캡, 사전에 정한 기준

Amateure können von der Gesamtzahl ihrer Schläge auf einer Runde ihre **Vorgabe** abziehen und erhalten so ihr Nettoergebnis. 아마추어는 라운드에서의 총 스트로크 수를 사전에 정해진 기준에 차감하여 최종 결과를 얻을 수 있습니다.

sondern ['zɔndɐn] *konj.* 오히려, 그렇지는 않고, 그것과는 달리

⊖ doch, hingegen

Ich komme heute nicht nach Hause, **sondern** übernachte bei einem Freund. 나는 오늘 집에 가지 않고 밤새 친구와 함께 있을 것이다.

---

zuweisen ['tsuːˌvaɪ̯zn̩] *v.* 할당하다, 배분하다, 지시하다, 참조하다, 언급하다

⊖ zuteilen, übertragen

Jedem Fest und jedem Festkreis wird eine Farbe **zugewiesen**. 각 축제와 각 종교행사에는 색깔이 지정됩니다.

Existenz [ɛksɪs'tɛnʦ] *n.* 존재, 현존, 생존, 생활, 생계, 실존, 인간

G *f - en*

Seine **Existenz** stand auf dem Spiel. 그의 생존은 위태로웠다.

äußerst ['ɔɪ̯sɐst] *a.* 가장 밖의, 가장 먼, 극도의, 최후의

⊖ auffallend, bemerkenswert *adv.* 매우, 대단히

Die Lage ist **äußerst** angespannt. 그 상황은 매우 긴장되었다.

Einschnitt ['aɪ̯nʃnɪt] *n.* 절개, 베기, 도려내기, 벤 자국

G *m (e)s e*

Damit Sie den Rock später leichter an- und ausziehen können, machen Sie einen **Einschnitt** vom Innenkreis zirka 16 cm Richtung Saum. 나중에 스커트를 쉽게 넣고 뺄 수 있게 하려면 내부에서부터 가장자리 쪽으로 약 16 cm 정도 절개하십시오.

---

trächtig ['tʀɛçtɪç] *a.* 새끼를 밴, 배태한, 내포한

⊖ erfüllt, tragend

Die Löwin dort scheint **trächtig** zu sein. 그 암사자는 임신한 것 같습니다.

---

krönen ['kʀøːnən] *v.* 영예를 주다, 관을 씌우다, 왕위를 주다

⊖ abschließen, inthronisieren

Es ist eine Chance für ihn, sein Lebenswerk zu **krönen**. 그것은 그에게 인생의 작품을 완성할 수 있는 기회입니다.

---

monetär [mone'tɛːɐ̯] *a.* 금전적인, 재정적인, 통화의

⊖ geldlich, materiell

Monetär sieht es bei mir zur Zeit ziemlich schlecht aus. 나는 요즘 재정적으로 좋지 않은 것 같다.

---

keinesfalls ['kaɪ̯nəsˌfals] *adv.* 어떠한 경우에도 ~하지 않다, 결코 ~않다

⊖ keineswegs, in keinster Weise

Das dürfen wir **keinesfalls** akzeptieren. 우리는 그것을 어떤 경우라도 받아들일 수 없다.

---

quittieren [kvɪ'tiːʀən] *v.* 받았음을 증명하다, 영수증을 주다, 포기하다

⊖ bescheinigen, bestätigen

Mit seiner Unterschrift **quittierte** er den Erhalt der vereinbarten Miete. 그는 서명으로 합의된 집세의 영수증을 주었다.

---

den Dienst quittieren *phr.* 사직하다, 일을 그만두다

Von der Routine angewidert, entschloss er sich spontan, **den Dienst zu quittieren.** 반복적인 일에 싫증이 나서 그는 즉흥적으로 일을 그만두기로 결정하였다.

---

ausweisen ['aʊ̯sˌvaɪ̯zn̩] *v.* 증명하다, 입증하다, 명시하다, 국외로 추방하다

⊖ bestätigen, ausbürgern

Der Zeuge hat sich mit dem Personalausweis **ausgewiesen**. 증인은 신분증으로 신분을 증명했습니다.

sich berauben [bəˈʀaʊ̯bn̩]

⊜ entziehen, wegnehmen

v. 버리다, 단념하다

Räuber und Beraubter tauschen sich darüber aus, wie man am stilvollsten raubt und **sich berauben** lässt.
강도와 도둑들은 가장 세련되게 털고 도둑질하는 방법에 대해 이야기합니다.

---

unter der Hand

phr. 몰래, 우연히, 비밀리에

Viele Kartenspieler vertauschen oftmals **unter der Hand** ihre Karten. 많은 카드 플레이어들이 종종 몰래 카드를 교환합니다.

---

ungerechtfertigt [ˈʊngəˌʀɛçtˌfɛʁtɪçt]

⊜ unbegründet, unberechtigt

a. 부당한, 정당성이 없는

Das Unternehmen nannte sie **ungerechtfertigt** und unfair.
그녀는 회사가 부당하고 불공평하다고 했습니다.

---

anmahnen [ˈanˌmaːnən]

⊜ ermahnen, predigen

v. 독촉하다, 채근하다

Ich **mahne** dich **an**, wenn du noch einmal ein Geheimnis verrätst, beende ich diese Freundschaft.
나는 다시 한번 비밀을 밝히면 나는 이 우정을 끝낸다고 너에게 경고한다.

Schlichtheit [ˈʃlɪçthaɪ̯t]

G *f* - *x*

n. 간소, 단순, 소박, 순박, 솔직

Diese Leere und ihre augenscheinliche **Schlichtheit** sind der Glanz Namibias und eine Folge der niedrigen Bevölkerungszahl.
이 공허함과 명료한 소박함은 나미비아의 자랑거리이며 낮은 인구수의 결과물이다.

---

fernmündlich [ˈfɛʁnˌmʏntlɪç]

⊜ telefonisch, telephonisch

a. 전화에 의한, 전화로

Fernmündliche Kommunikation und schriftliche Kurznachrichten sind bei einem Smartphone heute bereits nicht mehr die zentralen Funktionen. 전화 통화와 문자 메시지는 더 이상 스마트 폰의 주요 기능이 아닙니다.

---

aufdrängen [ˈaʊ̯fˌdʀɛŋən]

⊜ aufzwingen, aufnötigen

v. 강요하다, 떠맡기다

Sie **drängte** ihm einen weiteren Nachschlag **auf**.
그녀는 그에게 또 다른 추가 요구를 강요했다.

---

unter die Nase reiben

phr. 듣기 싫은 소리를 하다, 질타하다, 분명하게 말하다

Zudem sind sie eines dieser Paare, die ihre Liebe auf Social Media allen **unter die Nase reiben**.
또한, 그들은 소셜 미디어에 그들의 사랑을 모두 말한 커플 중 하나이다.

Was mich betrifft

phr. 나로서는, 나에 관해 말한다면, 나에 관해서는

Was mich betrifft, bin ich kein Marxist.
나에 관해 말한다면 나는 마르크스 주의자가 아니다.

Branche [ˈbʀãːʃə]

G *f* - *n*

n. 분야, 부문, 영역, 전문 분야

Nicht in allen **Branchen** gehen die Geschäfte derzeit gut.
현재 모든 사업 분야가 잘 되가는 것은 아닙니다.

übrig haben

phr. 남겨두고 있다, 남겨놓고 있다, 호감을 가지다

Diese Landpartie ist beliebt bei Menschen, die etwas fürs Grüne **übrig haben**. 이 피크닉은 자연에 호감을 가진 사람들에게 인기가 있습니다.

in Gebrauch nehmen

phr. 사용하다, 이용하다

Wir denken, dass die Menschen weiterhin Radio mögen und nutzen und die neuen Plattformen langsam aber sicher **in Gebrauch nehmen.** 우리는 사람들이 여전히 라디오를 좋아하고 사용하지만 천천히 새로운 플랫폼을 이용한다고 생각합니다.

---

missraten [mɪsˈʁaːtən]

⊜ scheitern, fehlen

v. 성공 못하다, 잘못 되다, ~을 말리다

Dieser Kuchen ist vollkommen **missraten.** 이 케이크는 완전히 망했어.

---

halluzinieren [halut͡siˈniːʁən]

⊜ fantasieren, einer Sinnestäuschung unterliegen

v. 환각을 일으키다

Als sie dann auch noch anfängt zu **halluzinieren,** wird sie mit dem Verdacht auf einen Schlaganfall in die Notaufnahme gebracht. 그녀가 환각을 일으키기 시작할 때 뇌졸증 의혹으로 응급실로 이동합니다.

Steuererklärung [ˈʃtɔɪ̯ɐʔɛɐ̯ˌklɛːʁʊŋ]

G *f - en*

n. 소득세 신고, 납세 신고, 세금 신고

Die Erstellung seiner **Steuererklärung** ist sowohl ein Recht, als auch eine Bürgerpflicht, da Steuern lediglich eine Abgabe, ohne Gegenleistung darstellen. 세금은 고려 사항이 아니기 때문에 세금 신고서 작성은 권리와 시민의 의무입니다.

---

ungeschickt [ˈʊngəʃɪkt]

⊜ plump, unpassend

a. 서투른, 졸렬한, 미숙한, 부적당한, 어울리지 않는

Er ist sehr **ungeschickt.** 그는 매우 미숙합니다.

Wimper [ˈvɪmpɐ]

G *f - n*

n. 속눈썹, 솜털

Mascara betont die **Wimpern.** 마스카라는 속눈썹을 강조합니다.

Kanon [ˈkaːnɔn]

G *m s s*

n. 표준, 규범, 법칙, 신조, 돌림노래

Die Sänger stimmten einen **Kanon** an. 가수들이 돌림노래를 부르기 시작했습니다.

---

impfen [ˈɪmpfn̩]

⊜ schutzimpfen, immunisieren

v. 예방 주사를 맞다, 접종하다

Der Hausarzt ermahnt die Patienten, sich gegen die Grippe **impfen** zu lassen. 주치의는 환자에게 독감 예방 접종을 권고합니다.

---

verlöschen [fɛɐ̯ˈlœʃn̩]

⊜ ausgehen, auslöschen

v. (불) 끄다, 꺼지다, 소멸하다

Seine Liebe für sie **verlöschte** mit der Zeit. 그녀를 향한 그의 사랑은 점차 소멸하였습니다.

Visitenkarte [viˈziːtn̩ˌkaʁtə]

G *f - n*

n. 명함

Der Vertreter überreichte mir seine **Visitenkarte.** 대표자가 명함을 건네 주었습니다.

Monarch [moˈnaʁç]

G *m en en*

n. 군주, 독재 군주, 주권자

König Juan Carlos von Spanien ist ein **Monarch.** 스페인의 후안 카를로스 왕은 군주이다.

---

zaudern [ˈt͡saʊ̯dɐn]

⊜ abwarten, zögern

v. 서슴다, 주저하다, 망설이다

Wir dürfen nicht länger **zaudern,** sondern müssen jetzt handeln. 더 이상 망설이지 말고 지금 행동해야 합니다.

26 Tag

2501~2600

Argwohn ['aʁkˌvoːn]

G m (e)s x

n. 그릇된 추측, 의심, 시의

Die Gewerkschafter verfolgten die Aussagen der Ministerin mit **Argwohn.** 노조원들은 장관의 성명을 의심했다.

---

bodenlos ['boːdn̩ˌloːs]

⊜ unbeschreiblich, unfassbar

a. 믿을 수 없는, 전대미문의, 헤아릴 수 없는

Seine **bodenlose** Selbsteingenommenheit macht mich ganz verrückt.
그의 믿을 수 없는 편견은 나를 완전히 미치게 만든다.

---

etw. ins Leben rufen

phr. 설립하다, 새로 만들다

Der Verein wurde von interessierten Laien **ins Leben gerufen.**
그 단체는 평신도들의 흥미에서 시작되었습니다.

---

errechnen [ɛɐ̯'ʀɛçnən]

⊜ abschätzen, bemessen

v. 산출하다, 계산해 내다, 예상하다, 예측하다

Ursprünglich hatte der Mann sich den Ausgang der Situation ganz anders **errechnet.** 원래 이 남자는 이 상황의 결과를 매우 다르게 예상했습니다.

Trikot [tʀi'koː]

G n s s

n. 운동복, 메리야스 셔츠

Die SG Dynamo Dresden hat ein neues **Trikot** vorgestellt.
SG Dynamo Dresden은 새로운 운동복을 선보였습니다.

---

gütig ['gyːtɪç]

⊜ freundlich, gutmütig

a. 선량한, 온화한, 친절한, 자비로운, 관대한

Du aber, unser Gott, bist **gütig,** wahrhaftig und langmütig.
그러나 우리 하느님은 온화하고 진실하며 관대하다.

---

epochal [epɔ'χaːl]

⊜ außerordentlich, einzigartig

a. 획기적인, 전례없는, 드믄

Dass der Erste Weltkrieg immer noch ein Forschungsschwerpunkt ist, liegt nicht nur an der **epochalen** Bedeutung dieses Ereignisses.
제 1 차 세계대전이 여전히 연구의 초점이라는 사실은 이 사건의 전례 없는 중요성 때문만은 아니다.

Appell [a'pɛl]

G m s e

n. 경고, 주의, 호소, 점호

Jeden Morgen wird beim **Appell** die Vollzähligkeit der Mannschaft geprüft und die Tagesbefehle ausgegeben.
매일 아침 점호에서 사병 전원을 확인하고 명령을 내립니다.

Genmanipulation [geːnˌmanipu'latsi̯oːn]

G f - en

n. 유전자 조작

Welche Ängste löst es in uns aus, dass wir mit **Genmanipulation** in die Natur eingreifen? 우리가 유전자 조작으로 자연에 개입하는 것은 어떤 근심이 발생하는가?

polken ['pɔlkn̩]

⊜ fingern, fummeln

(v.) 손가락으로 후비다, 떼어내다

Der mit der Ledermütze **polkte** in seinem rechten Ohr.
가죽모자를 쓴 그는 오른쪽 귀를 후볐다.

abschmelzen ['apʃmɛltsn̩]

⊜ auftauen, frei werden

(v.) 용해시키다, 용해하다, 녹다

"National Geographic" zeigt, welche Folgen die Überflutung hätte, wenn Gletscher und Polkappen **abschmelzen** würden. "내셔널 지오그래픽" 은 빙하와 극지방의 얼음 덩어리가 녹아내릴 때의 홍수가 가져올 결과를 보여줍니다.

besiedelt [bə'ziːdl̩t]

(a.) 인구 밀도의

Weiter vom Äquator entfernt, ist die Biosphäre dünner **besiedelt**.
적도에서 멀어지면 생물권의 인구 밀도가 희박합니다.

verheeren [fɛɐ̯'heːʀən]

⊜ verwüsten, wüten

(v.) 황폐하게 하다, 궤멸시키다, 유린하다

Der Hurrikan Kathrina **verheerte** am 28. August 2005 weite Teile von New Orleans. 허리케인 카트리나는 2005 년 8 월 28 일 뉴 올리언스의 큰 부분을 궤멸시켰습니다.

erbrechen [ɛɐ̯'bʀɛçn̩]

⊜ ausbrechen, sich übergeben

(v.) 부수어 열다, 구토하다, 토사하다

Sie **erbrach** das gesamte Mittagessen. 그녀는 점심에 먹은 것을 토했다.

Skelett [ske'lɛt]

Ⓖ *n (e)s e*

(n.) 해골, 뼈대, 골격

Bei Ausgrabungen werden oft **Skelette** gefunden.
굴착할 때 종종 해골을 찾습니다.

Milz [mɪlts]

Ⓖ *f - en*

(n.) (해부) 비장

Seitenstechen soll dadurch zustande kommen, dass sich die **Milz** zusammenkrampft. 흉통은 비장이 수축되어서 일어난다고 합니다.

vermehren [fɛɐ̯'meːʀən]

⊜ zunehmen, anwachsen

(v.) 늘리다, 증가시키다, 증가하다

Das Kapital wurde nahezu mühelos **vermehrt**.
자본은 거의 힘들지 않게 증가했습니다.

fade [faːdə]

⊜ geschmacklos, öde

(a.) 맛없는, 김빠진, 싱거운, 진부한, 무미건조한

Die Fadennudeln schmecken aber sehr **fade**. 그 스파게티는 아주 싱겁다.

versalzen [fɛɐ̯'zaltsn̩]

⊜ pervertieren, verderben

(v.) 소금을 너무 넣다, 너무 짜게 하다, 망치다, 초를 치다

Er hat die Suppe **versalzen**. 그는 수프에 소금을 너무 많이 넣었습니다.

appellieren [apɛ'liːʀən]

⊜ auffordern, aufrufen

(v.) 주의를 주다, 경고하다, 호소하다, 공소하다

Sie **appellieren** an die Regierung, möglichst schnell zu handeln.
그들은 정부에게 가능한 빨리 행동할 것을 호소합니다.

kognitiv [kɔgni'tiːf]

⊜ verstandesmäßig, intellektuell

(a.) 인지의, 인식의

Kognitive Lernziele beschreiben alles, was mit dem Verstand erfasst wird, sowohl Faktenwissen, als auch kreative Anwendung von Wissen und das Lösen von Problemen. 인지 학습 목표는 지식을 창의적으로 적용하고 문제를 해결할 뿐만 아니라 이해력과 마음으로 파악되는 모든 것을 묘사합니다.

Taktik ['taktɪk]

Ⓖ *f - en*

ⓝ 전술, 전략, 용병술, 책략, 계략

Wir müssen uns entscheiden, mit welcher **Taktik** wir vorgehen wollen. 우리는 어떤 전술을 진행할지 결정해야 합니다.

Reminiszenz [ʀeminɪsˈtsɛnts]

Ⓖ *f - en*

ⓝ 회상, 추억, 여운, 자취

Die Gegenstände in diesem Schrank waren **Reminiszenzen** an verflossene Lieben. 장롱 속의 물건들이 과거의 사랑을 회상하게 합니다.

---

fixieren [fɪ'ksi:ʀən]

⊜ befestigen, verordnen

ⓥ 고정시키다, 기록하다, 확정시키다

Das Brett **fixieren** wir mit drei Schrauben, dann hält es sicher.
우리는 나사 3 개로 보드를 고정한 다음에 안전하게 유지합니다.

---

gedanklich [gə'daŋklɪç]

⊜ gedacht, geistig

ⓐ 사상상의, 정신의, 지적인, 개념적인

Wirklich kontrollieren können wir unsere Gefühle nicht, aber zumindest **gedanklich** ein bisschen steuern.
우리는 감정을 통제할 수 없지만 적어도 사상은 조절할 수 있습니다.

Reflexion [ʀeflɛ'ksi̯o:n]

Ⓖ *f - en*

ⓝ 반사, 반영, 반성, 숙고

Durch die **Reflexion** in der Fensterscheibe konnte ich den Mann hinter mir erkennen. 창 유리의 반사를 통해 나는 뒤에 있는 남자를 볼 수 있었다.

---

empirisch [ɛm'pi:ʀɪʃ]

⊜ erfahrungsgemäß, aposteriorisch

ⓐ 경험적인, 경험론적인, 경험의

Jede Theorie sollte **empirisch** überprüft werden.
모든 이론은 경험론적으로 검증되어야 합니다.

Abbildung ['ap,bɪldʊŋ]

Ⓖ *f - en*

ⓝ 모사, 사생, 삽화, 그림

Die untenstehende **Abbildung** zeigt eine Frau.
아래 그림은 한 여성을 보여줍니다.

---

abreagieren ['apʀea,gi:ʀən]

⊜ ruhig werden, sich entspannen

ⓥ 진정시키다, 해소하다

Kimmy **reagiert** seinen beruflichen Stress immer am Golfplatz **ab**.
Kimmy 는 항상 골프 코스에서 그의 직장 스트레스를 해소합니다.

Imitation [imita'tsi̯o:n]

Ⓖ *f - en*

ⓝ 흉내, 모방, 모조, 모조품

Die **Imitation** der Eltern ist Teil des Lernprozesses.
부모를 따라하는 것은 학습 과정의 일부입니다.

Dramaturgie [,dʀamatʊʀ'gi:]

Ⓖ *f - n*

ⓝ 희곡론, 극평, 연극론, 희곡 작법, 연출법

In Leipzig begann er das Studium der **Dramaturgie**.
라이프치히에서 그는 연극론의 공부를 시작했다.

---

zentrieren [tsɛn'tʀi:ʀən]

⊜ auf die Mitte einstellen, ausrichten

ⓥ 중심에 두다, 중심점을 맞추다, 중심에 놓다

Wir wollen den Text in der Bio **zentrieren**.
우리는 생물학적인 글에 초점을 맞추고자 합니다.

verharmlosen [fɛɐ̯ˈhaʁmloːzn̩]
⊖ bagatellisieren, beschönigen

ⓥ 경시하다, 하찮게 여기다, 과소평가하다

Wir gehen davon aus, dass die staatlichen Stellen das Ansteckungsrisiko ganz bewusst **verharmlosten**, um einer Massenpanik vorzubeugen. 우리는 정부 기관이 군중 패닉을 예방하기 위해 감염 위험을 고의로 경시한 것으로 간주합니다.

Primat [pʀiˈmaːt]
Ⓖ *m/n (e)s e*

ⓝ 상위, 우위, 우선, 교황의 지위, 영장류

Die Koboldmakis gehören zu den **Primaten**.
안경 원숭이는 영장류에 속합니다.

---

herausragen [hɛˈʀaʊ̯sˌʀaːgn̩]
⊖ herausstecken, vorspringen

ⓥ 튀어 나오다, 솟다, 우뚝 솟아오르다, 탁월하다

Es handelt sich um eine fünf Meter hohe Kletterwand, die im Sprungbereich aus dem Wasser **herausragt**.
그것은 5 미터 높이의 암벽으로 점프 지역의 물에서 솟아 있습니다.

---

betäuben [bəˈtɔɪ̯bn̩]
⊖ einschläfern, beruhigen

ⓥ 귀머거리로 만들다, 마취시키다, 지각을 빼앗다, 실신시키다

Der Zahnarzt **betäubt** das Zahnfleisch, bevor er operiert.
치과 의사는 수술 전에 잇몸을 마취합니다.

---

abmalen [ˈapˌmaːlən]
⊖ abzeichnen, kopieren

ⓥ 베끼다, 모사하다

Im Kunstunterricht **malten** wir immer nur Bilder aus dem Lehrbuch **ab**. 미술 수업에서 우리는 항상 교재의 그림만 모사했습니다.

Käfig [ˈkɛːfɪç]
Ⓖ *m s e*

ⓝ 새장, 우리

In meinem **Käfig** halte ich Papageien. 나는 앵무새를 우리에서 키웁니다.

Empathie [ɛmpaˈtiː]
Ⓖ *f - n*

ⓝ 공감능력

Indem sie die Auswirkungen der großen Politik abbildet und den Einzelnen in seiner Verwicklung mit der Welt zeigt, eröffnet sie Raum für **Empathie**.
정책의 영향을 표현하고 개개인이 세계와 연루되어 있음을 보여줌으로써 공감을 형성한다.

---

anatomisch [anaˈtoːmɪʃ]
⊖ körperlich, organisch

ⓐ 해부상의, 신체 구조상의

Dadurch können Kunden 3D-gedruckte **anatomische** Modelle erstellen, die ihren realen Gegenstücken sehr ähnlich sind.
이를 통해 고객들은 실제와 매우 유사한 3D 해부 모형을 만들 수 있습니다.

Nuss [nʊs]
Ⓖ *f - ü-e*

ⓝ 견과, 견과류

Alle **Nüsse** haben eine harte Schale.
모든 견과류에는 단단한 껍질이 있습니다.

Instinkt [ɪnˈstɪŋkt]
Ⓖ *m (e)s e*

ⓝ 본능, 충동, 육감, 직관, 감각

Das Graben in der Erde ist ein bei Hunden typischer **Instinkt**.
땅을 파는 것은 전형적인 개의 본능입니다.

---

rebellieren [ʀebɛˈliːʀən]
⊖ meutern, protestieren

ⓥ 반란을 일으키다, 봉기하다, 난동하다, 폭동을 일으키다

Als Jugendlicher **rebellierte** er noch dagegen, als Erwachsener gehörte er zum Establishment. 십대 때 반란을 일으키던 그는 어른이 되어서 지도층에 속했다.

Wachheit ['vaχhai̯t]

G *f - x*

n. 개운함, 깸

Nach einem 10-Stunden-Schlaf befand sich der Patient in einem Zustand absoluter **Wachheit**.
10 시간 동안 잠을 잔 후 환자는 완전한 개운한 상태에 있게 되었습니다.

---

vital [vi'ta:l]

⊜ lebendig, dynamisch

a. 생명력이 있는, 기력있는, 혈기왕성한, 중요한

Die Interpretation der Musikwerke ist **vital** und hoffnungsfroh, in jedem Fall mitreißend und energiegeladen.
그 음악 작품의 해석은 언제나 감동적이고 활기차고 활력이 넘치며 희망적입니다.

Außenwelt ['au̯sn̩ˌvɛlt]

G *f - en*

n. 외부 세계, 바깥 세상, 외계

Die **Außenwelt** nimmt ihn anders wahr, als er sich selbst.
바깥 세계는 그를 다른 사람과 다르게 인식합니다.

Rhythmus ['ʀʏtmʊs]

G *m - -men*

n. 리듬, 박자, 운율, 율동, 절주

Sie nahm ihren Mann bei beiden Händen und schob ihn im **Rhythmus** der Musik hin und her.
그녀는 남편을 양손을 잡고 음악의 박자에 맞춰 앞뒤로 밀었습니다.

---

verspüren [fɛɐ̯'ʃpy:ʀən]

⊜ empfinden, erleiden

v. 느끼다, 알아차리다, 인식하다, 확인하다

Beim Anblick einer Sahnetorte **verspüre** ich eine unbändige Lust sie aufzuessen. 크림 케이크가 시야에 들어올 때 나는 몹시 먹고 싶은 욕망을 느낍니다.

---

unterbrechen [ˌʊntɐ'bʀɛçn̩]

⊜ sich ausruhen, stören

v. 중단하다, 차단하다, 중절시키다, 방해하다, 끊다

Ich **unterbreche** die elektrische Verbindung zum Batterieraum, damit ihr am Wandler arbeiten könnt.
너희가 변환기에서 작업할 수 있도록 나는 베터리 함의 전기 연결을 차단하겠다.

---

subtropisch ['zʊpˌtʀo:pɪʃ]

⊜ warmgemäßigt

a. 아열대의

Die **subtropischen** Gebiete haben typischerweise tropische Sommer und nicht-tropische Winter.
아열대 지역은 일반적으로 열대성 여름과 비열대성 겨울을 가지고 있습니다.

Außenhandel ['au̯sn̩ˌhandl̩]

G *m s x*

n. 해외무역, 대외무역, 외국무역

Für Deutschland ist der **Außenhandel** besonders wichtig.
외국 무역은 특히 독일에서 중요합니다.

Verpflegung [fɛɐ̯'pfle:gʊŋ]

G *f - en*

n. 급식, 식사, 음식, 양식, 군량

Für eine Wanderung sollte man sich **Verpflegung** mitnehmen.
하이킹을 하려면 음식을 가져가야 합니다.

Monopol [mono'po:l]

G *n s e*

n. 전매권, 독점

Er hat das **Monopol** auf Elfenbein sowie im Sklaven- und Pfefferhandel. 그는 상아, 노예와 후추 무역에 독점권을 가지고 있다.

---

allwissend ['al'vɪsn̩t]

⊜ allmächtig, allsehend

a. 전지의, 모든 것을 알고 있는

Gott gilt als **allwissend**. 하나님은 모든 것을 알고 있다.

Rektor ['ʀɛkto:ɐ̯]

G *m s en*

n. 학교장, 대학 총장, 수도원장

Der **Rektor** hält eine Rede zum Schuljahresbeginn.
교장은 새 학년 연설을 합니다.

Anregung ['anʀe:gʊŋ]

G *f - en*

n. 자극, 고무, 조언, 촉진

Die **Anregung** zu diesem Museumsbesuch erhielten wir durch Zeitungslektüre. 우리는 신문을 읽고 박물관 방문에 자극받았다.

Antarktis [ant'ʔaʁktɪs]

G *f - x*

n. 남극, 남극지방

In der **Antarktis** werden regelmäßig Wetter- und Klimadaten erhoben. 남극 지역에서는 날씨와 기후 데이터가 정기적으로 수집됩니다.

Sturmflut ['ʃtʊʁm,flu:t]

G *f - en*

n. 해일

In der **Sturmflut** 1967 mussten 640 Menschen ihr Leben lassen.
1967 년 해일로 인해 640 명이 목숨을 잃었습니다.

---

heimsuchen ['haɪ̯m,zu:χn̩]

⊜ befallen, eindringen

v. 닥치다, 엄습하다, 침범하다

Die Villa wurde schon zwei Mal von Einbrechern **heimgesucht**.
그 빌라는 이미 두 차례 강도가 침입했다.

---

abschwingen ['apʃvɪŋən]

v. 휘두르다, 스윙하다, 몸을 틀어 방향을 바꾸다

Die Rennläufer werden im Ziel **abschwingen.** 그 레이서는 목적지에서 방향을 틀 것이다.

Passatwind [pasá:t,vɪnt]

G *m (e)s e*

n. 무역풍

Der **Passatwind** von Nordost ist stark, kühl und feucht.
북동쪽의 무역풍은 강하고 시원하며 습기가 많습니다.

---

allmählich [al'mɛ:lɪç]

⊜ schrittweise, sukzessive

a. 점차적인, 점진적인

adv. 점점, 차츰차츰, 서서히, 차차

Der **allmähliche** Niedergang der deutschen Sprache scheint für manche unabwendbar. 독일어의 점진적인 감소는 불가피한 것으로 보인다.

---

nivellieren [nivɛ'li:ʀən]

⊜ ausgleichen, anpassen,

v. 고르다, 수평으로 만들다, 같게 하다, 평균하다

Er hat durch das Stehlen von Franks Uhr den Diebstahl von Judiths Kette **nivelliert.** 그는 프랭크의 시계를 훔쳐서 쥬디스의 목걸이 절도와 같은 레벨을 맞췄다.

---

vonstattengehen [fɔn'ʃtatn̩,ge:ən]

⊜ ablaufen, erfolgen

v. 진행되다, 진척되다, 잘 되어가다, 거행되다, 번창하다

Wie soll denn die ganze Vorbereitung **vonstattengehen**? Habt ihr schon eine Idee? 전체적인 준비는 어떻게 진행되어 갑니까? 당신들은 이미 아이디어가 있습니까?

Schmatz [ʃmats]

G *m es e*

n. 뽀뽀, 쪽 소리나게 하는 키스

Er feierte seinen Triumph mit einem **Schmatz** auf seinen Schuh.
그는 자신의 신발에 뽀뽀하며 승리를 축하했다.

Zischelei ['tsɪʃəlaɪ̯]

G *f - en*

n. 속삭임, 귓속말

Ich konnte sie samt ihrer dämlichen **Zischelei** einfach nicht für voll nehmen. 나는 그녀의 멍청한 귓속말을 중요하게 생각하지 않았다.

Konsonant [ˌkɔnzoˈnant]

Ⓖ *m en en*

ⓝ 자음

Es gibt viel mehr **Konsonanten** als Vokale. 모음보다 많은 자음이 있습니다.

---

lallen [ˈlalən]

⊜ brummeln, stammeln

ⓥ 웅얼거리다, 흥얼거리다, 옹알거리다

Was **lallst** du denn da? 너는 무엇을 흥얼거리니?

Amme [ˈamə]

Ⓖ *f - n*

ⓝ 유모, 보모, 산파

Dieses Lied pflegte mir meine **Amme** vorzusingen.
나의 유모는 나에게 이 노래 부르는 버릇이 있었다.

überbetonen [ˈyːbɐˌbətoːnən]

⊜ überbewerten, überschätzen

ⓥ 매우 강조하다

Allerdings darf man diesen Faktor auch nicht **überbetonen**.
물론 이 요소를 지나치게 강조해서는 안됩니다.

Explosion [ɛksploˈzi̯oːn]

Ⓖ *f - en*

ⓝ 파열, 폭발

Mit seiner Annahme, die Plutoniumabfälle hätten eine kritische Masse gebildet und eine atomare **Explosion** erzeugt, lag er allerdings tatsächlich falsch. 그러나 플루토늄 폐기물이 임계 질량을 형성하고 원자 폭발을 일으킨다는 가정은 실제로는 틀렸다.

Komponente [kɔmpoˈnɛntə]

Ⓖ *f - en*

ⓝ 구성분자, 요소, 성분

Die Bedeutung eines Wortes kann man sich als aus mehreren **Komponenten** zusammengesetzt vorstellen.
한 단어의 의미는 여러 구성 요소로 구성되어 있다고 생각할 수 있습니다.

Quotient [ˌkvoˈtsi̯ɛnt]

Ⓖ *m en en*

ⓝ 몫, 상, 분수

Der **Quotient** aus 8 und 2 ist 4. 2 분의 8 는 4 입니다.

---

vervollständigen [fɛɐ̯ˈfɔlʃtɛndɪgən]

⊜ auffüllen, ergänzen

ⓥ 완전하게 하다, 완비시키다, 갖추다, 보충하다

Der achtjährige Tobi benötigt noch ca. 70 Bilder, um sein Album zu **vervollständigen**.
8 세의 토비는 그의 앨범을 완성하기 위해 약 70 장의 사진이 더 필요합니다.

---

fortführen [ˈfɔʁtˌfyːʀən]

⊜ fortsetzen, weitertreiben

ⓥ 계승하다, 잇다, 속개하다, 속행하다

Morgen werden wir die Verhandlungen **fortführen**.
내일 우리는 협상을 계속할 것입니다.

---

quantitativ [ˌkvantitaˈtiːf]

⊜ mengenmäßig, zahlenmäßig

ⓐ 양의, 분량상의, 수량의, 정량의

Ob die Grenzwerte überschritten sind, muss erst eine **quantitative** Analyse zeigen. 한계 값을 초과하는지 먼저 정량 분석을 보여줘야 합니다.

Dirigent [ˌdiʀiˈgɛnt]

Ⓖ *m en en*

ⓝ 관리인, 지배인, 이사, 지휘자, 악장

Um **Dirigent** zu werden, muss man Klavier spielen können.
지휘자가 되려면 피아노를 칠 수 있어야 합니다.

---

klassifizieren [klasifiˈtsiːʀən]

⊜ aufgliedern, aufteilen

ⓥ 분류하다, 등급 구분을 하다

In Wikipedia werden Städte nach Größe und nach Typ **klassifiziert**.
Wikipedia 에서 도시는 크기와 유형별로 분류됩니다.

in Hinsicht	*phr.* ~한 관점에서 **In dieser Hinsicht** können wir uns auf keinen Fall einigen. 이 관점에서 우리는 어떠한 경우에도 동의할 수 없습니다.
abwerten ['apˌveːɐ̯tn̩] ⊖ entwerten, herabmindern	*v.* 경시하다, 평가 절하하다 Damit das gelingt, oder wenigstens auf den Weg gebracht wird, müssen die US-Zinsen steigen und der Dollar **abwerten**. 그것이 성공하거나 최소한 시작이라도 하려면 미국의 금리가 오르고 달러 가치가 하락해야 합니다.
legitimieren [legitiˈmiːʀən] ⊖ beglaubigen, rechtfertigen	*v.* 합법으로 인정하다, 정당화하다 Das Vorgehen wurde nachträglich **legitimiert**. 그 절차는 나중에 합법화되었다.
rassistisch [ʀaˈsɪstɪʃ] ⊖ ausländerfeindlich, fremdenfeindlich	*a.* 인종 차별주의의 In den Polizeiberichten sind die **rassistischen** Ausfälle vom 6/7. September ausführlich dokumentiert. 경찰 보고서에는 6/7 의 인종 차별적인 비방이 있습니다. 9 월에 자세히 기록되어 있습니다.
schüren [ˈʃyːʀən] ⊖ anfeuern, aufbringen	*v.* 부채질하다, 선동하다 Ich weiß nicht, was Politiker dazu antreibt, eine solche Form von Sozialneid zu **schüren**. 저는 정치인들이 그러한 사회 계층 간의 위화감을 선동하도록 부추기는 이유를 모르겠습니다.
Verzweiflung [fɛɐ̯ˈtsvaɪ̯flʊŋ] G *f - en*	*n.* 절망, 자포자기 Wenn man **Verzweiflung** vermeiden will, dann muss man in der Lage sein, die Situation realistisch zu kommunizieren. 절망을 피하려면 상황을 사실적으로 전달할 수 있어야 합니다.
Geschwür [gəˈʃvyːɐ̯] G *n (e)s e*	*n.* 궤양, 농양, 종양 **Geschwüre** müssen fast immer operativ entfernt werden. 궤양은 거의 항상 수술로 제거해야 합니다.
Narkose [naʁˈkoːzə] G *f - n*	*n.* 마취 Die **Narkose** ermöglicht die Durchführung von besonders schmerzhaften und auch anderweitig nicht vom Patienten tolerierten Prozeduren in der Human- und Veterinärmedizin. 마취는 인간 및 수의학에서 환자가 특히 고통스럽거나 못 견딜 때 시행이 가능하다.
gläubig [ˈglɔɪ̯bɪç] ⊖ glaubensvoll, zuverlässig	*a.* 신앙을 가진, 믿음이 깊은 Sie schauten **gläubig** zu ihrer Lehrerin, während sie den Beweis vortrug. 그녀가 증명하는 동안 그들은 선생님을 향한 믿음을 보았습니다.
chirurgisch [ˌçiˈʀʊʁgɪʃ] ⊖ operativ	*a.* 외과의, 수술한, 수술의 Die Wunde am Bein musste **chirurgisch** versorgt werden. 그 다리 상처는 외과적으로 치료해야 했습니다.
Injektion [ɪnjɛkˈtsi̯oːn] G *f - en*	*n.* 주사, 주입, 충혈 Vor einer **Injektion** haben viele Kinder Angst. 많은 어린이들이 주사를 두려워합니다.

verabreichen
[fɛɐ̯'ʔap͵ʀaɪ̯çn̩]
⊜ einflößen, verabfolgen

v. 넘겨주다, 내주다, 주다

Der Polizist **verabreicht** dem Verdächtigen ein Abführmittel, damit dieser die Kokainpäckchen aus seinem Darm ausscheidet.
장으로부터 코카인 뭉치를 배출하기 위해서 경찰관은 용의자에게 설사약을 주었습니다.

Genesung [gə'neːzʊŋ]
G *f - en*

n. 완쾌, 쾌유, 치유, 회복

Die **Genesung** von einer seelischen Erkrankung verläuft anders als bei den meisten körperlichen Leiden, mühsamer - ein allmähliches Herantasten an das gewohnte Leben. 정신 질환의 회복은 대부분의 신체적인 병보다 힘들며 정상적 삶으로 점진적으로 노력해서 해결해야 합니다.

Kosmos ['kɔsmɔs]
G *m - x*

n. 우주, 만유, 천지, 세계, 우주 질서, 세계 질서

Bitte nicht stören! Ich bin eins mit dem **Kosmos**.
제발 방해하지 마세요! 나는 우주와 하나입니다.

---

auf Betreiben

phr. 재촉에 의하여, 권유에 의하여

Sie wurden **auf Betreiben** des Wirtschaftsflügels der Unionsfraktion aber vorerst verschoben. 그러나 그들은 연합 경제위원회의 권유로 당분간 연기되었다.

Scheiterhaufen
['ʃaɪ̯tɐ͵haʊ̯fn̩]
G *m s -*

n. 화형용 장작더미, 화형장

In früheren Zeiten wurden viele Menschen, die als Hexe verurteilt worden waren, auf einem **Scheiterhaufen** verbrannt.
고대에는 마녀로 판결 받은 많은 사람들이 화형당했다.

---

favorisieren [favoʀi'ziːʀən]
⊜ begünstigen, bevorzugen

v. 총애하다, 역성들다

Deswegen **favorisieren** wir nun diese Variante.
그래서 우리가 지금 이 변형을 선호한다.

---

ermutigen [ɛɐ̯'muːtɪgn̩]
⊜ ermuntern, bestärken

v. 용기를 주다, 격려하다, 고무하다, 장려하다

Er **ermutigt** mich zu tun, worauf ich Lust habe.
그는 내가 하고 싶은 기분이 들도록 격려합니다.

Auftrieb ['aʊ̯f͵tʀiːp]
G *m (e)s e*

n. 부력, 추진력, 양력, 격려, 자극, 활력

Die gute Nachricht gibt mir wieder etwas **Auftrieb**.
그 희소식은 나에게 다시 약간의 활력을 줍니다.

---

primitiv [pʀimi'tiːf]
⊜ bescheiden, schlicht

a. 본원의, 태고의, 원시적인, 단순한, 소박한, 미개한

Der Homo habilis ist ein **primitiver** Mensch. 호모 하빌리스는 원시인입니다.

---

stellvertretend
['ʃtɛlfɛɐ̯͵tʀeːtn̩t]
⊜ anstatt, ersatzweise

a. 대리의, 대역의, 대표의

Er ist **stellvertretender** Geschäftsleiter. 그는 부국장입니다.

---

nüchtern ['nʏçtɐn]
⊜ ungefrühstückt, realistisch

a. 아침 식사전의, 공복상태의, 정신이 말짱한

Beim Autofahren sollte man besser **nüchtern** sein.
운전할 때는 더 정신이 말짱해야 합니다.

27 Tag

2601~2700

Milchstraße ['mɪlçʃtʀaːsə]

G *f - x*

n. 은하수, 은하

Die **Milchstraße** umfasst etwa 100 Milliarden Sterne.
은하수에는 약 1,000 억 개의 별들이 있습니다.

irdisch ['ɪʁdɪʃ]

⊜ terrestrisch, diesseitig

a. 지구의, 지상의, 현세의

Der Pharao soll sein **irdisches** Leben auch im Jenseits weiterleben können. 파라오는 내세에서 자신의 세속적인 삶을 살아갈 수 있다고 합니다.

Asteroid [asteʀoˈiːt]

G *m en en*

n. 소유성

Asteroiden sind mit bloßem Auge nicht zu beobachten.
소행성은 육안으로 볼 수 없습니다.

Komet [koˈmeːt]

G *m en en*

n. 혜성

Im Altertum und dem Mittelalter wurden **Kometen** häufig als Schicksalsboten oder Zeichen der Götter angesehen.
고대와 중세 시대에 혜성은 종종 운명의 사자 또는 신의 표식으로 여겨졌다.

vordringen ['foːɐ̯ˌdʀɪŋən]

⊜ aufrollen, stürmen

v. 밀고 나아가다, 헤치고 나아가다, 부각되다, 밀려들다

Sieben Jahre spielte die Mannschaft in der Weltgruppe und konnte in den 1980er Jahren viermal bis ins Viertelfinale **vordringen**. 그 팀은 7년 동안 월드 그룹에서 뛰었으며 1980 년대에 4 번에 걸쳐 8 강에 진출할 수 있었습니다.

Einschlag ['aɪ̯nʃlaːk]

G *m (e)s ä-e*

n. 내리침, 낙뢰, 봉투

Der **Einschlag** betraf vor allem windgeschädigte Bäume.
낙뢰는 특히 바람에 꺾인 나무에 내리친다.

Bombardement [bɔmbaʁdəˈmãː]

G *n s s*

n. 포격, 폭격

Dieser war im Koreakrieg nach den **Bombardements** als vermisst gemeldet worden, in Wirklichkeit aber nach Südkorea geflohen.
이들은 한국 전쟁에서 포격 이후 실종되었다고 보고 되었지만, 사실 남한으로 도피했다.

umkreisen ['ʊmˌkʀaɪ̯zn̩]

⊜ umlaufen, umrunden

v. 둘레를 돌다, 순회하다, 빙 둘러싸다, 포위하다

Jupiter ist nicht nur der größte Planet in unserem Sonnensystem, ihn **umkreisen** auch die meisten Monde.
목성은 태양계에서 가장 큰 행성일 뿐만 아니라 대부분의 위성이 목성을 공전합니다.

überschütten ['yːbɐʃʏtn̩]

⊜ überfluten, überhäufen

v. 듬뿍 붓다, 뿌리다, 끼얹다

Wir dürfen diese Länder nicht mit unseren billigen Waren **überschütten**. 우리는 이 땅을 값싼 물건들로 넘치게 만들어서는 안됩니다.

sterilisieren [steʀili'ziːʀən]

⊜ entmannen, pasteurisieren

ⓥ 살균하다, 살균소독하다, 거세하다

Neben der Milch selbst erhitzen die Hersteller auch noch die Verpackung, um diese damit zu **sterilisieren**.
제조사는 우유자체 뿐만 아니라 포장재를 멸균하기 위해 가열합니다.

---

pessimistisch [ˌpɛsi'mɪstɪʃ]

⊜ hoffnungslos, skeptisch

ⓐ 비관적인, 염세관적인, 염세관의

Seine **pessimistische** Haltung ist in dieser Angelegenheit nicht sehr hilfreich. 그의 비관적인 태도는 이 문제에 별로 도움이 되지 않습니다.

Trübung ['tʀyːbʊŋ]

Ⓖ *f - en*

ⓝ 흐림, 탁함, 혼탁, 악화

Druckschwankungen können zu einer **Trübung** des Trinkwassers führen. 압력 변동은 식수를 탁하게 할 수 있습니다.

Phonem [fo'neːm]

Ⓖ *n s e*

ⓝ 음소, 최소의 음성학적 단위

Die Schülerinnen und Schüler müssen die **Phoneme**, also die bedeutungsunterscheidenden Laute der Sprache, lernen.
학생들은 말의 의미 변화가 있는 음소를 배워야 합니다.

Pubertät [pubɛʁ'tɛːt]

Ⓖ *f - x*

ⓝ 사춘기, 성적 성숙

Es naht der Zeitpunkt, da unsere Tochter in die **Pubertät** kommt.
우리의 딸이 사춘기가 올 때가 다가오고 있습니다.

Determinismus [detɛʁmi'nɪsmʊs]

Ⓖ *m - x*

ⓝ 결정론

Die Naturwissenschaften können weder den Materialismus noch den **Determinismus** beweisen, bestätigen, verteidigen.
자연 과학은 유물론이나 결정론으로 증명, 확인, 변론을 할 수 없습니다.

---

konstruieren [kɔnstʀu'iːʀən]

⊜ aufbauen, darstellen

ⓥ 문장을 구성하다, 조립하다, 구성하다, 계획을 세우다

Viele Entwicklungsingenieure haben gemeinsam die neue Werkzeugmaschine **konstruiert**.
많은 개발 엔지니어가 공동으로 새로운 기계를 설계했습니다.

---

modifizieren [modifi'tsiːʀən]

⊜ umwandeln, revidieren

ⓥ 변화하다, 수정하다, 제한하다, 완화하다, 재다, 측정하다

Das Rezept sollte aber nur geringfügig **modifiziert** werden.
그 조리법은 약간 수정해야 합니다.

---

sich anlehnen ['anˌleːnən]

⊜ sich anschmiegen, anstellen

ⓥ 기대다, 의지하다

Er ist ihr bester Freund, ein treuer Begleiter an den sie **sich anlehnen** kann. 그는 그녀의 가장 친한 친구이고 의지할 수 있는 헌신적인 동반자입니다.

---

abstellen ['apʃtɛlən]

⊜ absetzen, zudrehen

ⓥ 떼어 놓다, 내려 놓다, 멈추다, 끄다, 잠그다

Heftiger Regen setzt ein, als wir das Auto am Anfang des steilen Pfades **abstellen**. 우리가 가파른 길의 앞 부분에 주차 할 때 폭우가 내렸다.

überdachen [yːbɐ'daχn̩]

⊜ abdecken, schützen

ⓥ 지붕으로 덮다, 차양을 달다

So ist geplant, die Bühne vollständig zu **überdachen**.
그 무대 전체를 커버할 계획입니다.

sich hineinversetzen in [hɪˈnai̯nˌfɛɐ̯ˈzɛtsn̩]
⊜ sich einfühlen, nachvollziehen

v. 누구의 처지가 되어 생각하다, 입장바꿔 생각하다

Ein Pfarrer kann **sich** schwer **in** einen Atheisten **hineinversetzen.**
그 목사는 무신론자에 대해 거의 공감할 수 없습니다.

Harn [haʁn]
Ⓖ *m (e)s e*

n. 소변, 오줌

Die Farbe von **Harn** ist gelb. 소변의 색깔은 노란색입니다.

---

mächtig [ˈmɛçtɪç]
⊜ gewaltig, tonangebend

a. 힘이 있는, 강력한, 유력한, 권력이 있는, 대단한, 폭넓은

Der **mächtige** Tyrann war über die Ländergrenzen hinaus gefürchtet. 그 강력한 폭군은 국경 너머를 두려워했다.

Vergnügungsboot [fɛɐ̯ˈgnyːgʊŋsˌbuːt]
Ⓖ *n (e)s e*

n. 유람선

Nach anderen Angaben ist das Schiff in den Niederlanden als **Vergnügungsboot** registriert.
다른 정보에 따르면 그 배는 유람선으로 네덜란드에 등록되어 있다.

Eitelkeit [ˈai̯tl̩kai̯t]
Ⓖ *f - en*

n. 허영심, 자만, 공허, 내용이 없음, 쓸데없는 행위

Eitelkeit war ihm, jedenfalls in einer solchen Form, fremd und unangenehm. 허영심은 그런 형태의 어떤 경우에도 그에겐 낯설고 불쾌했습니다.

---

sickern [ˈzɪkɐn]
⊜ rieseln, rinnen

v. 새다, 스며 나오다

Überschüssiges Wasser **sickert** in den Boden.
넘치는 물이 땅에서 새어 나온다.

---

keinen Sinn haben

phr. 이치에 맞지 않다

Sein Vater **hat** wirklich **keinen Sinn** für Humor.
그의 아버지는 정말 유머 감각이 없습니다.

---

in Beschlag nehmen

phr. 압류하다, 독점하다

Kindergeschrei erschallt, als die Kids die Spielgeräte **in Beschlag nehmen** und fröhlich herumtoben.
아이들이 놀이 기구를 독점하고 소리 지르며 즐겁게 뛰어논다.

Pöbel [ˈpøːbl̩]
Ⓖ *m s x*

n. 천민, 하층민, 폭도

Der **Pöbel** machte die Straßen unsicher, und wir hatten große Schwierigkeiten, aus der Stadt heraus zu kommen. 폭도들은 거리를 안전하지 않게 만들었고, 우리는 도시에서 벗어나는데 큰 어려움을 겪었습니다.

---

mit genauer Not

phr. 겨우, 간신히, 가까스로

Mit genauer Not sind wir bei der Ankunft und der Ausladung dem traurigen Schicksal entgangen. 가까스로 도착했을 때 우리는 슬픈 운명에서 벗어났다.

(Es ist) dicke Luft

phr. 분위기가 좋지 않다, 형세가 험악하다

Zwischen den beiden Geschwistern herrschte lange Zeit **dicke Luft**
오랜 시간동안 두 형제 사이는 좋지 않았다.

---

im Gespräch sein

phr. Die Schauspielerin soll bereits für eine Rolle **im Gespräch sein.**
그 여배우는 이미 역할에 대해 논의되고 있다.

blenden ['blɛndn̩]

⊜ verzaubern, blind machen

v. 눈부시게 하다, 눈이 부시다, 현혹하다

Autofahrer werden oft von der tiefstehenden Sonne **geblendet**.
자동차 운전자는 종종 낮게 떠있는 태양에 눈이 부신다.

in die Zange nehmen

phr. 압박하다, 압력을 넣다, 누구에게 질문을 퍼붓다

Die beiden Söhne **nahmen** den Arzt **in die Zange**, weil sie glaubten, er habe ihre Mutter nicht richtig behandelt.
그 두 아들은 어머니를 제대로 치료하지 않았다고 생각했기 때문에 의사에게 압력을 가했다.

Zange ['tsaŋə]

G *f - n*

n. 집게, 족집게, 펜치

Für diesen Nagel brauche ich mal die **Zange**. 나는 이 못을 위한 펜치가 필요합니다.

den Ausschlag geben

phr. 결정적이다

Ich kann mir vorstellen, dass Frankreichs stark besetzte Bank am Ende **den Ausschlag geben** könnte.
나는 프랑스의 세력 있는 은행이 결국 결정적일 수도 있다고 생각한다.

scheel [ʃeːl]

⊜ abschätzig, schief

a. 사팔눈의, 사팔뜨기의, 깔보는, 얕보는

Den **scheelen** Blick vergesse ich nicht. 나는 그 사팔뜨기를 잊지 못한다.

Ohrfeige ['oːɐ̯ˌfaɪ̯gə]

G *f - n*

n. 손바닥으로 따귀를 때리기, 싸대기

Wegen seiner schlechten Noten verabreichte sein Vater ihm eine **Ohrfeige**. 그의 성적이 좋지 않아서 그의 아버지는 그의 싸대기를 때렸다.

beheimaten [bə'haɪ̯maːtn̩]

⊜ beherbergen

v. 정착시키다, 거주시키다

Die verwahrloste Wohnung **beheimatete** allerlei Ungeziefer, wie Kakerlaken, Mäuse und Ratten.
방치된 아파트에는 바퀴벌레, 생쥐, 들쥐 등 모든 종류의 해충이 살고 있었습니다.

preisen ['pʀaɪ̯zn̩]

⊜ belobigen, würdigen

v. 칭찬하다, 찬미하다, 찬양하다

Die ganze Stadt **pries** den edlen Ritter, der die Gefahr von den Einwohnern abgewandt hatte.
도시 전체가 주민들의 위험을 막은 그 고귀한 기사를 찬양했습니다.

um jeden Preis

phr. 무조건, 어떤 댓가를 치르더라도, 기어이

Es ging um Erfolg **um jeden Preis**. 어떤 대가를 치르더라도 성공이 달린 문제이다.

Nutzfläche ['nʊtsˌflɛçə]

G *f - n*

n. 가용 면적, 이용 면적, 경지 면적

Der Bau soll im Spätsommer beginnen und die bestehende **Nutzfläche** um 4500 Quadratmeter erweitern.
이 공사는 늦여름에 시작하여 기존 가용 면적을 4,500 평방 미터 연장할 예정입니다.

verwehen [fɛɐ̯'veːən]

⊜ wehen, ausklingen

v. 흩날리다, 불어 날리다, 불어 휩쓸다, 사라지다

Der kräftige Herbstwind **verwehte** das herabgefallene Laub.
강한 가을 바람이 낙엽을 날려버렸습니다.

aus Not

phr. 필연적인 결과로서, 필요하여

In diesem Stück werden Entscheidungen nur **aus Not** heraus getroffen, das führt oft zu falschen.
이 점에 있어서 결정은 필연적으로만 이루어지기 때문에 종종 잘못된 결정이 내려집니다.

---

zur Not

phr. 불가피하게, 하는 수 없이, 간신히, 긴급에

Ich wäre **zur Not** auch zu dem Spiel gelaufen.
나는 비상 사태에 대비해 경기에 나섰을 것이다.

---

neuerdings ['nɔɪ̯ɐ'dɪŋs]
⊜ seit kurzem, seit kurzer Zeit

adv. 새롭게, 또, 다시, 요즈음, 요사이에, 최근에

Du bist **neuerdings** so still. Ist alles in Ordnung?
최근에 너는 너무 조용해. 괜찮은 거야?

---

feuchtheiß ['fɔɪ̯çtˌhaɪ̯s]

a. 무더운, 습기있는 더위의

In Seoul herrscht tropisch **feuchtheißes** Klima.
서울은 열대 다습한 기후가 지배한다.

Schwarzerde [ʃvaʁts'eːɐ̯də]
Ⓖ *f - n*

n. 흑토

Diese **Schwarzerde** stellen die jungen Gärtner selbst her.
어린 정원사들이 스스로 흑토를 생산합니다.

Schwärzer ['ʃvɛʁtsɐ]
Ⓖ *m s -*

n. 밀수업자

Die Drogen wurden beschlagnahmt und die mutmaßlichen **Schwärzer** vorläufig festgenommen.
마약은 압수당했고 밀수 용의자가 우선 체포되었다.

Erdreich ['eːɐ̯tˌʁaɪ̯ç]
Ⓖ *n (e)s e*

n. 지구, 세계, 육지, 토지

Mit Wärmepumpen kann man aus dem **Erdreich** Wärme gewinnen.
열 펌프로 지상에서 열을 추출할 수 있습니다.

---

geheimnisvoll [gə'haɪ̯mnɪsˌfɔl]
⊜ mysteriös, rätselhaft

a. 신비적인, 은밀한, 불가사의한, 숨겨진

Wirklich unwiderstehlich werden Sie nur sein, wenn Sie die Menschen als **geheimnisvoll** beschreiben.
당신이 사람들을 신비롭게 묘사한다면 마음을 사로잡을 것입니다.

---

zerkleinern [tsɛɐ̯'klaɪ̯nɐn]
⊜ zermahlen, zerstoßen

v. 잘게 하다, 부수다, 박살내다

Mühevoll versucht sein altes Gebiss die Nahrung zu **zerkleinern**.
그의 닳은 치아는 음식을 잘게 부수기 위해 열심히 노력합니다.

Verwertung [fɛɐ̯'veːɐ̯tʊŋ]
Ⓖ *f - en*

n. 이용, 활용, 사용, 효용

Eine **Verwertung** der im Rahmen des Praktikums gemachten Beobachtungen ist nur mit ausdrücklicher Zustimmung gestattet.
인턴 과정에서 이루어진 관찰의 활용은 명백한 동의가 있는 경우에만 허용됩니다.

---

bedingt [bə'dɪŋt]
⊜ begrenzt, eingeschränkt

a. 제한적인, 조건부의

Diese Weisheit ist historisch **bedingt**. 이 격언은 역사적으로 제한되어 있습니다.

fraglich ['fʀaːklɪç]
⊜ zweifelhaft, unsicher

a. 불확실한, 애매한, 미결의, 문제의, 해당되는

Es ist **fraglich**, ob dieser Ansatz der richtige ist.
이 조항이 올바른지 의심스럽습니다.

---

ausbringen ['aʊ̯s,bʀɪŋən]
⊜ ausbrüten, ausplaudern

v. 건배의 말을 하다, 내오다, 반출하다, 부화하다

Anders als Betriebe mit schweren Böden, haben wir unsere Saat im Herbst komplett **ausbringen** können.
심각한 토양이 있는 농장과는 달리 우리는 가을에 완전히 씨를 뿌릴 수 있었습니다.

Ausscheidung ['aʊ̯s,ʃaɪ̯dʊŋ]
G *f - en*

n. 분리, 제거, 배제, 분비물, 배설물

Durch die **Ausscheidung** von Sauerstoff ermöglichen uns die Pflanzen das Atmen. 식물은 산소를 배출함으로써 우리가 숨을 쉬게 합니다.

---

fäkal [fɛ'kaːl]

a. 분뇨의, 배설물의

Je höher die **fäkale** Belastung, desto schlechter ist die Wassergüte des Gewässers. 분뇨의 적재가 많을수록 수역의 수질이 나빠집니다.

---

lauschen ['laʊ̯ʃn̩]
⊜ zuhören, horchen

v. 경청하다, 엿듣다, 몰래 듣다, 귀기울이다

Indem sie **lauschten**, konnten U-Boote früher ihre Feinde orten.
경청하면서 잠수함은 적을 일찍 찾아낼 수 있었다.

---

stetig ['ʃteːtɪç]
⊜ andauernd, fortgesetzt

a. 끊임없는, 부단의, 연속적인, 항구적인

Die Landschaft ist einem **stetigen** Wandel unterzogen.
풍경이 끊임없이 변화하고 있습니다.

Akkord [a'kɔʁt]
G *m (e)s e*

n. 화음, 도급, 조정, 화해, 타협

Die Manufaktur schloss einen **Akkord** mit ihren Gläubigern ab.
제조소는 채권단과 타협을 했다.

Standbild ['ʃtant,bɪlt]
G *n (e)s er*

n. 입상, 조각상

Wenn ich den Versuch mache, so ein **Standbild** zu betrachten, so erweckt das, was ich sehe, nichts als einen Anflug von Abscheu in mir. 그런 조각상을 보려고 할 때면 나는 혐오감의 기분을 일으킬 뿐이다.

---

rasen ['ʀaːzn̩]
⊜ flitzen, rennen

v. 미쳐서 날뛰다, 광란하다, 질주하다, 돌진하다

Der PKW-Fahrer **raste** mit 160 km/h über die Autobahn.
자동차 운전자는 고속도로에서 160 km/h 로 주행했습니다.

---

feierlich ['faɪ̯ɐlɪç]
⊜ andächtig, ernsthaft

a. 축제의, 장엄한, 엄숙한, 격식을 차린

Mit **feierlicher** Stimme verkündete der Chef den neuen Großauftrag.
사장은 격식을 차린 목소리로 새로운 대량 주문을 알렸다.

---

anlegen ['an,leːgn̩]
⊜ anbinden, anziehen

v. 기대다, 착수하다, 매다, 조준하다, 구상하다, 투자하다, 옷을 입다

Die Mutter **legt** dem Kind ein Lätzchen **an**.
어머니는 아이에게 턱받이를 겁니다.

---

tippen ['tɪpn̩]
⊜ antupfen, anstoßen

v. 추측하다, 예상하다, ~에 걸다, 두드리다, 타자를 치다

Da **tippte** ihr jemand von hinten auf die Schulter. 누군가 뒤에서 그녀의 어깨에 두드렸다.

Sandsack ['zant,zak]

G *m (e)s ä-e*

n. 모래 주머니, 샌드백

Die verheerende Flutwelle wird durch **Sandsäcke** gestoppt, damit die Stadt von der Überflutung verschont bleibt.
도시가 범람하지 않기 위해 그 파괴적인 해일을 모래 주머니들로 막았다.

durchhalten ['dʊʁç,haltn̩]

⊜ bewältigen, abwarten

v. 지탱하다, 견디어내다, 끝까지 해내다, 포기하지 않다

Die Bergleute konnten **durchhalten**, bis sie gerettet wurden.
그 광부들은 구출될 때까지 견딜 수 있었다.

Ansturm ['anʃtʊʁm]

G *m (e)s ü-e*

n. 돌진, 돌격, 쇄도

Er fiel beim **Ansturm** auf den Hügel. 그는 맹공격에 언덕으로 떨어졌다.

Zögling ['tsøːklɪŋ]

G *m s e*

n. 생도, 학생, 제자

Der **Zögling** hat noch viel zu lernen. 학생들은 여전히 많은 것을 배워야 합니다.

sich abschilfern ['apʃɪlfɐn]

⊜ sich schuppen, sich schälen

v. 비듬이 떨어지다, 비늘이 떨어지다, 껍질이 벗겨지다

An dieser Stelle **schilfert** die Haut **sich** immer wieder **ab**.
여기에서 피부가 계속해서 껍질이 벗겨진다.

ertönen [ɛɐ̯'tøːnən]

⊜ klingen, schallen

v. 소리가 울리다, 울리기 시작하다

Musik **ertönt** aus Mario Zimmer, sie ist also wach.
Mario 의 방에서 나오는 음악 때문에 그녀는 깨어났다.

schwanken ['ʃvaŋkn̩]

⊜ pendeln, schaukeln

v. 흔들리다, 동요하다, 변동하다

Vor lauter Trunkenheit **schwankte** er orientierungslos durch den Gang. 그는 술에 매우 취해 방향 감각을 잃고 흔들거렸다.

flirren ['flɪʀən]

⊜ flimmern, zittern

v. 떨리다, 흔들리다, 어른어른하다

Im Sommer **flirrt** die Luft vor lauter Hitze. 여름에는 공기가 강한 열 때문에 흔들린다.

einkneifen ['aɪ̯n,knaɪ̯fn̩]

⊜ einklemmen, schnüren

v. 꼭 다물다, 죄다

Er hat so große Töne gespuckt, doch trotz allem scheint es, als würde er letztendlich doch den Schwanz **einkneifen**.
그는 허세를 부리지만 결국 그는 꼬리를 사리는 것처럼 보입니다.

Schweinestall ['ʃvaɪ̯nəʃtal]

G *m (e)s ä-e*

n. 돼지우리

Wie kannst du in aller Ruhe in diesem **Schweinestall** sitzen und fernsehen? 어떻게 이 돼지우리에서 편안히 앉아서 TV를 볼 수 있어?

Mitstreiter ['mɪtʃtʀaɪ̯tɐ]

G *m s -*

n. 전우, 아군

Wagner und seine **Mitstreiter** hatten vor dem Rathaus ein Zelt aufgebaut. 바그너와 그의 동료들은 시청 앞에 텐트를 세웠다.

Vorstand ['foːɐ̯ʃtant]

G *m (e)s ä-e*

n. 장, 간부, 중역, 이사, 간부, 수뇌부, 감독부, 지배인들, 이사회

Anlässlich der Planungen für die 100-Jahr-Feier der Stadt tagten die **Vorstände** der örtlichen Vereine gemeinsam in der Turnhalle.
도시 100 주년 기념 행사에서 지역 단체 이사회가 체육관에서 함께 모였습니다.

Kuratorium [kuʀaˈtoːʀiʊm]

G *n s -ien*

n. 감사국, 보관 위원회, 관리국

Das **Kuratorium** hat beschlossen, für diese Aufgabe einen weiteren Mitarbeiter einzustellen. 관리국은 이 작업을 위해 직원을 더 고용하기로 결정했습니다.

Beirat [ˈbaɪ̯ˌʀaːt]

G *m (e)s ä-e*

n. 조언자, 고문, 고문단, 조언

Aufgabe des **Beirats** ist es, den Bundesminister für Wirtschaft und Technologie in voller Unabhängigkeit in allen Fragen der Wirtschaftspolitik zu beraten. 자문 위원회의 임무는 경제 정책의 모든 문제에 대해 연방 경제부와 기술부 장관에게 완전히 독립적으로 권고하는 것입니다.

---

ausscheiden [ˈaʊ̯sʃaɪ̯dn̩]

⊜ entfallen, abgeben

v. 배설하다, 분비하다, 분리하다, 골라내다, 배제되다, 물러나다

Kleinere Gegenstände, die der Welpe verschluckt hat, werden problemlos wieder **ausgeschieden**. 강아지가 삼킨 작은 물체는 쉽게 배설됩니다.

Fuhre [ˈfuːʀə]

G *f - n*

n. 운반, 운송, 운송료, 운임, 적재량

Kannst du diese **Fuhre** übernehmen? 너는 이 짐을 가져갈 수 있니?

---

einwerben [ˈaɪ̯nˌvɛʁbn̩]

⊜ akquirieren, werben

v. 돈 또는 후원을 얻다

Wenn eine Hochschule einen Forschungsauftrag aus der Wirtschaft **einwirbt**, sollte sie dafür mit einer Prämie belohnt werden. 전문 대학이 경제 연구 의뢰에 대한 후원을 받는다면 그 대학은 포상금으로서 사례를 받아야 한다.

Förderverein [ˈfœʁdɐfɛɐ̯ʔaɪ̯n]

G *m (e)s e*

n. 장려 협회, 홍보 협회

Das Geld bekommen wir vom **Förderverein**. 우리는 장려 협회에서 돈을 얻습니다.

---

abwiegeln [ˈapˌviːgl̩n]

⊜ abmildern, beruhigen

v. 진정시키다, 흥분을 가라앉히다

Der Polizist, der selber in die Machenschaften der Gaunerbande verwickelt war, versuchte die bestohlene Dame mit der Lüge **abzuwiegeln**, die Handtasche werde gewiss wiedergefunden werden. 자신도 사기단의 일원이었던 그 경찰은 사기단에게 당한 여성에게 핸드백은 확실히 다시 찾게 될 것이라는 거짓말로 진정시키고자 했다.

---

brisant [bʀiˈzant]

⊜ explodierbar, feuergefährlich

a. 폭발성의, 논란의 소지가 있는

Brisante Sprengstoffe detonieren mit sehr hoher Geschwindigkeit. 폭발성 폭발물은 매우 빠른 속도로 폭발합니다.

---

widrig [ˈviːdʀɪç]

⊜ nachteilig, negativ

a. 반대의, 부적당한, 방해가 되는

Trotz **widriger** Umstände konnte der Bau fristgerecht fertiggestellt werden. 불리한 환경에도 불구하고 공사는 기한 내에 완료되었습니다.

---

graduell [gʀaˈdu̯ɛl]

⊜ allmählich, schrittweise

a. 등급이 있는, 점차의, 순서대로

Zwischen den Wortarten gibt es viele **graduelle** Übergänge. 품사 간에는 점진적 변화가 많이 있습니다.

---

radikal [ʀadiˈkaːl]

⊜ grundsätzlich, fundamental

a. 근원적인, 철저한, 무분별한, 과격한

Manche Menschen denken **radikal**, besonders dann, wenn sie zu einem Thema persönliche Erfahrungen gesammelt haben. 특히 주제에 대한 개인적인 경험이 있는 경우에는 어떤 사람들은 근원적으로 생각합니다.

Sitzung ['zɪtsʊŋ]

Ⓖ *f - en*

n. 집회, 회의, 회합

Die nächste **Sitzung** unseres Seminars findet erst in zwei Wochen statt. 우리 세미나의 다음 집회는 2 주 안에 개최합니다.

---

vorwerfen['foːɐ̯ˌvɛʁfn̩]

⊜ beschuldigen, kritisieren

v. 비난하다, 질책하다, 탓하다, 앞에 던지다

Lee Myung Bak wird unter anderem Korruption **vorgeworfen**. Ihm droht eine lange Haftstrafe. 이명박은 부패 혐의로 기소된다. 그에게 긴 구류형이 임박해 있다.

Deportation [depɔʁta'tsi̯oːn]

Ⓖ *f - en*

n. 추방, 유형

Ab 1916 setzten zahlreiche **Deportationen** ein, auch von Frauen und Kindern. 1916 년부터 여성과 어린이를 포함한 많은 강제 퇴거가 시작되었습니다.

Anhörung ['anˌhøːʀʊŋ]

Ⓖ *f - en*

n. 청문, 심문

Im Ausschuss muss eine **Anhörung** der Experten erfolgen, um die notwendigen Entscheidungen vorzubereiten.
위원회에서 꼭 필요한 결정을 준비하기 위해 전문가의 청문을 행해야 합니다.

---

aufsplittern ['au̯fˌʃplɪtɐn]

⊜ sich aufspalten, sich scheiden

v. 분열하다, 갈라지다, 분리되다

Diese Aufsplitterung geht in ganz Europa voran und es wird sich noch mehr **aufsplittern**. 이 분열은 유럽 곳곳에서 진행되고 있으며 더 많은 분열을 일으킬 것입니다.

---

dogmatisch [dɔ'gmaːtɪʃ]

⊜ eigensinnig, doktrinär

a. 교리상의, 교의의, 단적인

Das Blatt ist christlich, aber nicht **dogmatisch**.
이 전단은 기독교적이지만 교조적이지는 않습니다.

---

einräumen ['ai̯nˌʀɔi̯mən]

⊜ einordnen, einstellen

v. 집어넣다, 챙기다, 정리하다, 설비하다, 인정하다, 허락하다

Wenn man derzeit von Forderungen liest, auch den Fachhochschulen das Promotionsrecht **einzuräumen**, kann man sich die Ergebnisse vorstellen. 당시의 요구 사항을 이해하고 전문 대학에게 박사 학위를 수여할 권리를 부여하면 결과를 상상할 수 있습니다.

---

herkömmlich ['heːɐ̯ˌkœmlɪç]

⊜ althergebracht, traditionell

a. 전래의, 관습적인, 관례적인, 전통적인

Mit den **herkömmlichen** Methoden ist dem Schimmelbefall im Keller nicht beizukommen. 전통적인 방법으로는 지하실의 곰팡이 피해를 해결할 수 없습니다.

---

aufrüsten ['au̯fˌʀʏstn̩]

⊜ aufsetzen, sich bewaffnen

v. 군비를 확장하다, 무장하다, 기계를 개량하다

Etwa 60 Prozent der Fahrzeuge lassen sich nachträglich **aufrüsten**.
차량의 약 60 %가 추가로 개조할 수 있습니다.

Provinz [pʀo'vɪnts]

Ⓖ *f - en*

n. 지방, 시골, 도, 주, 행정 구획의 하나

Mancher, der beruflich in eine Kleinstadt muss, kommt sich vor, als sei er in der **Provinz**. 작은 마을에서 일해야 하는 누군가는 시골에 있는 것처럼 느낍니다.

---

säkularisieren [zɛkulaʀi'ziːʀən]

⊜ verstaatlichen, verweltlichen

v. 세속화하다, 국유화하다

Ich wollte das ehemalige Idyll deutscher Hochkultur und Zivilisationskritik nicht nur erhalten und modernisieren, sondern auch **säkularisieren** und amerikanisieren. 나는 독일의 고급 문화와 문명 비판의 이전 목가적 생활을 보존하면서 현대화도 원할 뿐만 아니라 세속화되고 미국화 되길 원했다.

28 Tag

2701~2800

ertragen [ɛɐ̯'tʀaːgn̩]
⊜ bewältigen, durchhalten

ⓥ 견디다, 견디어내다, 참다

Ich kann es nicht mehr **ertragen**. 나는 더 이상 참을 수 없다.

abwandern ['apˌvandɐn]
⊜ übersiedeln, wegziehen

ⓥ 돌아다니다, 유랑하다, 이전하다, 이주하다

Wir sollten morgen zeitig **abwandern**, damit wir mittags auf dem Gipfel sind. 우리는 정오에 정상 회담에 참석하기 위해 아침 일찍 떠나야 합니다.

rosig ['ʀoːzɪç]
⊜ paradiesisch, wünschenswert

ⓐ 장밋빛의, 장미같은, 쾌활한

Du hast so wundervolle, **rosige** Haut, und deine Augen funkeln wie die Sterne. 당신은 정말 멋진 장미 빛 피부를 가지고 있고, 눈은 별처럼 반짝입니다.

voraussagen [fo'ʀau̯sˌzaːgn̩]
⊜ spekulieren, absehen

ⓥ 예보하다, 예고하다, 예언하다

Doch wie die US-Wissenschafter nun herausgefunden haben, kann die Persönlichkeit eines Menschen seine Lebenserwartung **voraussagen**.
그러나 미국 과학자들이 알아낸 것처럼 사람의 성격은 기대 수명을 예측할 수 있습니다.

Didaktiker [di'daktɪkɛr]
Ⓖ *m s -*

ⓝ 교수법 학자

Wie immer haben die **Didaktiker** von der Universität Mainz ein vielfältiges Programm aus Vorträgen und Workshops zusammengestellt.
언제나 그러하듯 마인츠 대학교의 교수들은 다양한 강의와 워크샵 프로그램을 마련했습니다.

spirituell [ʃpiʀi'tu̯ɛl]
⊜ geistlich, kirchlich

ⓐ 정신적인, 영적인, 종교상의

Die seitenlangen **spirituellen** Abschweifungen des Autors liegen mir gar nicht. 그 저자의 여러 페이지에 걸친 종교적 여담에 나는 전혀 관심이 없다.

zögerlich ['tsøːgɐlɪç]
⊜ zaghaft, unentschieden

ⓐ 주저하는, 망설이는

Seiner Meinung nach trägt die Polizei durch ihr **zögerliches** Eingreifen eine Mitschuld.
그의 생각으로는 그 경찰은 망설이는 처신에 대한 부분적인 책임이 있다.

Anekdote [anɛk'doːtə]
Ⓖ *f - n*

ⓝ 일화, 야화, 일사

Ich weiß nur, dass die Geschichte von Narcisse keine schlichte **Anekdote** ist. 나는 나르시스의 이야기가 간단한 일화가 아니라는 것을 알고 있습니다.

rustikal [ʀʊstiˈkaːl]
⊜ bäuerlich, dörflich

(a.) 시골풍의, 소박한

Es handelt sich hierbei um eine eher einfache und **rustikale** Küche aus lokal verfügbaren Zutaten.
현지에서 구할 수 있는 재료로 만든 다소 간단하고 소박한 요리입니다.

Kaufpreis [ˈkaʊ̯fˌpʀaɪ̯s]
Ⓖ *m es e*

(n.) 구입 금액, 구매가, 매입 대금, 원가

Der **Kaufpreis** für die Lampe war mir zu hoch.
램프 구매가는 나에겐 너무 높았습니다.

Orgel [ˈɔʁgl̩]
Ⓖ *f - n*

(n.) 오르간, 풍금

Eine **Orgel** ist kein Akkordeon, sie sieht ihm nur ähnlich.
오르간은 아코디언처럼 보이지만 아코디언이 아니다.

---

stülpen [ˈʃtʏlpn̩]
⊜ aufsetzen, aufstülpen

(v.) 씌우다, 뚜껑을 덮다, 젖히다, 뒤집다

Sie **stülpte** sich noch eine blonde Perücke auf den Kopf.
그녀는 그녀의 머리에 금발의 가발을 씌웠다.

---

in den Rücken fallen

(phr.) 돌아서다, 배반하다, 배후를 치다

Eigentlich wollen Europas Regierungen gemeinsam gegen die Steuertricks der Konzerne vorgehen. Doch nun **fallen** einige Staaten den anderen **in den Rücken** - und führen sogar neue Schlupflöcher ein. 사실 유럽 정부는 공동으로 복합기업의 탈세에 단호하게 개입하고자 하나, 이제 몇몇 국가는 다른 국가들의 뒤통수를 치고, 심지어 새로운 도망갈 구멍을 만든다.

Schwerpunkt
[ˈʃveːɐ̯ˌpʊŋkt]
Ⓖ *m (e)s e*

(n.) 중심, 중점, 주제

Den **Schwerpunkt** des Vortrags bildeten die Ideen zur Bewältigung der Wirtschaftskrise. 발표의 주제는 경제 위기의 극복을 다루기 위한 아이디어로 이루어졌다.

Hindernislauf
[ˈhɪndɐnɪslaʊ̯f]
Ⓖ *m (e)s ä-e*

(n.) 장애물 경주, 허들 레이스

Neben einer Kletterwand wird es einen **Hindernislauf** für Kinder geben. 암벽 등반 외에도 어린이를 위한 허들 레이스가 있습니다.

---

gestalten [gəˈʃtaltn̩]
⊜ aufbauen, formen

(v.) 형성하다, 형상화하다, 조형하다, 모양으로 나타내다

Die Umsetzung **gestaltete** sich dann doch schwieriger, als wir uns das gedacht hatten. 구현하는 것은 우리 생각보다 어려웠습니다.

---

ausstrahlen [ˈaʊ̯sˌʃtʀaːlən]
⊜ scheinen, beleuchten

(v.) 방사하다, 발산하다, 복사하다, 사출하다, 영향을 끼치다

Tschernobyl **strahlt** noch bis heute Radioaktivität **aus**.
오늘까지도 체르노빌은 방사능을 방출합니다.

---

in die Praxis umsetzen

(phr.) 실행에 옮기다

Es ist nun an der Zeit, Ihr Wissen und Können **in die Praxis umzusetzen**. 이제는 지식과 기술을 실천할 때입니다.

---

sich ableiten [ˈapˌlaɪ̯tn̩]
⊜ stammen, herrühren

(v.) 유래하다, 파생하다, 연역하다

Daraus lässt **sich ableiten**, wie hoch die deklarierten Gewinne von ausländischen Unternehmen sind.
이로부터 외국 기업의 세관 신고된 금액이 어느 정도인지 추론할 수 있습니다.

Ansatz ['an,zats]

G *m es ä-e*

n. 부가물, 부착물, 침전, 부과, 조항, 항목, 평가, 사정, 징후

Für den perfekten **Ansatz** bedarf es einer exakten Positionierung des Instruments. 완벽한 평가를 위해서 계측기의 정확한 배치를 필요로 합니다.

Aufnahme ['au̯f,na:mə]

G *f - n*

n. 개시, 시작, 수용, 입회, 흡수, 접대, 차입, 녹음, 녹화, 번영

Das Mikrofon ist kaputt, deswegen ist die **Aufnahme** auf die Kassette gar nicht so gut wie wir hofften.
마이크가 고장이 나서 테이프의 녹음이 우리가 원하는 만큼 좋지 않습니다.

Umsetzung ['ʊm,zɛtsʊŋ]

G *f - en*

n. 전환, 변환, 이항, 거래, 매매

Eine **Umsetzung** an einen anderen Dienstort erfordert in der Regel die Zustimmung des Personalrates.
다른 곳으로 근무 이동을 하려면 보통 인사 협의회의 승인이 필요합니다.

---

angemessen ['angə,mɛsn̩]

⊜ geeignet, gemäß

a. 걸맞는, 알맞은, 타당한, 적당한

Was stellen Sie sich denn genau unter einer **angemessenen** Vergütung vor? 타당한 보수에 대해 정확히 얼마를 생각했습니까?

Botschaft ['bo:tʃaft]

G *f - en*

n. 보고, 통지, 담화, 성명, 대사관

Mein Mann arbeitet für die deutsche **Botschaft**.
남편은 독일 대사관을 위해 일합니다.

---

aufzeichnen ['au̯f,tsaɪ̯çnən]

⊜ skizzieren, aufschreiben

v. 기록하다, 녹화하다, 그리다, 스케치하다, 설명하다

Ich kann mir von deinen Plänen noch gar kein Bild machen. Kannst du mir das bitte einmal **aufzeichnen**?
나는 당신의 계획을 구상조차 할 수 없습니다. 한번 그려 주시겠습니까?

Artikulation [,aʁtikula'tsi̯o:n]

G *f - en*

n. 관절, 발음, 조음

Die korrekte **Artikulation** von Nasalvokalen fällt manchem schwer.
비음 모음의 정확한 발음은 일부 사람들에게는 어렵습니다.

Industrie [ɪndʊs'tʀi:]

G *f - n*

n. 산업, 공업

Die **Industrie** Deutschlands ist führend auf dem Gebiet des Fahrzeugbaus. 자동차 제조 분야가 독일의 산업의 선두 주자입니다.

Industrialisierung [ɪndʊstʀiali'zi:ʀʊŋ]

G *f - en*

n. 산업화, 공업화

Der Bau der Eisenbahn war eine Voraussetzung für die flächenhafte **Industrialisierung**. 철도 건설은 2 차 산업화의 전제 조건이었습니다.

Säugetier ['zɔɪ̯gə,ti:ɐ̯]

G *n (e)s e*

n. 포유 동물

Die Ameisenigel und das Schnabeltier sind die einzigen **Säugetiere**, die Eier legen. 바늘두더지와 오리너구리는 유일한 알을 낳는 포유류입니다.

Felsen ['fɛlzn̩]

G *m s -*

n. 바위, 암석

Beim Ausheben der Baugrube sind wir auf **Felsen** gestoßen.
굴착으로 파낼 때 우리는 바위에 부닥쳤습니다.

empfindlich [ɛmˈpfɪntlɪç]
⊜ reizbar, sensibel

a. 느끼기 쉬운, 신경질적인, 예민한, 정밀한

Die Arktis reagiert viel **empfindlicher** als andere Erdteile auf die globale Erwärmung. 북극은 다른 대륙보다 지구 온난화에 훨씬 민감합니다.

Zebrastreifen [ˈt͡seːbʀaʃtʀaɪ̯fn̩]
Ⓖ *m s -*

n. 횡단보도

Halten Sie vor dem **Zebrastreifen**! 횡단 보도 앞에서 멈추세요!

Muschel [ˈmʊʃl̩]
Ⓖ *f - n*

n. 조개, 조가비

Guck mal, was für eine schöne **Muschel**! 이 예쁜 조개를 봐!

Schildkröte [ˈʃɪltkʀøːtə]
Ⓖ *f - n*

n. 거북이

Schildkröten und Schlangen sind Reptilien. 거북이와 뱀은 파충류입니다.

Warze [ˈvaʁt͡sə]
Ⓖ *f - n*

n. 사마귀, 젖꼭지

Ich hatte eine kleine **Warze** am Augenlid. 나는 눈꺼풀에 작은 사마귀가 났다.

Futter [ˈfʊtɐ]
Ⓖ *n s -*

n. 사료, 여물, 먹이, 양식, 음식

Hast du den Schweinen heute schon **Futter** gegeben?
오늘 돼지에게 사료를 줬어?

Silbe [ˈzɪlbə]
Ⓖ *f - n*

n. (언어) 음절

Wir könnten nun das Verhältnis von betonten zu unbetonten **Silben** bestimmen. 우리는 강조되는 음절부터 강조되지 않는 음절에 대한 관계를 규정할 수 있습니다.

Höhle [ˈhøːlə]
Ⓖ *f - n*

n. 동굴, 굴

Vorsicht! In der **Höhle** dort lebt ein Bär. 주의! 동굴에는 곰이 살고 있습니다.

Gebirge [gəˈbɪʁgə]
Ⓖ *n s -*

n. 산맥, 산악지대, 고지

Im **Gebirge** kann das Wetter schnell umschlagen.
산악지대에서는 날씨가 빠르게 바뀔 수 있습니다.

Pfropfen [ˈpfʀɔpfn̩]
Ⓖ *m s -*

n. 마개, 코르크마개, 접목

Das Rohr wurde vorsorglich mit einem **Pfropfen** abgedichtet.
만일에 대비하여 그 관은 마개로 밀봉되었습니다.

Nabel [ˈnaːbl̩]
Ⓖ *m s -*

n. 배꼽

Ihr Hemd war grade kurz genug um den **Nabel** nicht zu verdecken.
그녀의 셔츠는 배꼽을 덮지 않을 정도로 짧았습니다.

Pfütze [ˈpfʏt͡sə]
Ⓖ *f - n*

n. 웅덩이, 물구덩이

Kinder springen gern in **Pfützen**, meist ohne Gummistiefel.
아이들 대부분은 고무장화 없이 웅덩이에 뛰어든다.

Blutlache [ˈbluːtˌlaːχə]
Ⓖ *f - n*

n. 피바다

An der Stelle, an welcher der Leichnam gelegen hatte, war nur noch eine **Blutlache** zu sehen. 시체가 있는 자리에서 피바다를 볼 수 있었다.

Errungenschaft [ɛɐ̯ˈʀʊŋənʃaft]
G *f - en*

n. 노력의 대가, 업적, 성과, 결과, 공유 재산

Eine wichtige **Errungenschaft** ist das Rad. 하나의 중요한 업적은 바퀴입니다.

Asche [ˈaʃə]
G *f - n*

n. 재

Der Vulkan spie **Asche** und Lava. 화산은 화산재와 용암을 분출했습니다.

Pfuhl [pfuːl]
G *m (e)s e*

n. 큰 웅덩이, 못, 늪, 거름

Der **Pfuhl** ist verschlammt und zugewachsen. 늪은 진흙으로 뒤덮여 있다.

Stube [ˈʃtuːbə]
G *f - n*

n. 방, 내무반, 공동 기숙사

Sie führte mich in eine der beiden **Stuben** oben, die sonst immer verschlossen waren. 그녀는 나를 항상 잠겨 있는 위층의 두 방 중 하나로 이끌었다.

---

besitzen [bəˈzɪtsn̩]
⊜ haben, verfügen

v. 소유하다, 점유하다, 마음을 사로잡다

Ich **besitze** ein Haus, auch wenn es der Bank gehört.
비록 은행에 속해 있지만 나는 집을 소유하고 있습니다.

---

angeblich [ˈanˌgeːplɪç]
⊜ vorgeblich, vermeintlich

a. 자칭, 이른바, 소위

Angeblich trifft er einen prominenten Gast.
그는 아마 저명한 손님을 만날 것이라고 한다.

---

weitgehend [ˈvai̯tgeːənt]
⊜ beträchtlich, erheblich

a. 광범위한, 포괄적인, 폭 넓은
adv. 가능한 한 많이, 포괄적으로

Die Auswirkungen waren **weitgehend** und unüberschaubar.
그 영향은 엄청 크고 광범위했다.

---

erschöpft [ɛɐ̯ˈʃœpft]
⊜ überlastet, müde

a. 지친, 기진맥진한, 피폐한

Nach dem Fußballspiel gingen die Spieler **erschöpft** in die Kabinen.
축구 경기가 끝난 후, 선수들은 기진맥진하게 탈의실로 갔다.

---

empfinden [ɛmˈpfɪndn̩]
⊜ erfahren, finden

v. 느끼다, 지각하다, 경험하다

Die erste Liebe wird allgemein als schön **empfunden**.
첫사랑은 일반적으로 아름답다고 느껴집니다.

---

kollidieren [kɔliˈdiːʀən]
⊜ zusammenstoßen, aufeinanderprallen

v. 충돌하다, 저촉되다

Der Meteorit **kollidierte** mit der Raumstation. 운석은 우주 정거장과 충돌했다.

---

lexikal [lɛksiˈkaːl]

a. 사전의, 사전같은, 사전에 관한

Die Droge droht freilich nicht nur mit **lexikalem** Gedächtnisschwund, sondern auch mit richtigen Krankheiten.
이 약물은 확실히 어휘에 대한 기억상실 뿐만 아니라 진짜 질병에 처하게 된다.

---

sich begnügen [bəˈgnyːgn̩]
⊜ sich zufriedengeben, vorliebnehmen

v. 만족하다, 납득하다

Frank ist immer so unsagbar gierig. Er sollte **sich** endlich einmal mit dem **begnügen**, was er hat.
프랭크는 항상 말할 수 없이 탐욕스럽다. 그는 한번이라도 자신이 가진 것에 만족해야 된다.

sich vergnügen [fɛɐ̯ˈgnyːgn̩]

⊜ genießen, sich amüsieren

v. 즐기다, 즐거운 시간을 보내다

Die Eltern **vergnügten sich** damit, ihrem Sohn bei der Schulaufführung zuzuschauen. 부모님은 아들의 학예회를 즐겁게 보았습니다.

---

unterstellen [ˌʊntɐˈʃtɛlən]

⊜ abstellen, aufbewahren

v. 밑에 두다, 넣어두다, 간직하여 두다, 피하다

Die Kompanie wurde zeitweilig einer anderen Division **unterstellt**. 그 중대는 임시적으로 다른 사단에 종속되었습니다.

überheblich [yːbɐˈheːplɪç]

⊜ arrogant, protzig

a. 외람된, 불손한, 거만한

Das war völlig unnötig und **überheblich**. 그것은 완전히 쓸데없게 거만했습니다.

---

abweisen [ˈapˌvaɪ̯zn̩]

⊜ abschlagen, ablehnen

v. 물리치다, 격퇴하다, 거절하다, 기각하다

Sie **wies** seine Einladung ins Kino **ab**. 그녀는 그의 영화 초대를 거절했습니다.

---

verweisen [fɛɐ̯ˈvaɪ̯zn̩]

⊜ anzeigen, vorwerfen

v. 나무라다, 비난하다, 지시하다, 추방하다

Nach mehreren Fouls wurde der Spieler des Platzes **verwiesen**. 몇몇의 파울 후에 선수는 퇴장당했다.

---

voranstellen [foˈʀanʃtɛlən]

⊜ vorausschicken, vorsetzen

v. 선두에 놓다, 최초에 언급하다

Der Kommentar ist in diesem Fall dem Aufsatz **vorangestellt**. 이 경우 주해를 논문에 언급합니다.

---

entfallen [ɛntˈfalən]

⊜ herausfallen, entgleiten

v. 생각나지 않다, 탈락되다, 제외되다, 몫이 되다, 떨어지다

Die Tagesordnungspunkte drei und vier **entfallen** bei der heutigen Sitzung. 의제 항목 3 과 4 는 오늘 회의에서 삭제 될 것입니다.

---

mitunter [mɪtˈʔʊntɐ]

⊜ ab und zu, gelegentlich

adv. 때로는, 때때로, 가끔, 이따금, 왕왕

Mein Mitbewohner ist sehr eifrig, der arbeitet **mitunter** 12 Stunden am Tag. 내 룸메이트는 열심히 일하고 때로는 하루 12 시간 일합니다.

---

absurd [apˈzʊʁt]

⊜ unsinnig, unvernünftig

a. 불합리한, 이치에 어긋난, 허무한, 황당무계한

Die Vorschläge scheinen mir allesamt vollkommen **absurd** zu sein. 그 제안은 나에게 모두 완전히 불합리한 것처럼 보입니다.

---

ausblenden [ˈaʊ̯sˌblɛndn̩]

⊜ ausradieren, ausschalten

v. 소리를 서서히 약하게 하여 없애다, 영상을 서서히 끝내다

Die Regie **blendete** den Gastbeitrag zu früh **aus**, sodass der Moderator vor der Kamera auftauchte, als er gerade seine Papiere sortierte. 감독이 게스트를 너무 일찍 페이드 아웃 시키는 바람에 사회자가 막 서류를 정리하고 있을 때 카메라에 모습을 드러냈다.

---

auf die Straße gehen

phr. 시위하다, 데모하다, 몸을 팔다, 매음하다

Am 100. Tag von Donald Trump im Amt sind weit mehr als eine viertelmillionen Menschen gegen seine Klimapolitik **auf die Straße gegangen**. 도널드 트럼프 취임 백일만에 25 만 명이 넘는 사람들이 그의 기후 정책에 시위했다.

---

zur Welt kommen

phr. 태어나다

2016 **kamen** aber rund 52.000 mehr Säuglinge **zur Welt** als im Jahr davor. 그러나 2016 년에는 전년보다 약 52,000 명의 아기가 더 태어났습니다.

auf die Dauer

phr. 시간이 오래 지나면, 결국은, 영구히

Es kommt nicht **auf die Dauer**, sondern die Qualität an.
기간보다 품질이 중요합니다.

auf die Minute genau

phr. 1분도 어김없이, 정각

Fast **auf die Minute genau** um 9 Uhr kam der Tross den steilen Anstieg zum 4 Meter hohen Pilgerkreuz herauf. 거의 정각 9 시에 그 수행원은 4 미터 높이의 순례자 십자가를 향해 가파른 등반에 올랐다.

Verhandlung [fɛɐ̯'handlʊŋ]
Ⓖ *f - en*

n. 흥정, 토의, 협의, 담판, 심리, 공판

Die **Verhandlungen** sind noch in vollem Gange. 협상은 여전히 한창이다.

einen ['ai̯nən]
⊜ vereinigen, zusammenfassen

v. 통일하다, 일치시키다

Trotz aller Gegensätze **einte** sie doch die Ablehnung des alten Regimes. 모든 대립에도 불구하고 그녀는 옛 정권의 거절을 하나로 일치시켰다.

auf Messers Schneide stehen

phr. 어떻게 될 지 모르는 불안한 상태에 있다, 매우 위태롭고 어려운 지경에 처하다

Es **stand auf Messers Schneide**, ob er den Job bekommen würde.
그는 일자리를 얻을 수 있을지 불안한 상태에 있다.

plappern ['plapɐn]
⊜ quatschen, schnattern

v. 종알거리다, 수다떨다, 지껄이다

Munter **plapperte** die Kleine auf dem Rücksitz des Wagens vor sich hin. 어린 소녀는 차 뒷좌석에서 계속 종알거렸다.

auskommen ['au̯s,kɔmən]
⊜ harmonieren, genügen

v. 사이좋게 지내다, 꾸려나가다, 부화하다, 일어나다, 알려지다

Mit den Getränken werden wir das Wochenende über **auskommen**.
우리는 주말에 마시고 놀면서 지낼 것입니다.

zustande bringen

phr. 성취하다, 완수하다, 완성하다

Mancher schafft in einer Stunde, was andere erst bei 3 Besuchen in insgesamt 6 Stunden **zustande bringen**. 어떤 사람들은 다른 3 명의 참가자들이 총 6 시간 만에 달성할 수 있는 것을 1 시간 안에 할 수 있습니다.

Zustände kriegen

phr. 대단히 흥분하다, 격노하다

Deine Mutter wird **Zustände kriegen**, wenn sie sieht, wie du deine Haare gemacht hast. 너가 머리를 한 것을 보면 어머니는 격노할 것이다.

keck [kɛk]
⊜ verwegen, forsch

a. 겁이 없는, 당돌한, 건방진, 대담한, 무모한, 뻔뻔한

Sie hatte schon immer so einen **kecken** Blick.
그녀는 항상 그런 건방진 표정을 하고 있습니다.

durchgehen ['dʊʁç,ge:ən]
⊜ durchlaufen, durchqueren

v. 통과하다, 뚫고 지나가다, 꿰다

Die Fernwärmeleitung **geht** direkt durch unseren Garten **durch**.
난방 파이프가 우리 정원을 똑바로 통과합니다.

durchgehend ['dʊʁç,ge:ənt]
⊜ andauernd, dauerhaft

a. 통과하는, (시간) 내내, 계속하여

Endlich geht es auf dem Fahrrad **durchgehend** vom Rhein bis nach Altenberg. 마침내 자전거는 라인강에서 Altenberg 까지 계속 갑니다.

bieder ['biːdɐ]
⊜ aufrichtig, ehrlich

(a.) 정직한, 훌륭한, 성실한, 곧은, 완고한

So eine Frisur hätte ich ihr gar nicht zugetraut, sie sah doch sonst immer so **bieder** aus!
그녀는 항상 우직하게 보였으므로 그러한 헤어 스타일을 할 것이라고 기대하지 못했다.

---

tüchtig ['tʏçtɪç]
⊜ begabt, fähig

(a.) 쓸모있는, 재능있는, 유용한, 유능한, 숙련된, 익숙한, 힘센, 억센, 강한
(adv.) 크게, 호되게, 매우

In der Krebsforschung hat man in den letzten Jahren **tüchtige** Fortschritte erzielt. 암 연구에 최근 상당한 진전이 있었습니다.

---

der harte Kern

(phr.) 핵심 세력, 중심적 인물, 열렬한 사람

Mittlerweile umfasst **der harte Kern** der Gruppe etwa zehn Leute.
지금까지 그룹의 핵심 인물은 약 10 명입니다.

Tag für Tag

(phr.) 매일매일, 날마다

Es wird **Tag für Tag** heißer. Die Sonne treibt die Temperaturen im Laufe der Woche auf bis zu 35 Grad an.
매일매일 더워지고 있습니다. 태양은 이번주 동안 온도를 최대 35 도까지 올립니다.

---

in die Hände fallen

(phr.) 수중에 들어가다, 걸려들다

Ich will dem Feind weder tot noch lebendig **in die Hände fallen**.
나는 죽어서도 살아서도 적의 수중에 들어가기 싫다.

Wucht [vʊχt]
Ⓖ *f - x*

(n.) 물리적인 힘, 중압

Der Pkw wurde durch die **Wucht** des Aufpralls in einen Graben geschleudert. 그 승용차는 충격의 힘에 의해 도랑에 던져졌습니다.

---

verwunden [fɛɐ̯'vʊndn̩]
⊜ verletzen, beleidigen

(v.) 다치게 하다, 상처를 입히다, 감정을 해치다

Im Krieg wurden etliche Soldaten **verwundet**.
전쟁 중에 몇몇 군인들이 부상을 입었습니다.

---

nicht ganz richtig sein

(phr.) 약간 이상하다, 약간 미쳤다, 완전히 정상이 아니다

Man merkt aber, dass das **nicht ganz richtig sein** kann.
그러나 이것이 정상이 아니라는 것을 알 것이다.

Autobiographie
[au̯tobiogʀa'fiː]
Ⓖ *f - n*

(n.) 자서전

So verwundert es nicht, dass die Mehrzahl der von Roma geschriebenen literarischen Werke entweder **Autobiographien** sind oder autobiographische Züge tragen. 로마 민족으로부터 집필된 문학작품 대다수가 자서전 또는 자서전적 특성을 가지고 있는 것은 놀라운 일이 아니다.

---

alle naselang

(phr.) 시종, 연달아, 언제나, 끊임없이, 잇따라 계속해서

Das müsse man doch, bitteschön, verstehen, dass sie nicht **alle naselang** beim Arbeiten zu Hause gestört werden wolle.
집에서 일하는 동안 그녀가 언제나 방해받고 싶지 않다는 것을 이해해야 합니다.

Jammer ['jamɐ]

Ⓖ *m s x*

ⓝ 비탄, 한탄, 애통, 불행, 비참, 곤경, 고뇌

Es ist ein **Jammer**, in welchem Zustand das Haus nun ist.
이제 그 집이 어떤 상태에 있을지는 참으로 애석한 일이 아닐 수 없다.

---

ausbrechen ['aʊ̯s,bʀɛçn̩]

⊜ erbrechen, ausspeien

ⓥ 뽑아내다, 헐어내다, 잘라내다, 쳐내다, 토하다, 탈출하다, 갑자기 활동하다

In der letzten Nacht **brach** er all das gute Essen wieder **aus**.
어제 밤에 그는 모든 음식을 다시 토했다.

---

weben ['veːbn̩]

⊜ spinnen, flechten

ⓥ 짜다, 뜨다, 움직이다, 활동하다

Man darf auf gar keinen Fall glauben, dass alle Spinnen ein Netz **weben**. 모든 거미가 그물을 짠다고 생각 할 수는 없습니다.

Konstellation [ˌkɔnstɛlaˈtsi̯oːn]

Ⓖ *f - en*

ⓝ 별자리, 성좌, 별의 운수

Die Venus ist je nach **Konstellation** am Morgen- oder am Abendhimmel zu sehen. 별자리에 따라 아침이나 저녁 하늘에서 금성을 볼 수 있습니다.

---

verkarsten [fɛɐ̯'kaʁstn̩]

⊜ veröden, verwittern

ⓥ 불모지가 되다

Lassen wir die Erde **verkarsten**? 우리는 지구를 불모지로 만들 것입니까?

---

pauken ['paʊ̯kn̩]

⊜ büffeln, ochsen

ⓥ 벼락치기 공부를 하다, 집중적으로 공부하다, 주입하다

Außerhalb des Schulgebäudes auf Exkursion zu gehen, ist allemal reizvoller als im Klassenzimmer zu **pauken**.
학교 건물 밖으로 견학을 가는 것은 항상 교실에서 공부하는 것보다 매력적입니다.

---

aneinanderreihen [ˌanaɪ̯'nandɐˌʀaɪ̯ən]

⊜ zusammensetzen, anreihen

ⓥ 나란히 늘어 놓다, 늘어 세우다

Würde man allein diese Pfähle **aneinanderreihen**, wären sie mehr als zwei Kilometer lang.
만약 이 말뚝을 나란히 늘어 놓으면 길이가 2 킬로미터가 넘을 것입니다.

---

erschwingen [ɛɐ̯'ʃvɪŋən]

⊜ aufbringen, erbringen

ⓥ 조달하다, 장만하다

In den Großstädten plagen sich Unzählige im Schweiße ihres Angesichts ihr lebenslang, um die Miete zu **erschwingen**.
대도시에서는 수많은 사람들이 피땀을 흘려가며 집세를 마련하려고 애씁니다.

---

ersprießen [ɛɐ̯'ʃpʀiːsn̩]

⊜ erblühen, hervorkommen

ⓥ 싹트다, 유익하다, 쓸모있다, 일어나다

Auf dem kahlen Granit ist plötzlich ein kleiner, aber üppig blühender Garten bunter Sommerblumen **ersprossen**.
황량한 화강암 위에 작지만 다채로운 여름 꽃이 무성하게 피어 있는 정원이 자라나고 있었다.

---

ersterwähnt ['eːɐ̯stʔɛɐ̯vɛːnt]

⊜ als erstes gennant, erstgenannt

ⓐ 처음에 말한, 전술한

Da trat aber wieder das **ersterwähnte** Problem auf.
그러나 처음 언급한 문제가 다시 발생했습니다.

Abweichung ['apˌvaɪ̯çʊŋ]

Ⓖ *f - en*

ⓝ 빗나감, 벗어남, 이탈, 차이, 편차, 오차

Abweichungen können auf jeder grammatischen oder stilistischen Ebene erfolgen. 변칙은 모든 문법이나 문체 영역에서 발생할 수 있습니다.

★ 복사해서 연습하세요.

1401 begleichen 지불하다, 갚다, 조정하다

1402 ermäßigen

1403 ausgeglichen

1404 ausspionieren

1405 ertrinken

1406 bewahren

1407 bewähren

1408 protzen

1409 verunsichern

1410 vernachlässigen

1411 schwitzen

1412 optimal

1413 entgegen

1414 verbleiben

1415 durchlesen

1416 ablenken

1417 Abwechslung

1418 verpassen

1419 folgendermaßen

1420 evakuieren

1421 verstreichen

1422 Überschwemmung

1423 Aufschwung

1424 einfliegen

1425 Gespött

1426 spekulieren

1427 liquidieren

1428 Niederlassung

1429 Verlag

1430 Einfuhr

1431 ausgleichen

1432 Getreide

1433 anfallen

1434 schlichten

1435 fakultativ

1436 Annehmlichkeit

1437 zurückliegen

1438 überordnen

1439 schmitzen

1440 Euphorie

1441 fürwahr

1442 Tugend

1443 beseitigen

1444 verbieten

1445 begehren

1446 Beschwerde

1447 etlich

1448 entgegennehmen

1449 konsumieren

1450 abriegeln

1451 Sequenz

1452 durchsetzen

1453 hin sein

1454 erjagen

1455 bangen

1456 Knospe

1457 Heiterkeit

1458 umschalten

1459 mobilisieren

1460 folgerichtig

1461 Imitator

1462 konventionell

1463 anmaßend

1464 besonnen

1465 bescheiden

1466 behutsam

1467 berechtigen

1468 Ambition

1469 bezaubernd

1470 beschwingt

1471 ermüdend

1472 stimulieren

1473 aufbrechen

1474 einholen

1475 überbringen

1476 hinterlegen

1477 zuversichtlich

1478 abmildern

1479 Auswirkung

1480 umbauen

1481 kulinarisch

1482 Die Pupillen weiten sich

1483 würgen

1484 kriechen

1485 flitzen

1486 vernehmlich

1487 Pfote

1488 verarschen

1489 Anschaffung

1490 seufzen

1491 Aufstand

1492 verstecken

1493 spähen

1494 unterwürfig

1495 schielen

1496 schöpfen

1497 Fazit

1498 berichtigen

1499 verstummen

1500 Vorenthaltung

★ 복사해서 연습하세요.

1501 ausschenken

1502 bummeln

1503 verdrießen

1504 schleichen

1505 notgedrungen

1506 Pensum

1507 aufbrühen

1508 anhängen

1509 abschreiben

1510 befahren

1511 verfahren

1512 betragen

1513 vertragen

1514 besetzen

1515 ersetzen

1516 versetzen

1517 erstellen

1518 verstellen

1519 belegen

1520 erlegen

1521 hinauslaufen auf

1522 Vorwurf

1523 anvertrauen

1524 beitreten

1525 hinzufügen

1526 unterliegen

1527 zuordnen

1528 bezichtigen

1529 entbehren

1530 verdächtigen

1531 beruhen auf

1532 hinausgehen über

1533 verhandeln über

1534 zusehends

1535 abschminken

1536 schwenken

1537 regulieren

1538 Anlaufstelle

1539 unübersichtlich

1540 abschrecken

1541 durchqueren

1542 preisgeben

1543 durchschreiten

1544 herumlaufen

1545 beklemmend

1546 aushändigen

1547 Abholzung

1548 Spedition

1549 Erosion

1550 Nachfolger

1551 überqueren

1552 überquellen

1553 Verzögerung

1554 rüstig

1555 im Nu

1556 einig

1557 Einmarsch

1558 Flair

1559 Schmelz

1560 erwähnen

1561 vermeintlich

1562 Reptil

1563 einschlägig

1564 Attest

1565 lediglich

1566 stoppeln

1567 soeben

1568 kennzeichnen

1569 Agrarland

1570 abtransportieren

1571 überreichen

1572 Dosierung

1573 Proband

1574 aufschlussreich

1575 bevorstehend

1576 Vernehmung

1577 dezent

1578 Präferenz

1579 herbeisehnen

1580 enorm

1581 Panne

1582 Rummel

1583 Bilanz

1584 haltbar

1585 nachschlagen

1586 schmelzen

1587 umkippen

1588 Delikt

1589 Vorrat

1590 entrichten

1591 Quartal

1592 überfallen

1593 Verallgemeinerung

1594 rutschen

1595 riechen

1596 verfärben

1597 versiegen

1598 vorlegen

1599 gigantisch

1600 monumental

★ 복사해서 연습하세요.

1601 bevorzugen

1602 auskühlen

1603 verschlechtern

1604 schrauben

1605 weiterführen

1606 endgültig

1607 deftig

1608 flocken

1609 Komplikation

1610 sich verspäten

1611 Zivilisation

1612 Überforderung

1613 psychisch

1614 physisch

1615 herausstellen

1616 Blüte

1617 Ausschlag

1618 abstimmen

1619 überholen

1620 ansetzen

1621 eintreffen

1622 bergen

1623 prognostizieren

1624 Verordnung

1625 Schere

1626 Reservat

1627 jobben

1628 Diktator

1629 Diktatur

1630 entziehen

1631 abgeben

1632 Bruchteil

1633 bewältigen

1634 überwinden

1635 aufschlagen

1636 erobern

1637 Inhaltsverzeichnis

1638 brauen

1639 beweglich

1640 erleichtern

1641 Massenproduktion

1642 füttern

1643 Globus

1644 äquatorial

1645 Gewöhnung

1646 permanent

1647 Vorkehrung

1648 anschlagen

1649 aussetzen

1650 verbergen

1651 Tabu

1652 auflegen

1653 visionär

1654 Befürworter

1655 Einschränkung

1656 ausweichen

1657 Schild

1658 schildern

1659 prominent

1660 syntaktisch

1661 umschlagen

1662 Verteidiger

1663 angesichts

1664 Rubrik

1665 zurückversetzen

1666 Gestalt annehmen

1667 einprägen

1668 wegkehren

1669 zugreifen

1670 beeinträchtigen

1671 gönnen

1672 debattieren

1673 kurzweilig

1674 Erdbeben

1675 Überfahrt

1676 Leib

1677 Vogt

1678 schnitzen

1679 Geiz

1680 Ausstrahlungskraft

1681 therapeutisch

1682 unbestritten

1683 strapazieren

1684 erblassen

1685 wutentbrannt

1686 mitgerissen werden

1687 binnen

1688 bereichern

1689 Ausbau

1690 Verbraucher

1691 rentieren sich

1692 abwickeln

1693 Schlagzeile

1694 Überschrift

1695 komprimieren

1696 Rahm

1697 melken

1698 abschöpfen

1699 stampfen

1700 Gewinnung

★ 복사해서 연습하세요.

1701 Einnahme

1702 einziehen

1703 Gegebenheit

1704 traumatisch

1705 Wohlbefinden

1706 Nachwirkung

1707 Souverän

1708 meckern

1709 ungeheuer

1710 ansteuern

1711 unterstreichen

1712 zeitgenössisch

1713 Kollaps

1714 Schwefel

1715 entweichen

1716 Rückgrat

1717 Kanal

1718 Verdauung

1719 überdauern

1720 überfluten

1721 nachgeben

1722 radioaktiv

1723 koordinieren

1724 Antibiotikum

1725 publizieren

1726 nachweisbar

1727 Abwesenheit

1728 aufbinden

1729 Deckmantel

1730 Unverschämtheit

1731 spießig

1732 inwiefern

1733 allenfalls

1734 durchschauen

1735 Abstraktion

1736 autistisch

1737 Indiz

1738 schummeln

1739 verpennen

1740 Verschwendung

1741 recherchieren

1742 sündigen

1743 zwitschern

1744 Gehege

1745 zeitlebens

1746 widerstreben

1747 anstiften

1748 anflehen

1749 manipulieren

1750 arrangieren

1751 begraben

1752 Rechenschaft

1753 Diskretion

1754 bannen

1755 stochern

1756 justieren

1757 zwangsläufig

1758 schuppen

1759 wühlen

1760 fingieren

1761 verheißungsvoll

1762 kalibrieren

1763 schnappen

1764 entlarven

1765 vorläufig

1766 krähen

1767 Faktotum

1768 abfackeln

1769 Qualm

1770 Blinddarm

1771 Reservoir

1772 auflauern

1773 scheitern

1774 grauen

1775 verschönern

1776 spendieren

1777 entschlüsseln

1778 zerkratzen

1779 absprechen

1780 zerknittern

1781 herausstreichen

1782 sättigend

1783 klappern

1784 Exklusion

1785 animieren

1786 spazieren

1787 beknien

1788 auftischen

1789 ausspeien

1790 Beifall

1791 verfließen

1792 beschmieren

1793 ohnmächtig

1794 balancieren

1795 wirbeln

1796 kotzen

1797 gravieren

1798 schlitzen

1799 schnüren

1800 kommandieren

19 Tag 체크리스트

★ 복사해서 연습하세요.

1801 kummervoll

1802 deprimieren

1803 zanken

1804 tuscheln

1805 schluchzen

1806 wimmern

1807 grölen

1808 runzeln

1809 verkrampfen

1810 reiben

1811 verfolgen

1812 aktenkundig

1813 schänden

1814 Schlappschwanz

1815 überhandnehmen

1816 aufkreuzen

1817 kaspern

1818 rügen

1819 kooperieren

1820 schwärmen

1821 Suspendierung

1822 ahnden

1823 eloquent

1824 Schusterei

1825 Demütigung

1826 verzweifeln

1827 weigern

1828 widerlich

1829 eintippen

1830 segnen

1831 eintüten

1832 taktisch

1833 prügeln

1834 herumalbern

1835 ohrfeigen

1836 Oberhand

1837 minderjährig

1838 einwenden

1839 unberechenbar

1840 zerren

1841 niederknien

1842 einfädeln

1843 erregen

1844 besudeln

1845 schleppen

1846 hervorholen

1847 Wahnsinn

1848 hetzen

1849 abhetzen

1850 leugnen

1851 improvisieren

1852 schleifen

1853 Nervensäge

1854 bohren

1855 überbieten

1856 vordergründig

1857 brutal

1858 anheuern

1859 verführen

1860 beanspruchen

1861 ausborgen

1862 Sturm

1863 erschlagen

1864 aufdringlich

1865 verschleiern

1866 Pförtner

1867 foltern

1868 zutreffen

1869 raunen

1870 toben

1871 ausmachen

1872 schmiegen

1873 Veruntreuung

1874 Abfassung

1875 Ritual

1876 Blockade

1877 Leitfaden

1878 anschaulich

1879 entgegensehen

1880 Nachschlagewerk

1881 Pazifik

1882 befestigen

1883 Flugblatt

1884 bündeln

1885 Trennung

1886 Menschenmasse

1887 Phantom

1888 Gesichtszüge

1889 Porträt

1890 vorstehen

1891 Pfennig

1892 revolutionieren

1893 liegen auf der Hand

1894 Folie

1895 einreichen

1896 indisponiert

1897 anfassen

1898 Tournee

1899 renommiert

1900 sich grün und blau ärgern

★ 복사해서 연습하세요.

1901 klatschen

1902 triumphal

1903 sich verbeugen

1904 Applaus

1905 avancieren

1906 Klischee

1907 sprengen

1908 knarren

1909 knacken

1910 variieren

1911 der Wind pfeift

1912 tropisch

1913 sich ableiten von

1914 loben für

1915 Schöpfer

1916 Strömung

1917 Overall

1918 dringend

1919 kariert

1920 robust

1921 den Vorzug geben

1922 zur vollen Blüte kommen

1923 aufsetzen

1924 schriftlich

1925 integrieren

1926 sich verzetteln

1927 abwetzen

1928 aufstützen

1929 Dutzend

1930 schmalzig

1931 quäken

1932 Uraufführung

1933 beiwohnen

1934 vereinen

1935 bezwingen

1936 überstrapazieren

1937 Knochen

1938 abstufen

1939 in Rechnung ziehen

1940 verschreiben

1941 Begierde

1942 schäbig

1943 geistlich

1944 Vorbehalt

1945 taufen

1946 raffen

1947 sticken

1948 klopfen

1949 abonnieren

1950 abtreten

1951 abwärts

1952 hupen

1953 einbringen

1954 ebenmäßig

1955 Abscheu

1956 faseln

1957 verrückt

1958 flicken

1959 rüsten

1960 schmähen

1961 kerben

1962 periodisch

1963 beipflichten

1964 untergehen

1965 quetschen

1966 tändeln

1967 eigentümlich

1968 insofern

1969 garstig

1970 Versäumnis

1971 jede Menge

1972 gähnen

1973 niederträchtig

1974 wiederkäuen

1975 sich anmaßen

1976 ein Dorn im Auge sein

1977 barsch

1978 geflissentlich

1979 liederlich

1980 schmunzeln

1981 abtrünnig

1982 die Runde machen

1983 verordnen

1984 Angeklagte

1985 veranschaulichen

1986 wiegen

1987 Biene

1988 zufrieren

1989 Aufsatz

1990 ausdehnen

1991 genesen

1992 schneien

1993 hocken

1994 büßen

1995 nie und nimmer

1996 eitel

1997 erquicken

1998 lechzen

1999 des Öfteren

2000 auf eigene Faust

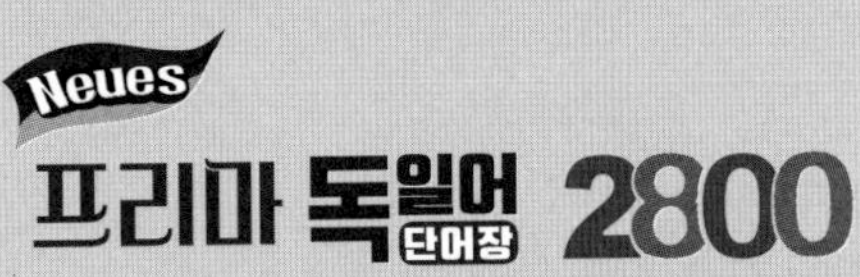

★ 복사해서 연습하세요.

2001 alles in allem

2002 urwüchsig

2003 Abgrund

2004 hehlen

2005 zugute kommen

2006 mit etwas Schritt halten

2007 kränken

2008 verleumden

2009 übers Ohr hauen

2010 Korrespondenz

2011 rieseln

2012 prellen

2013 Anschauung

2014 aufdrehen

2015 zerlegen

2016 in die Quere kommen

2017 beabsichtigen

2018 zuweilen

2019 gären

2020 zu nahe treten

2021 im Zeichen von etwas stehen

2022 streicheln

2023 zugrunde gehen

2024 austragen

2025 sich verweilen

2026 verhüten

2027 dröhnen

2028 satthaben

2029 angeln

2030 gleichsam

2031 tummeln

2032 verspeisen

2033 erwägen

2034 sich erbarmen

2035 um ein Haar

2036 durchaus

2037 jubeln

2038 gemach

2039 bei Nacht und Nebel

2040 akkurat

2041 einschreiten

2042 sich räuspern

2043 verdammen

2044 zermalmen

2045 bürokratisch

2046 dulden

2047 gerinnen

2048 unter den Tisch fallen

2049 gebühren

2050 entschädigen

2051 schälen

2052 Schlusslicht

2053 Embryo

2054 hauchen

2055 beißen

2056 säen

2057 emsig

2058 fortsetzen

2059 begutachten

2060 taumeln

2061 lindern

2062 Festplatte

2063 auswägen

2064 Verstopfung

2065 Herzarterie

2066 Winzer

2067 sich zwingen

2068 sich zwängen

2069 an etwas herangehen

2070 beiseite stellend

2071 halten für

2072 auf etwas pochen

2073 plädieren

2074 sich von etwas lossagen

2075 reflektieren

2076 stöhnen

2077 prahlen mit

2078 resultieren

2079 sich austollen

2080 erstatten

2081 hüpfen

2082 abstreiten

2083 Erstickung

2084 Verehrer

2085 Verstümmelung

2086 forensisch

2087 verwickeln

2088 sich mokieren

2089 herausbringen

2090 pinkeln

2091 abschweifen

2092 altgedient

2093 Tarnung

2094 Taille

2095 sich mit etwas auseinandersetzen

2096 überspringen

2097 übervölkern

2098 Sintflut

2099 kurzsichtig

2100 wehren

★ 복사해서 연습하세요.

2101 Fettgewebe

2102 Substanz

2103 Krebserreger

2104 einschenken

2105 drollig

2106 Abrede

2107 kolossal

2108 sich etwas zu Herzen nehmen

2109 seit eh und je

2110 heulen

2111 letzten Endes

2112 sengen

2113 weissagen

2114 berauschen

2115 Feudalismus

2116 fortkommen

2117 anzeigen

2118 eine Auge riskieren

2119 kichern

2120 mit einem Schlag

2121 pflücken

2122 Platz machen

2123 abdrehen

2124 Widerhall

2125 geneigt

2126 verheißen

2127 verzehren

2128 wie gesagt

2129 verfallen

2130 rätlich

2131 Ameise

2132 Botschafter

2133 bei der Sache sein

2134 ablassen

2135 hinrichten

2136 am Rande liegen

2137 Entsagung

2138 Präparat

2139 marschieren

2140 durcheinander

2141 vor sich gehen

2142 geschwätzig

2143 Gebärde

2144 verzögern

2145 diktieren

2146 Abgang

2147 wirksam

2148 erdichten

2149 zagen

2150 betonen

2151 Schlange stehen

2152 Apostel

2153 um etwas in Sorge sein

2154 rechtschaffen

2155 krümmen

2156 beschwichtigen

2157 Bazillus

2158 Zwiespalt

2159 stecken bleiben

2160 zuungunsten

2161 überdrüssig

2162 verwegen

2163 sich sträuben

2164 schlachten

2165 rote Zahlen schreiben

2166 Beschaffenheit

2167 unfehlbar

2168 heften

2169 sich nützlich machen

2170 namentlich

2171 vergöttern

2172 verwirklichen

2173 einmünden

2174 missbrauchen

2175 überziehen

2176 anbeten

2177 Bürgersteig

2178 ausstoßen

2179 Bastard

2180 harren

2181 ausgeschlossen

2182 Ellbogen

2183 hergeben

2184 zweckmäßig

2185 aufbleiben

2186 Vorfahre

2187 sprießen

2188 wälzen

2189 Schubkarre

2190 bis auf weiteres

2191 aus der Haut fahren

2192 entzücken

2193 Berührung

2194 Flirt

2195 aufsaugen

2196 Zeitgenosse

2197 Schädel

2198 bezweifeln

2199 Fratze

2200 fernsteuern

★ 복사해서 연습하세요.

2201 gerecht

2202 Norm

2203 Abgrenzung

2204 Diskriminierung

2205 Auffassungsgabe

2206 in der Lage sein

2207 anregend

2208 Gestaltung

2209 persönlich nehmen

2210 abwechslungsreich

2211 Auftrag

2212 eintönig

2213 der Reihe nach

2214 schwammig

2215 Disziplin

2216 Führungszeugnis

2217 Selbstbeherrschung

2218 Aussicht auf etwas haben

2219 Resonanz

2220 Spende

2221 Faszination

2222 die Nachfrage decken

2223 Zerstreutheit

2224 intellektuell

2225 Sinnesorgan

2226 atomar

2227 Tropfen

2228 auf etwas stolz sein

2229 Widerruf

2230 sich vergewissern

2231 das Übel an der Wurzel packen

2232 das Herz pocht

2233 Versager

2234 Trümmer

2235 initiieren

2236 Flüchtling

2237 nachdenken

2238 Sondergenehmigung

2239 Grenzübertritt

2240 anzapfen

2241 Prognose

2242 nachwachsen

2243 unkalkulierbar

2244 vorhersagbar

2245 auf jemandes Ansicht eingehen

2246 Einsparung

2247 Kluft

2248 zu Wort kommen

2249 Rehabilitation

2250 Zeitvertreib

2251 Aufmunterung

2252 der Lauf der Dinge

2253 hochgradig

2254 imprägnieren

2255 Einschätzung

2256 Auslassung

2257 Treibhaus

2258 Bilanz ziehen

2259 zugrunde liegen

2260 Emission

2261 Ausstoß

2262 effizient

2263 entlasten

2264 aufrecht

2265 mittelbar

2266 erwidern

2267 Bekundung

2268 promovieren

2269 Dauerregen

2270 Zuwachsrate

2271 Trichter

2272 angewandt

2273 einfallsreich

2274 zur Ausführung bringen

2275 parallel

2276 vernetzen

2277 Assoziation

2278 rezitieren

2279 auf der Stelle

2280 annullieren

2281 aufrechterhalten

2282 autorisieren

2283 Beredsamkeit

2284 barfuß

2285 delegieren

2286 dementsprechend

2287 galoppieren

2288 Geiselnahme

2289 aufs Geratewohl

2290 Inkrafttreten

2291 kumulieren

2292 präferieren

2293 platzieren

2294 redundant

2295 sich revanchieren

2296 Renommee

2297 subsumieren

2298 stringent

2299 triumphieren

2300 übersät

2301 verhören

2302 widerlegen

2303 widerspiegeln

2304 verpönen

2305 schmälern

2306 schmeicheln

2307 heucheln

2308 ergötzen

2309 verweigern

2310 verifizieren

2311 sich verirren

2312 Abriss

2313 Satellit

2314 Bohne

2315 Antike

2316 Schlegel

2317 Flur

2318 Ferse

2319 Schenkel

2320 Wade

2321 Wanne

2322 Linguist

2323 Taufname

2324 Import

2325 Automatismus

2326 Speichel

2327 Areal

2328 Ziffer

2329 Schublade

2330 Zierde

2331 Schnecke

2332 Befugnis

2333 Lügendetektor

2334 Panzer

2335 Dasein

2336 Brei

2337 Totenschädel

2338 Ausbeute

2339 Schwert

2340 Windel

2341 Scherz

2342 Regie

2343 Vorfall

2344 Schaufel

2345 Betragen

2346 Spanner

2347 Popel

2348 Ranzen

2349 Schorf

2350 Schluck

2351 Stiftung

2352 Reifezeugnis

2353 Verdienst

2354 Fassade

2355 Schmuggler

2356 Pfad

2357 Prügel

2358 Spitzel

2359 Zopf

2360 Schrott

2361 Pracht

2362 Krach

2363 Gurt

2364 Becken

2365 Peripherie

2366 Geschöpf

2367 Revolte

2368 Abonnement

2369 Zwist

2370 Stachel

2371 Husche

2372 Tapete

2373 Ventil

2374 Aufrichtigkeit

2375 Reißverschluss

2376 Ochse

2377 Kalb

2378 Psychiatrie

2379 Backe

2380 Schund

2381 Laster

2382 Etui

2383 Umriss

2384 Samen

2385 Insasse

2386 Tätowierung

2387 Matrose

2388 Patent

2389 Improvisation

2390 Aufruhr

2391 Tracht

2392 Kontrahent

2393 ranzen

2394 flechten

2395 Rausch

2396 aufs Tapet bringen

2397 Redlichkeit

2398 spannen

2399 Mammonismus

2400 absitzen

★ 복사해서 연습하세요.

2401 schinden

2402 knappen

2403 kontrahieren

2404 Anleihe

2405 Vakuum

2406 Sitte

2407 Gebräuche

2408 Phrase

2409 Knöchel

2410 Föderalismus

2411 Stäbchen

2412 Viereck

2413 Anliegen

2414 kultivieren

2415 ausdreschen

2416 vorbringen

2417 angelegen

2418 hüten

2419 nahrhaft

2420 verjähren

2421 knurren

2422 in Erfüllung gehen

2423 verwerten

2424 von Kopf bis Fuß

2425 gelind

2426 darüber hinaus

2427 schwären

2428 gediegen

2429 gerben

2430 leidlich

2431 über die Maßen

2432 rasieren

2433 Kreatur

2434 spärlich

2435 ausfertigen

2436 reziprok

2437 ohne Wenn und Aber

2438 Zumutung

2439 huldigen

2440 dreschen

2441 sich placken

2442 von Fall zu Fall

2443 ausgelassen

2444 laben

2445 Eigentum

2446 nachweisen

2447 routinemäßig

2448 streichen

2449 übertreffen

2450 unbeabsichtigt

2451 hervorgehen

2452 bestäuben

2453 vorgeben

2454 Verweis

2455 vergeben

2456 hinzukommen

2457 Auswahl

2458 Trauzeugin

2459 hinfahren

2460 abwägen

2461 aussuchen

2462 routiniert

2463 rückläufig

2464 Angleichung

2465 Vorgabe

2466 sondern

2467 zuweisen

2468 Existenz

2469 äußerst

2470 Einschnitt

2471 trächtig

2472 krönen

2473 monetär

2474 keinesfalls

2475 quittieren

2476 den Dienst quittieren

2477 ausweisen

2478 sich berauben

2479 unter der Hand

2480 ungerechtfertigt

2481 anmahnen

2482 Schlichtheit

2483 fernmündlich

2484 aufdrängen

2485 unter die Nase reiben

2486 Was mich betrifft

2487 Branche

2488 übrig haben

2489 in Gebrauch nehmen

2490 missraten

2491 halluzinieren

2492 Steuererklärung

2493 ungeschickt

2494 Wimper

2495 Kanon

2496 impfen

2497 verlöschen

2498 Visitenkarte

2499 Monarch

2500 zaudern

2501 Argwohn

2502 bodenlos

2503 etw. ins Leben rufen

2504 errechnen

2505 Trikot

2506 gütig

2507 epochal

2508 Appell

2509 Genmanipulation

2510 polken

2511 abschmelzen

2512 besiedelt

2513 verheeren

2514 erbrechen

2515 Skelett

2516 Milz

2517 vermehren

2518 fade

2519 versalzen

2520 appellieren

2521 kognitiv

2522 Taktik

2523 Reminiszenz

2524 fixieren

2525 gedanklich

2526 Reflexion

2527 empirisch

2528 Abbildung

2529 abreagieren

2530 Imitation

2531 Dramaturgie

2532 zentrieren

2533 verharmlosen

2534 Primat

2535 herausragen

2536 betäuben

2537 abmalen

2538 Käfig

2539 Empathie

2540 anatomisch

2541 Nuss

2542 Instinkt

2543 rebellieren

2544 Wachheit

2545 vital

2546 Außenwelt

2547 Rhythmus

2548 verspüren

2549 unterbrechen

2550 subtropisch

2551 Außenhandel

2552 Verpflegung

2553 Monopol

2554 allwissend

2555 Rektor

2556 Anregung

2557 Antarktis

2558 Sturmflut

2559 heimsuchen

2560 abschwingen

2561 Passatwind

2562 allmählich

2563 nivellieren

2564 vonstattengehen

2565 Schmatz

2566 Zischelei

2567 Konsonant

2568 lallen

2569 Amme

2570 überbetonen

2571 Explosion

2572 Komponente

2573 Quotient

2574 vervollständigen

2575 fortführen

2576 quantitativ

2577 Dirigent

2578 klassifizieren

2579 in Hinsicht

2580 abwerten

2581 legitimieren

2582 rassistisch

2583 schüren

2584 Verzweiflung

2585 Geschwür

2586 Narkose

2587 gläubig

2588 chirurgisch

2589 Injektion

2590 verabreichen

2591 Genesung

2592 Kosmos

2593 auf Betreiben

2594 Scheiterhaufen

2595 favorisieren

2596 ermutigen

2597 Auftrieb

2598 primitiv

2599 stellvertretend

2600 nüchtern

★ 복사해서 연습하세요.

2601 Milchstraße

2602 irdisch

2603 Asteroid

2604 Komet

2605 vordringen

2606 Einschlag

2607 Bombardement

2608 umkreisen

2609 überschütten

2610 sterilisieren

2611 pessimistisch

2612 Trübung

2613 Phonem

2614 Pubertät

2615 Determinismus

2616 konstruieren

2617 modifizieren

2618 sich anlehnen

2619 abstellen

2620 überdachen

2621 sich hineinversetzen in

2622 Harn

2623 mächtig

2624 Vergnügungsboot

2625 Eitelkeit

2626 sickern

2627 keinen Sinn haben

2628 in Beschlag nehmen

2629 Pöbel

2630 mit genauer Not

2631 (Es ist) dicke Luft

2632 im Gespräch sein

2633 blenden

2634 in die Zange nehmen

2635 Zange

2636 den Ausschlag geben

2637 scheel

2638 Ohrfeige

2639 beheimaten

2640 preisen

2641 um jeden Preis

2642 Nutzfläche

2643 verwehen

2644 aus Not

2645 zur Not

2646 neuerdings

2647 feuchtheiß

2648 Schwarzerde

2649 Schwärzer

2650 Erdreich

2651 geheimnisvoll

2652 zerkleinern

2653 Verwertung

2654 bedingt

2655 fraglich

2656 ausbringen

2657 Ausscheidung

2658 fäkal

2659 lauschen

2660 stetig

2661 Akkord

2662 Standbild

2663 rasen

2664 feierlich

2665 anlegen

2666 tippen

2667 Sandsack

2668 durchhalten

2669 Ansturm

2670 Zögling

2671 sich abschilfern

2672 ertönen

2673 schwanken

2674 flirren

2675 einkneifen

2676 Schweinestall

2677 Mitstreiter

2678 Vorstand

2679 Kuratorium

2680 Beirat

2681 ausscheiden

2682 Fuhre

2683 einwerben

2684 Förderverein

2685 abwiegeln

2686 brisant

2687 widrig

2688 graduell

2689 radikal

2690 Sitzung

2691 vorwerfen

2692 Deportation

2693 Anhörung

2694 aufsplittern

2695 dogmatisch

2696 einräumen

2697 herkömmlich

2698 aufrüsten

2699 Provinz

2700 säkularisieren

★ 복사해서 연습하세요.

2701 ertragen

2702 abwandern

2703 rosig

2704 voraussagen

2705 Didaktiker

2706 spirituell

2707 zögerlich

2708 Anekdote

2709 rustikal

2710 Kaufpreis

2711 Orgel

2712 stülpen

2713 in den Rücken fallen

2714 Schwerpunkt

2715 Hindernislauf

2716 gestalten

2717 ausstrahlen

2718 in die Praxis umsetzen

2719 sich ableiten

2720 Ansatz

2721 Aufnahme

2722 Umsetzung

2723 angemessen

2724 Botschaft

2725 aufzeichnen

2726 Artikulation

2727 Industrie

2728 Industrialisierung

2729 Säugetier

2730 Felsen

2731 empfindlich

2732 Zebrastreifen

2733 Muschel

2734 Schildkröte

2735 Warze

2736 Futter

2737 Silbe

2738 Höhle

2739 Gebirge

2740 Pfropfen

2741 Nabel

2742 Pfütze

2743 Blutlache

2744 Errungenschaft

2745 Asche

2746 Pfuhl

2747 Stube

2748 besitzen

2749 angeblich

2750 weitgehend

2751 erschöpft

2752 empfinden

2753 kollidieren

2754 lexikal

2755 sich begnügen

2756 sich vergnügen

2757 unterstellen

2758 überheblich

2759 abweisen

2760 verweisen

2761 voranstellen

2762 entfallen

2763 mitunter

2764 absurd

2765 ausblenden

2766 auf die Straße gehen

2767 zur Welt kommen

2768 auf die Dauer

2769 auf die Minute genau

2770 Verhandlung

2771 einen

2772 auf Messers Schneide stehen

2773 plappern

2774 auskommen

2775 zustande bringen

2776 Zustände kriegen

2777 keck

2778 durchgehen

2779 durchgehend

2780 bieder

2781 tüchtig

2782 der harte Kern

2783 Tag für Tag

2784 in die Hände fallen

2785 Wucht

2786 verwunden

2787 nicht ganz richtig sein

2788 Autobiographie

2789 alle naselang

2790 Jammer

2791 ausbrechen

2792 weben

2793 Konstellation

2794 verkarsten

2795 pauken

2796 aneinanderreihen

2797 erschwingen

2798 ersprießen

2799 ersterwähnt

2800 Abweichung